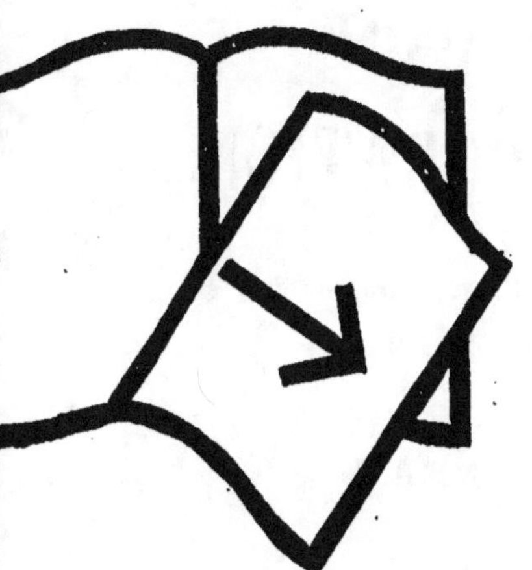

Couverture inférieure manquante

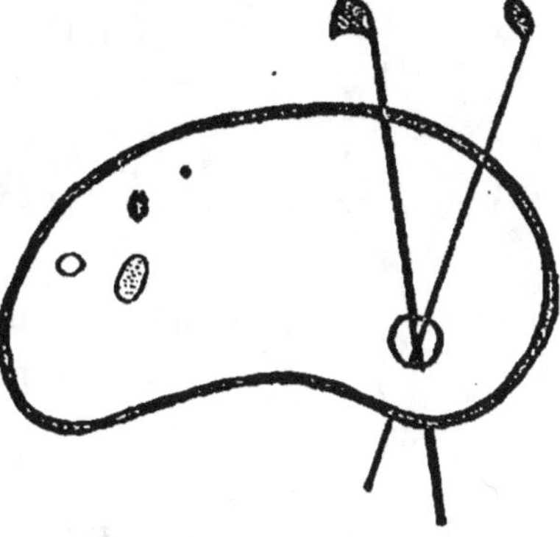

DEBUT D'UNE SERIE DE DOCUMENTS EN COULEUR

FACULTÉ DE DROIT DE PARIS

DROIT ROMAIN

ÉTUDE
SUR LA CONDITION DES GENS DE LETTRES
ET DES ARTISTES A ROME

DROIT FRANÇAIS

DE LA COLLABORATION

L'acte public sur les matières ci-après sera soutenu
Le 11 Juin 1896, à 1 h. 1/2

PAR

ADRIEN ASSELINEAU

Président : M. RENAULT.

Suffragants   MM. LYON-CAEN.
THALLER.
CUQ.

—❦—

PARIS
LÉON CHAILLEY, ÉDITEUR
41, RUE DE RICHELIEU, 41

1896

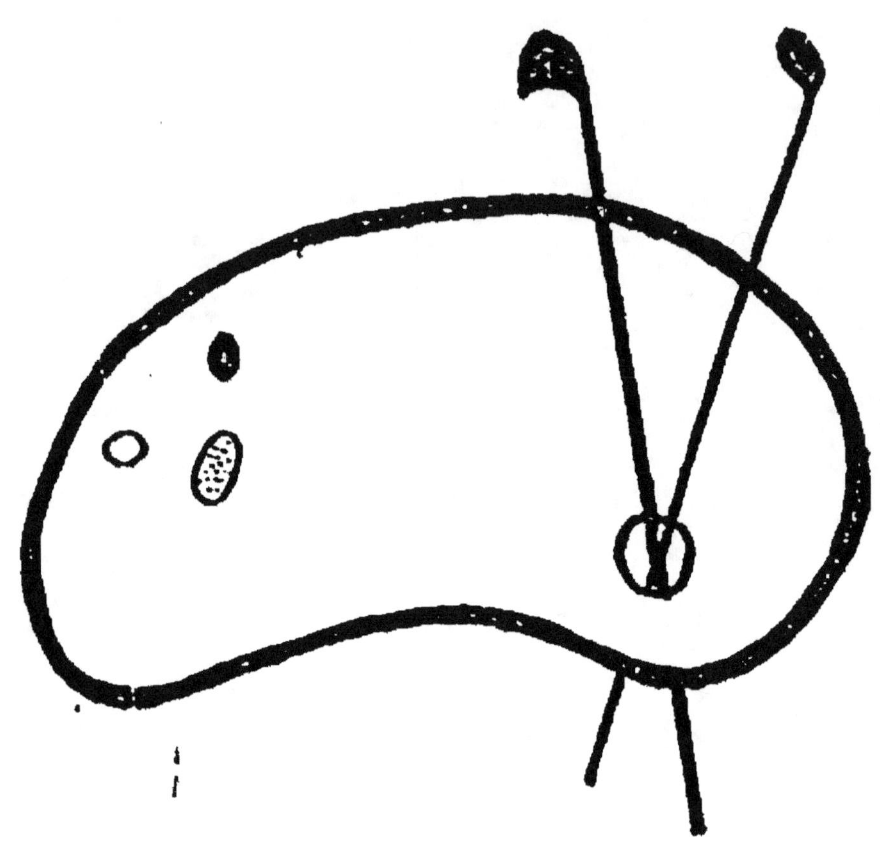

FIN D'UNE SERIE DE DOCUMENTS
EN COULEUR

ETUDE SUR LA CONDITION

DES GENS DE LETTRES ET DES ARTISTES

A ROME

DE LA COLLABORATION

DROIT ROMAIN

ÉTUDE
SUR LA CONDITION DES GENS DE LETTRES
ET DES ARTISTES A ROME

DROIT FRANÇAIS

DE LA COLLABORATION

L'acte public sur les matières ci-après sera soutenu
Le 11 Juin 1896, à 1 h. 1/2

PAR

ADRIEN ASSELINEAU

Président : M. RENAULT.

Suffragants MM. LYON-CAEN.
THALLER.
CUQ.

PARIS

LÉON CHAILLEY, ÉDITEUR
41, RUE DE RICHELIEU, 41

1896

DROIT ROMAIN

ÉTUDE SUR LA CONDITION

DES GENS DE LETTRES ET DES ARTISTES

A ROME

BIBLIOGRAPHIE

On n'a mentionné que les ouvrages de référence générale ; des bibliographies spéciales à chaque partie du sujet trouveront place en tête des différents chapitres :

Daremberg et Saglio. — Dictionnaire des antiquités grecques et romaines.

Mommsen et Marquardt. — Manuel d'antiquités romaines. 16 vol. surtout : Vie privée des Romains, xiv et xv.

Salomon Reinach. — Manuel de philologie classique, 1880.

Gow et Salomon Reinach. — Minerva, introduction à l'étude des classiques grecs et latins. 1890, 3ᵉ édit.

Pauly. — Encyclopédie réelle de l'antiquité classique, par ordre alphabétique (all.). Stuttgart. 1859-66. 6 vol.

Dezobry. — Rome au siècle d'Auguste. 4ᵉ édit., 1874. 4 vol.

Friedlaender. — Mœurs romaines du siècle d'Auguste à la fin des Antonins (traduction de Ch. Vogel). 4 vol., Paris, 1865.

Becker. — Gallus, scènes romaines du temps d'Auguste (all.), 3ᵉ édit. (revue par M. Rein). 3 vol. Leipsig, 1863.

Ménard et Sauvageot. — La vie privée des anciens. Paris, 1880. 4 vol.

W. S. Teuffel. — Histoire de la littérature romaine (trad. sur la 3ᵉ édit. all., par J. Bonnard et P. Pierson). Paris, 1879-83. 3 vol.

Accarias. — Précis de droit romain. 2 vol.

A. Bouché-Leclercq. — Manuel des institutions romaines. Paris, 1886.

Willems. — Le droit public romain. 6ᵉ édit. 1888.

DROIT ROMAIN

Errata.

Page 17, ligne 9. — Au lieu de : *Apilée...* lire : *Apulie.*

Page 33, ligne 25. — Au lieu de : *Zénobée...* lire *Zénobie.*

Page 34, ligne 5. — Au lieu de : dans l'enseignement public ou des écoles,... lire : dans l'enseignement public ou *dirige* des écoles.

Page 39, ligne 14. — Au lieu de : *percepteurs...* lire : *précepteurs.*

Page 39, ligne 25. — Au lieu de : *Ils* variaient... lire: *Elles* variaient.

Page 58, note 1, ligne 1. — Au lieu de: *copiossimus..,* lire *copiosissimus.*

Page 65, note, ligne 8. — Au lieu de : *confié...* lire : *conféré.*

Page 78, ligne 7. — Au lieu de : *fabriciences...* lire : *fabricienses.*

Page 95, ligne 7. — Au lieu de : *sociaste...* lire: *scoliaste.*

Page 100, ligne 14. — Au lieu de : *pour l'estimation...* lire : *par l'estimation.*

Page 104, ligne 18. — Au lieu de : *Domitien...* lire : *Demetrius.*

Page 114, note 2. — Au lieu de : *furtisum...* lire : *furtivum.*

Page 133, note, ligne 1. — Au lieu de : *Giraud...* lire : *Géraud.*

Page 134, ligne 4. — Même correction,

Page 178, « note relative » ligne 3. — Au lieu de : *matières...* lire : *matière.*

Page 178, « note relative » ligne 3. — Au lieu de : éditions *compactes...* lire: édition *compacts.*

DROIT ROMAIN

INTRODUCTION

OBJET ET DIVISIONS DE CETTE ÉTUDE

On se propose d'étudier quelle a été, dans la société romaine, la condition des gens de lettres et des artistes.

Par *gens de lettres*, on veut entendre non pas tout écrivain ou orateur, mais tout homme faisant métier d'écrire ou de parler, vivant des lettres, comme d'autres d'une industrie ou d'un commerce quelconques; notion très étroite qui laisse en dehors d'elle un grand nombre de littérateurs romains: tel homme public qui n'a considéré les lettres que comme un puissant moyen d'action politique ou comme le divertissement vraiment digne de sa condition et de son mérite (1), tel person-

1. Ceci s'applique à la plupart des hommes mêlés à la vie publique sous la République (historiens, orateurs politiques et du barreau, etc.), mais beaucoup moins à ceux de l'Empire. « Les Romains ne s'étaient jusqu'alors permis une certaine activité littéraire que comme une occupation secondaire, une manière de remplir leurs loisirs ; maintenant au

nage qui s'y délasse des soucis de sa charge (1), tel
autre qu'elles consolent dans ses disgrâces (2), celui-ci
qui leur confie la renommée de ses actes (3), celui-là
dont elles arment les haines ou les rancunes (4), d'une
manière générale tous ceux-là — et ils sont légion à
Rome — dont l'activité s'absorbe presque tout entière
dans les luttes politiques et la gestion des intérêts de
l'Etat, pour qui les lettres sont en quelque sorte en
marge de la vie publique, comme ces portiques cou-
verts entourant le champ clos de l'arène, où les lut-
teurs viennent réparer leurs forces, chercher des
armes fraîches, se reposer enfin, spectateurs apaisés
des combats de leurs successeurs.

En résumé, la distinction présentée est celle que
fait le langage courant du métier principal à l'occupation temporaire et d'occasion, de l'amateur au professionnel, différence justement négligée par l'histoire
littéraire, mais peut-être de quelque intérêt pour l'histoire sociale; quoique aisément saisissable, elle con—

contraire que les affaires avaient subi une si forte diminution, beaucoup voient un but dans la littérature » (Teuffel, *op. cit.* p. 4). « Le culte
des lettres avait été pour les esprits les plus distingués de l'âge précédent, comme une diversion aux travaux de la politique; aujourd'hui
que la vie publique a disparu, les écrivains deviennent exclusivement
des hommes de métier. » (Deltour, *Histoire de la littérature romaine,*
p. 331).

1. Hadrien, Marc-Aurèle, etc.

2. Sénèque.

3. César, les empereurs Auguste, Tibère, Claude, Vespasien, etc. ont
écrit des commentaires (*commentarii principales, acta principis*). Cet
usage ne date pas de César; nombre d'hommes d'Etat de la République
avaient été également leurs propres historiographes. (Dezobry, *op.
cit.* III, p. 489.

4. Sénèque (*Apocolokyntose*); certains historiens de l'empire (Tacite), etc.

tient une part d'incertitude et d'arbitraire; on la propose, néanmoins, pour fixer les idées au cours de cette étude, mais sans lui donner une rigueur où elle ne saurait prétendre et en s'engageant d'autre part, si on l'a toujours présente à l'esprit, à l'oublier aussi toutes les fois qu'il sera nécessaire (1).

On laissera en dehors de cette étude les jurisconsultes (2) et les avocats (3).

D'une condition bien supérieure à celle des gens de lettres, hommes politiques, magistrats ou administrateurs, juristes officiels, aucun jurisconsulte, quels que soient ses succès d'orateur ou d'écrivain, ne paraît aux yeux d'un contemporain de Marc-Aurèle de même espèce qu'un Stace ou un Martial. Même comme pro-

1. Précisons encore par une comparaison. Si l'on traite des gens de lettres au xvii° siècle, de leurs rapports avec le pouvoir, les libraires ou les directeurs de théâtre, c'est Racine, Boileau, Chapelain ou Molière qu'on visera et non pas Larochefoucauld, Retz, Patru et Bourdaloue.

2. Outre les différentes histoires du droit romain (Giraud, Rudorff, Hugo, Walter, etc.) on peut citer comme travail d'ensemble : L'*Histoire des sources du droit romain* de P. Krueger (trad. Brissaud), 1894. — Rodière, *Les grands jurisconsultes* 1874, ouvrage dans lequel le zèle religieux de l'auteur l'entraîne à attribuer, contre toute vraisemblance, la foi chrétienne à plusieurs jurisconsultes païens (Gaius, etc.). — Glasson, *Etude sur Gaius* (notamment §§ 4 et 6), 1885. — Reullier. *Du jus respondendi*, 1888. — Dezobry. *op. cit.* III, lettre 87, p. 429. — Friedlaender. *op. cit* I. *supp.* 7-83. — Teuffel. *op. cit. passim*, avec une bibliographie allemande sur chaque nom. — Dig. I, 2. — Cod. I, 17. Const. 1 § 3; 2, § 9; 3 § 9. — Spécialement sur l'enseignement du droit; Bremer. *L'enseignement du droit et les professeurs de droit dans l'empire romain* (all.), 1868. — Georges Flach. *De l'enseignement du droit chez les Romains*, 1873. — Dig. præf. 1 : *Omnem reipublicæ.* · · Code Théod. XIV, 9, Const. 3.

3. Voyez : Grellet-Dumazeau. *Le barreau romain* (2° édit.). 1858. — Verdalle. *Le barreau dans l'antiquité*, 1873. — Daremb et Saglio, *op. cit.* I, 1873. V° *advocatio* (E. Humbert). — M. Travers. *Les corporations d'avocats sous l'empire romain envisagées au point de vue de l'administration judiciaire*, 1894. — Buteau. *De la profession d'avocat à Rome*, 1895.

fesseur — il pourrait alors être rapproché du rhéteur et du grammairien — la situation du jurisconsulte est bien différente. « La profession de jurisconsulte et celle de professeur de droit, dit M. Glasson, entièrement liées l'une à l'autre, exercées par des hommes dont l'influence était immense, qui rendaient service à tous et parvenaient aux plus hautes dignités de la République, étaient entourées d'une grande considération, tandis qu'aucun homme d'une certaine valeur n'aurait consenti à enseigner la rhétorique (1). »

Quant aux avocats l'étude de leur condition ne se sépare guère de celle de l'organisation judiciaire; de plus les deux professions n'offrent dans le monde romain aucun de ces traits communs, de ces liens étroits, qu'on relève entre elles à d'autres époques et dans d'autres sociétés (2).

Sous la dénomination d'*artistes*, — donnant à ce terme son sens moderne ordinaire (3) — on comprendra tous ceux qui exercent une profession se rattachant aux beaux-arts, c'est-à-dire les peintres, sculp-

1. Glasson. *op. cit.*, p. 43.

2. La société de l'ancienne France rappelle à cet égard la société romaine; même au siècle dernier rien de plus étranger au monde des lettres que Pothier, jurisconsulte, à Orléans, ou Bourjon, avocat au Parlement de Paris; on sait que Montesquieu, s'il avait suivant son expression « la maladie de faire des livres et d'en être honteux » (*Pensées diverses. — Portrait*) se garda souvent de les signer de crainte qu'une défaveur de l'opinion en rejaillît sur son nom et sur son titre de président. En Angleterre il semble que les professions soient plus mêlées (Voy. Max Leclerc, *Les professions et la société en Angleterre*, 1894, ch. III. — *Les hommes de loi.*)

3. Définition de Littré : Celui qui exerce un des beaux-arts; le mot latin *artifex* désigne *lato sensu* à la fois l'artiste et l'artisan habile, *stricto sensu* l'ouvrier dont la profession implique les arts du dessin.

teurs et architectes aussi bien que les comédiens, musiciens et danseurs.

Quant aux médecins (la médecine romaine est presque exclusivement un art) (1) il n'en sera pas question. Pour traiter de leur condition très particulière et de leur organisation professionnelle et légale, une étude spéciale serait nécessaire qui n'offrirait avec la nôtre que très peu de parties communes (2).

Est-ce à dire qu'on prétende isoler un monde à part, très distinct de ses entours, où l'homme de lettres et l'artiste vivraient séparés de leurs contemporains par des différences sociales très marquées, où leur condition ne se confondrait avec aucune autre. Non certes ; l'étude qu'on se propose ne peut ressembler à celles, si souvent tentées, de la condition de l'esclave, du fils de famille, du plébéien, de l'étranger, etc... Il ne s'agit pas ici d'une catégorie sociale de cet ordre qu'on puisse délimiter d'une manière aussi nette, aussi tranchée. Dans tous les domaines civil, pénal, politique, la condition de l'esclave, comme celle du fils de famille, s'écartent du droit commun, ils ont l'un et l'autre une situation légale *sui generis*, régie par des règles propres. Rien de semblable ici, il en faut convenir. Mais

1. Le plus lucratif de tous selon Pline (*H. nat.* XXIX, 1).
2. Sur ce sujet, voyez les travaux de M. René Bréau. — V° *Archiatrus* dans Daremberg et Saglio, *op. cit.* — *Du service de santé militaire chez les Romains*, 1876. — *L'assistance médicale chez les Romains*, 1869. — *L'archiâtrie romaine ou la médecine officielle dans l'empire romain*, 1877. — Jacquey. *Étude historique et juridique sur la condition des médecins et des archiâtres dans le droit romain*, 1878. — Maurice Albert. *Les médecins grecs à Rome*, 1891. — Une *Bibliographie* dans Mommsen et Marquardt, *op. cit*, XV, p. 436, note 1.

si l'on veut bien observer que la réglementation juridique ou économique atteint tout individu qui vit en
société et que son action s'exerce sur lui non pas seulement à raison de sa naissance, de son sexe et de son
âge, de sa place dans la famille et dans l'Etat, du rôle
que lui assigne l'organisation politique, etc... mais
aussi à raison de sa *profession*, de l'emploi qu'il fait
habituellement de son activité, on s'étonnera moins
qu'on puisse prétendre enfermer dans le cadre d'une
étude juridique, la matière d'un travail sur la condition des gens de lettres et des artistes dans la société
romaine. Ne parle-t-on pas aussi bien que de droit
civil ou public, de législation ouvrière agricole ou colo-
niale? N'y a-t-il pas place à côté du droit pénal ou
administratif pour le droit commercial ou industriel,
pour le code de la presse ou des théâtres, pour l'étude
enfin de la propriété littéraire et artistique? Sous une
forme à dessein élargie on a tenté de noter des rapports juridiques, économiques, sociaux, etc., dont
l'exercice d'une profession peut être la cause. Quels
étaient l'origine, la nationalité, l'état civil en un mot
des littérateurs et des artistes romains? Quelle était leur
situation à l'égard des représentants du pouvoir? Quel
rôle jouaient-ils dans l'Etat? Quelles places occupaient-
ils dans les administrations publiques? De quelle législation répressive relevaient les écarts de la plume et
de la parole? A un autre point de vue, quel était le
droit de l'auteur et de l'artiste sur son œuvre? Comment se réglaient les intérêts respectifs du libraire et

de l'auteur, de l'artiste et de l'acheteur? Telles sont quelques-unes des questions que soulève une pareille étude.

On la divisera en trois parties. Dans une première partie on traitera de la condition des gens de lettres et des artistes en général ; dans une deuxième partie de leurs rapports avec les pouvoirs publics et dans la troisième, de leurs rapports avec le public.

PREMIÈRE PARTIE

CONDITION DES GENS DE LETTRES ET DES ARTISTES

CHAPITRE PREMIER

CONDITION DES GENS DE LETTRES

Le sentiment public à l'égard de la profession d'homme de lettres n'a pas été toujours le même à Rome ; il a varié selon les temps et aussi selon les hommes. On ne pensait pas de même à l'époque d'Ennius et à celle de Pline le Jeune ; l'opinion d'un Caton n'était pas à ce sujet celle d'un Paul-Émile.

Pour un Romain des premiers siècles de la République, la littérature est une occupation de luxe ; elle fait partie de *l'otium græcum*, opposé au *negotium* (affaires publiques, industrie, commerce, agriculture) ; on l'envisage comme « un amusement de désœuvrés ou un métier peu considéré... les citoyens mêlés au gouvernement de la chose publique et aux orages des partis abandonnent aux oisifs et aux indifférents la gloire d'auteur (1). » Cicéron, sinon le premier, du moins avec le plus d'éclat, unit la double activité du littérateur et du politique ; il contribue sans

1. P. Albert. *Histoire de la littérature romaine*, I. p. 133.

doute à relever la profession du discrédit où on la tenait; mais « le vieux préjugé romain n'est pas encore anéanti; et plus d'une fois Cicéron entendit murmurer à son oreille l'épithète méprisante de *græcus* (1) » . Sous l'Empire les idées changent. L'activité détournée, sinon des affaires de l'Etat, du moins des agitations de la place publique, s'absorbe dans les travaux littéraires (2). La culture grecque n'est plus dédaignée; on n'a même que du mépris pour la rusticité des ancêtres. Des hommes publics comme les deux Pline, sont en même temps de véritables gens de lettres. Pline le Jeune réunit même en lui tous les traits de l'espèce (3): consul, légat de l'empereur, ami de Trajan, il ne dédaigne pas de faire lui-même au public des lectures de ses vers ou de sa prose.

« Les poètes, disait Caton, devraient être traités de parasites (*grassatores*) (4) », et, après avoir entendu au Sénat les discours des trois ambassadeurs grecs, Carnéade, Critolaüs et Diogène. il concluait: « Quand les Romains s'adonneront aux lettres grecques, ils perdront et gâteront tout (*omnia corrumpet*) (5) ». Et cependant son contemporain Paul-Emile a soin de placer auprès de ses enfants des grammairiens et des rhéteurs grecs; lui-même il assiste à leurs leçons. Des hommes comme Scipion Emilien reçoivent une éducation littéraire très raffinée (6).

Une distinction s'impose encore suivant les genres littéraires. Certains sont en faveur et d'autres moins appré.

1. P. Albert. *Hist. de la lit. rom.*, p. sq.
2. Voyez plus haut, p. 1.
3. V. Mommsen. *Etude sur Pline le Jeune* (trad. par Morel). 1873.
4. A.-Gell. *Noct. att.* II, 2, 7.
5. Pline. *H. nat.* XXIX, 7.
6. Paul Albert, *op. cit.* p. 146, 147.

ciés ; encore faut-il ne point confondre les époques, le goût, comme les mœurs, étant sujet à des variations infinies. On peut considérer cependant comme genres nationaux surtout l'histoire, l'éloquence, la satire, la littérature didactique (1), ceux-là seulement que cultivait et recommandait Caton (2). Un Sextus Julius Frontinus, pour son traité *De aquis urbis Romæ* devient un autre personnage qu'un Stace avec sa *Thébaïde* et un Martial avec ses *Épigrammes*.

Enfin il faut tenir compte des différences que la fortune, la naissance, la faveur du prince aussi bien que le talent imposent entre des hommes qui cultivent le même art.

Décimus Labérius (105-43 av. J.-C.) et Publilius Syrus (104-41 av. J.-C.) écrivent des mimes pour le théâtre ; l'un est chevalier romain, l'autre esclave et plus tard affranchi.

Horace jouit de l'amitié précieuse de Mécène et d'Auguste. Cornelius Severus traité en ennemi encourt l'exil ; Virgile apparaissant au théâtre de Marcellus reçoit l'hommage spontané du peuple tandis que Phèdre reste inconnu.

Il ne saurait être question de prendre successivement une à une toutes les biographies des littérateurs romains. On se propose simplement de faire une sorte de classement des gens de lettres suivant leur condition aux différentes

1. Sur ce point qui ne peut être développé ici, voyez Teuffel. I. A. *Considérations générales et divisions des genres.*

2. « Or les Romains de tous les temps descendent plus ou moins directement de Caton ». (P. Albert, *op. cit.* I. p. 130).

« Les ouvrages de Caton l'Ancien sont caractéristiques, dit Teuffel. (*op. cit.* I. p. 2, n. 1) en ce qu'ils indiquent quelles sortes d'ouvrages étaient considérés comme admissibles ».

époques et d'indiquer quelques-unes de leurs situations ou fonctions les plus ordinaires de la société (1).

Esclaves et affranchis. — « A Rome l'esclavage a recruté la littérature et les arts (2) ». Dans le butin rapporté des conquêtes d'orient, le Romain trouve avec les divers éléments d'une civilisation plus avancée, une espèce d'esclaves nouvelle et singulière ; ceux-là ne s'estiment à leur force physique pas plus qu'à leur degré de résistance dans les travaux champêtres ou domestiques, mais ils se recommandent par l'esprit, le savoir, le talent, qualités dont on commence à sentir l'importance. L'esclave qui les possède, le *servus litteratus* ainsi qu'on l'appelle, ne cesse d'augmenter de valeur sur le marché, il atteint les plus hauts prix (100.000, 700.000 sesterces) (3). « Les raffinés, dit Mommsen (4), se font concurrence pour cet article... »

C'est parmi les esclaves qu'il faut compter les premiers littérateurs romains (5). Livius Andronicus (284-204),

1. On a consulté différentes histoires de la littérature latine et de la littérature grecque (les deux littératures étant étroitement mêlées l'une à l'autre depuis le IIe siècle jusqu'à la dissolution de l'empire d'Occident (476), principalement: Teuffel. *Histoire de la littérature romaine*, 1879, traduit de l'allemand sur la 3e édition par Bonnaud et Pierson, 3 vol. 1879-1883. — Schœll. *Histoire de la littérature romaine*, 4 vol. 1815. — Bernhardy. *Éléments de la littérature grecque* (all) 4e édition 1876. — Schœll. *Histoire de la littérature grecque*, 2e édition 1883, 8 vol. Voyez également: Renœ. *Les gens de lettres et leurs protecteurs à Rome*, Paris 1891. — Bricon. *De la condition des auteurs en Grèce et à Rome*, 1888 — Idem. — *De la profession de l'homme de lettres chez les anciens*. 1889.

2. G. Boissier. *Promenad. archéol. La maison de campagne d'Horace*, p. 44.

3. Sénèque. *Ep.* XXVII, 7. — Suet. *de Gramm.* 3. — Pline. *H. nat.* VII, 128.

4. *Histoire romaine* (trad. C. Alexandre), VI, p. 68.

5. « Au milieu de l'essaim d'esclaves grecs dont s'entoure alors le Romain des classes riches on rencontre au premier rang, le philosophe, le poète et l'historiographe ». (Mommsen, *op. cit.* VIII, p. 217).

amené à Rome comme prisonnier de guerre, appartenait à un certain Livius Salinator qui l'affranchit. Térence (185-159) d'origine carthaginoise, était probablement un cadeau de Massinissa à la puissante *gens Terentia* ; il fut affranchi par son maître le sénateur Terentius Lucanus. Telle est également la condition de Statius Cæcilius (168, av. J.-C.), de Timagène d'Alexandrie, amené à Rome par Pompée après la prise d'Alexandrie (55 av. J.-C.), de Publilius Syrus (104-41). On pourrait multiplier ces exemples. La condition assez misérable de l'esclave romain est connue ; remarquons cependant que le *servus litteratus* est mieux traité que les autres, il parvient sans peine à l'affranchissement ; bien plus, souvent les personnages les plus distingués par le mérite et la naissance, la situation dans l'État, l'admettent dans leur société ; on sait les relations de Térence avec les Scipion. Dans la suite, il y a peu d'esclaves ou d'affranchis parmi les gens de lettres d'une certaine réputation ; à peine peut-on citer trois affranchis d'Auguste : le grammairien Verrius Flaccus, précepteur dans la maison impériale ; Hygin, qui devint directeur de la Palatine ; Phèdre le fabuliste ; plus tard le poète Stace (45-96) affranchi de Domitien, etc. ; mais il ne faut pas négliger la foule des *grammatici* et des *pedagogi* voués à l'enseignement (1) ou encore de ces *litterati* au service de certains hommes publics (Cicéron, César, les Pline, etc.,) dont ils furent les collaborateurs anonymes ou les secrétaires. « On aurait autrement peine à comprendre, dit Friedlaender (2), la prodigieuse activité littéraire d'hommes par exemple

---

1. Voir plus loin, p. 27.
2. *Op. cit.* III, p. 110. — Quintilien (X, 128) dit expressément de Sénèque que dans une de ses œuvres il a été induit en erreur par ses secrétaires.

comme Pline l'Ancien, dans le cours d'une vie que l'exercice de fonctions laborieuses aurait dû suffire à remplir entièrement. »

Etrangers. — C'est un lieu commun de l'histoire littéraire que l'origine hellénique des lettres latines. Dans ce domaine, le génie romain, pourtant d'une originalité si forte, reçut du génie grec l'impulsion première et se mit à son école. « La Grèce prisonnière, dit Horace (1), se rendit maîtresse de son farouche vainqueur, elle introduisit les arts dans le Latium rustique ». « Dès la seconde guerre punique, dit Aulu-Gelle (2) fixant la date où commençait cette influence, la muse grecque, d'un pas ailé, pénétrait au foyer des enfants de Romulus. » Les premiers écrivains romains emploient la langue grecque (3). Q. Fabius Pictor écrit en grec son histoire romaine; de même, tous les annalistes de la seconde guerre punique.

Rien donc de surprenant si nous trouvons nombre d'étrangers appartenant aux différentes nationalités de race grecque parmi les gens de lettres des premiers siècles.

Les représentants du vieil esprit national essaient de s'opposer à l'envahissement; des mesures isolées sans lien entre elles, sans esprit de suite, toujours contrariées et souvent rapportées, y réussissent médiocrement. C'est ainsi

1. *Ep.* II, 1. 156.

2. *Noct. att.* XVI, 21. — Cicéron indique par une métaphore très heureuse la puissance et l'étendue de cette action, quand il parle de l'*amnis abundantissimus ræcarum disciplinarum et artium* (*de Rep.* II, 19, 34).

3. « Les Romains oublient de parler la langue latine, dit mélancoliquement l'épitaphe de Nœvius (Teuffel, *op. cit.* I. p. 130). » Cet usage de la langue grecque abandonné par les historiens romains postérieurs se maintint chez les philosophes; presque tous les philosophes romains, les Cornutus, les Musonius Rufus, les Favorinus, les Marc-Aurèle (Cicéron et Sénèque exceptés) écrivent en grec.

qu'on chasse de Rome en 173 les philosophes épicuriens Alcæos et Philiscos, que l'on expulse pour la seconde fois en 161 les philosophes et les rhéteurs, que l'on renvoie les ambassadeurs à la tête desquels était Carnéade; puis, un autre jour, le sénat gardera comme otages en Italie (167 av. J.-C.) mille Achéens des meilleures familles grecques.

L'enseignement public (1) ou le préceptorat dans les maisons patriciennes est la profession ordinaire de ces étrangers; telle est celle de Polybe auprès des enfants de Paul-Emile, de l'historien Denys d'Halicarnasse (78 ou 54-29) probablement aussi du géographe Strabon (64-24). « Il y a dans toutes les maisons des Grecs qui y servent comme précepteurs de la jeunesse, comme lecteurs, comme compagnons de la famille en voyage, et ce sont souvent des hommes considérables par leur esprit et leur savoir, et qui se montrent ainsi au service des grands de Rome et savent leur en imposer. Lucullus a son Antiochus, M. Crassus entretient Alexandre Polyhistor, L. Pison a Philodème, Staseas semble avoir occupé une position très élevée auprès de de M. Pison comme Philagros près de Métellus Nepos. Cicéron a dans son entourage Diodotos Lyson et Apollonios; M. Brutus a Arestos, Straton, Poseidonios et Empylos (2) ».

Polybe (205-122) est le type de ces Grecs lettrés qui vivent librement à Rome et réussissent par leurs talents et leurs services, non pas à se faire simplement tolérer mais souvent à jouer dans la société un rôle considérable (3).

Certains obtiennent même la cité romaine, elle leur est

1. Voir plus loin, p. 28 et 29.
2. Teuffel, *op. cit.* I. p. 251 et 252.
3. Voyez pour Polybe : Fustel de Coulanges. *Polybe, ou la Grèce conquise par les Romains*, 1853.

conférée soit par le peuple (*jussi populi*), soit par le sénat ou par un magistrat mais autorisés par une loi spéciale. Ce sont des commissaires chargés de fonder des colonies qui confèrent le droit de cité à des personnes désignées par leur mérite ou leur influence, des généraux commandant les troupes en campagne, qui récompensent avec cette concession les services rendus par des étrangers (1). Théophane de Mitylène, historiographe de Pompée, reçoit ainsi de lui, en présence de l'armée, le titre de citoyen romain (2). Ces concessions individuelles ou générales (3), rares sous la République, deviennent de plus en plus fréquentes sous l'empire où le droit de naturalisation passe des comices à l'empereur. Déjà l'on voit César accorder le droit de cité à tous les étrangers maîtres ès arts libéraux résidant à Rome (4), le juif Flavius Josephe (37-100?) est fait citoyen romain par Vespasien, etc. Pour beaucoup de gens de lettres originaires des provinces et fixés ou non à Rome des concessions individuelles n'étaient pas nécessaires, le droit de cité résultait pour eux de quelque disposition générale visant leur pays d'origine, de quelque décret élevant une commune latine ou pérégrine au rang de *colonia ou municipium civium romanorum* (5). Ainsi Martial, né à Bilbilis (Espagne) en 40 après J.-C., était certainement citoyen romain. Quoique originaire de Cordoue la famille des Sénèque était cependant romaine.

La célèbre *Constitutio antoniana* de Caracalla en 212

1. Villems. *Le droit public romain*, 1883, p. 56.
2. Cic. *Pro archia*, 10.
3. La *civitas* avait été cependant accordée non seulement à des villes, mais à des pays entiers ; en 30 et 39 av. J.-C. des lois étendirent le droit de cité à tous les Italiens et aux habitants de la Gaule cispadane.
4. Suet-Cæs. 42.
5. Willems, *op. cit.* p. 373.

efface toute distinction de nationalité en faisant citoyen romain quiconque vit *in orbe romano* (1), c'est-à-dire en accordant le titre à tous les sujets de l'empire.

Nationaux. — Les premiers hommes de lettres latins viennent à Rome des provinces italiennes, ils sont en général de condition assez humble. Citons Nœvius (264-194), originaire de la Campanie; T. Maccius Plautus (254-184), Ombrien qui était domestique au service d'une troupe d'acteurs; Q. Ennius (239-169), né en Apilée et amené à Rome par Caton; M. Pacuvius (220-130), né à Brindisium; le poète Accius (170-86), etc.

Plus tard, les gens de lettres se recrutent plutôt dans les classes moyennes ou aristocratiques; Horace, fils d'un affranchi et petit scribe chez un questeur, Virgile, fils d'un fermier de Mantoue, sont des exceptions.

Le poète Lucilius (150-103) est le premier chevalier romain qu'on puisse compter parmi les gens de lettres; après lui on peut citer : Labérius (105-43), T. Lucrétius Carus (98-55), C. Valerius Catullus (87-53) qui fut secrétaire en Bithynie du propréteur Memmius, Titus Pomponius Atticus (103-33), P. Ovidius Naso (43-17), M. Terentius Varro (46-27), édile et tribun que César chargea d'organiser les bibliothèques, Albius Tibullus (54-19) qui accompagna comme historiographe Valerius Messala dans son expédition en Aquitaine (en 31), S. Propertius (50-15), etc.

Depuis Auguste, on peut dire que toute la classe riche cultive les lettres, et sans en exercer précisément la profes-

---

1. Dig. I, 5. fg. 17.

sion fait concurrence aux gens du métier. Les empereurs donnent l'exemple; dans les deux premiers siècles, on compte ceux qui ne furent pas littérateurs (1).

A leur suite, il faudrait citer presque tous les grands noms de l'aristocratie romaine. Les genres nationaux (2) lui appartiennent, presque exclusivement. En premier lieu l'art oratoire, instrument nécessaire de la vie politique (3), qui n'est représenté sous la République et l'Empire avant les rhéteurs, (d'ailleurs plutôt professeurs d'éloquence qu'orateurs) que par des hommes publics.

L'histoire, née des annales pontificales ou familiales, est un art patricien (4). Les historiens romains appartiennent ordinairement à l'aristocratie (5), du moins sous la république et au premier siècle de l'Empire; dans la suite, l'histoire est rédigée le plus souvent par des fonctionnaires de l'administration impériale (6).

D'autres genres (économie rurale ou domestique, géographie, sciences, philosophie, etc.) sont aussi ou deviennent le domaine presque exclusif des hautes classes. « La plupart des auteurs de valeur (scientifique) appartiennent à la dignité sénatoriale qui n'admet la recherche qu'à titre de récréation (7) »,

1. Voyez Friedlaender, *op. cit.* X, p. 55 et sq. Les deux seules exceptions sont Trajan et Vespasien.

2. Voir plus haut, p. 11.

3. Les deux autres sont la science du droit et l'art militaire. *Ad summos honores,* dit Tite-Live (XXXIX, 40) *alios scientia juris, alios eloquentia, alios gloria militaris protexit.*

4. Voir Teuffel, *op. cit.* I, p. 52.

5 Exemples : Salluste, Tite-Live, Tacite, etc.

6. Voir plus loin, p. 22.

7. Mommsen et Marquardt, *op. cit.* XV, p. 434.

Fonctionnaires. — Il serait inutile d'énumérer tous les gens de lettres qui participèrent au gouvernement de l'État romain et occupèrent des emplois publics. Comme dans la société moderne, les lettres étaient souvent à Rome, sous l'Empire, un moyen de parvenir, la voie largement ouverte aux « hommes nouveaux » vers le pouvoir et les honneurs. Citons le poète Cornélius Gallus (66-26) qui commandait à Actium et devint préfet d'Egypte; l'historien Velleius Paterculus (19-31), tribun militaire, questeur sous Tibère puis préteur; le philosophe Lucius Annæus Seneca (2-65) fils du rhéteur, sénateur, consul en 57, préteur, précepteur de Néron; C. Plinius Secundus (23-79), *procurator* en Espagne, préfet de la flotte. qui dirigeait sous Vespasien les finances et la marine; le poète Silius Italicus (25-101), consul en 68 et proconsul en Asie; Petronius Arbiter, qui sous Néron fut consul et proconsul en Bithynie; M. Valérius Martialis (40-102), nommé tribun militaire par Domitien qui lui accorda le *jus trium libero-rum*; Plutarque (40-120), archonte à Chéronée, procura-teur de la province et prêtre d'Appollon Pythien; Sex. Julius Frontinus (40-103), deux fois consul, il commanda en Gaule, en Bretagne et en Germanie, et fut nommé en 97 *curator aquarum*; Dec. Junius Juvenalis (50-?), tribun militaire sous Hadrien; C. Plinius Cæcilius Secundus (62-114) dont voici le *cursus honorum* : tribun militaire, tribun du peuple, questeur, préteur, consul (100) gouverneur de la Bithynie (110-112); les poètes Stertinius Avitus, consul en 92 et Arrun-tius Stella consul en 101; les historiens grecs Arrien (100-165), préfet de la Cappadoce (131), consul (146) et Appien, surintendant du palais impérial sous Trajan et plus tard gouverneur d'Egypte; Cornelius Fronto précepteur de Marc-Aurèle, sénateur, consul en 143, proconsul en Asie ; le philosophe Junius Rusticus, consul en 162 et préfet de la ville ; l'historien grec Dion Cassius (155-230), édile et questeur, préteur (194), consul sous Macrin en 220 et sous Alexandre Sévère en 229, préfet de Smyrne et de Pergame (218), gouverneur d'Afrique, de Dalmatie et de Pannonie ; le poète Aurélius Prudentius Clémens, (348-410) *præses provinciæ*; Aurélius Victor (iv° siècle), préfet de la ville, de la Pannonie inférieure, *Judex sacrorum cognitionum*; Cejonius Albinus, consul en 335 et 315 ; le poète Optatius, préfet de la ville en 323 et en 329; Rufus Festus Avienus, proconsul en Syrie (365), en Afrique et en Achaïe (366 et 372); Décimus Magnus Ausonius, *comes et quæstor sacri palatii*, préfet de la Lybie (377), du Latium, des Gaules (378), consul en 379, préfet du prétoire en Afrique, en Illyrie et en Italie; Claudius Mamertinus *præfectus æcarii* (361), *comes largitionum*, préfet en Illyrie et en Italie ; Rutilius Numatianus, *vir clarissimus, magister officiorum* à la cour des empereurs d'Orient, *præfectus urbi* à Rome (414), etc.

Mais de pareilles fortunes sont exceptionnelles. Les emplois ordinairement occupés par les gens de lettres dans l'administration impériale étaient aux *officia ab epistulis, a libellis, a studiis* (1).

Du premier siècle date l'organisation bureaucratique; aussi, ni sénateur, ni chevalier, ni citoyen, ni homme libre même n'avait eu d'abord l'idée d'y pénétrer; des esclaves, des affranchis en composaient d'abord tout le personnel. Les gens de lettres s'y firent admettre très aisément.

---

1. Les autres (*a rationibus* (comptes), *a cognitionnibus* (jugements) etc.) étaient réservés à des hommes spéciaux (comptables, juristes, etc...)

L'*officium a libellis* avait la mission d'examiner les pétitions, les requêtes adressées à l'empereur. Sous Claude il était dirigé par Polybe (1), grammairien et commentateur qui était en même temps *a studiis* (conseiller d'études) de l'empereur (2).

L'*officium ab epistulis* rédigeait les réponses aux lettres adressées à l'empereur; il était, en un mot, chargé de la correspondance générale de l'empire; ses employés devaient être versés dans la connaissance des langues grecque et latine, et pouvoir traduire aisément la pensée du maître. « La direction du département de la correspondance, dit Friedlaender (3, exigeait d'ailleurs un certain degré d'instruction littéraire ou du moins de facilité dans l'usage des langues ». Peut-être était-ce le poste de directeur de l'office *ab epistulis* dont Horace déclina l'offre de l'empereur Auguste. Dans le département *ab epistulis* on cite T. Claudius le Philologue, T. Flavius Ilias, Flavius Hermes, Doryphorus, Entellus, Epaphroditus, etc. Certains de ces gens de lettres sont également employés aux bibliothèques publiques; ainsi T. Claude Alcibiade, conservateur de la bibliothèque latine d'Apollon est en même temps rédacteur à la correspondance latine; de même, Dionysios qui fut *procurator a bibliothecis*, C. Julius Vestinus, etc. On ne met en général à la tête du service que des hommes « d'une réputation littéraire » éprouvée comme Titus Capiton qui le dirigea sous Nerva et Trajan, comme Suétone à qui l'empereur Hadrien l'avait confié (4)

1. Sénèq. *Consol ad Polyb.*
2. Suet. Claud. 28.
3. I, *op. cit.* p. 102.
4. Avec le titre de « *magister epistularum* » (Spart. Hadr. 11).

ou encore des anciens précepteurs des princes comme Burrhus qui fut *ab epistulis græcis* sous Néron. Dès le IIe siècle, la direction du service de la correspondance hellénique paraît avoir été le but de l'ambition des rhéteurs grecs. On y voit le fameux Avidius Héliodore, père d'Avidius Cassius, le rhéteur Cornélius sous Marc-Aurèle et Commode, etc.

On cite également des gens de lettres employés à l'*officium a studiis*. Des gens de lettres rédigent pour l'empereur les *Commentarii principales*, les *ephemerides*. Un affranchi d'Alexandre Sévère Théopripe est qualifié de *procurator ab ephemeride* (1), c'est-à-dire rédacteur d'une sorte de « bulletin officiel quotidien sans publicité (2) ». Au même titre les éphémérides de Probus sont rédigées par Terdulus Gallicanus (3), celles de Gallien par Palfurius Sura (4). Ces éphémérides sont les sources utilisées par les historiens; ceux-ci appartiennent, comme rédacteurs des éphémérides, à l'administration de l'Empire. Ainsi Nicolas de Damas qui fut secrétaire d'Hérode et plus tard d'Auguste, Lucius Marius Maximus (165-230), Dion Cassius, qui écrivit son histoire romaine pour l'empereur Septime-Sévère, etc. Les relations avec le pouvoir sont évidentes de certains écrivains de l'histoire d'Auguste comme Ælius Spartianus, Valentianus Vulcatianus, Gallicanus, Trebellius Pollio sous Dioclétien (5).

1 Corps inser. lat. 536.
2. Friedlaender, *op. cit.* I, p. 69.
3 Vopisc. Prob. 2.
4 Trebell. Poll. Gall. 18.
5 Voyez également dans Teuffel, *op. cit.* III, p. 387, notes, un certain Aurelius Festivus « *libertus Aureliani* » et I. p. 60, note 3.

Enfin il faut compter nombre de gens de lettres parmi les *Amici Augusti*. Les amis ou compagnons (*comites*) de l'empereur furent divisés de bonne heure (sous Tibère) en trois classes : *Amici primi, secundi, tertii* ou *cohors primæ, secundæ, tertiæ admissionis*.

A cette organisation « la dénomination d'ami perdit tout à fait son sens ordinaire : elle devint de plus en plus un titre officiel indépendant des liens d'amitié personnelle et peut-être même invariablement attachée à certains offices (1). Ceux des deux premières avaient en effet ce caractère; mais dans la troisième figuraient « des personnes que les empereurs tenaient à s'attacher pour jouir des avantages de leurs talents de société ou d'agrément, de leur instruction générale ou de leurs connaissances spéciales, sans regarder beaucoup à l'origine, à l'état, ni à la position sociale des appelés. Elle se composait ainsi de savants, de philosophes, de gens de lettres, de poètes et d'artistes suivant les goûts du prince... Ses membres étaient souvent des étrangers et le plus souvent des Grecs ». Ils jouissaient d'avantages spéciaux; par exemple s'ils accompagnaient le maître en expédition ou en voyage, on leur comptait une indemnité : le *viaticum amicorum* (2).

Les gens de lettres qui vécurent dans l'intimité du prince au titre d'amis de troisième classe (on les appelait aussi *convictores* ou *grati* (3) sont asssez nombreux. Outre l'entourage bien connu d'Auguste (Horace, Virgile, Ovide, etc.), citons Lucain qui fut tout jeune compté

---

1. Friedlaender, *op. cit.* II, ch. III.
2. Daremb et Saglio. *op. cit.* : V *Amici Augusti.*
3. Suet. Tibère. 16.

parmi les *primi amici* de Néron, Martial, Stace sous Domitien, etc...

Les *distinctions honorifiques* (1) dont disposait le prince pour récompenser les services ou le mérite furent aussi accordées aux gens de lettres.

On sait qu'avec le développement des administrations impériales se constituait à côté ou à la place de l'ancienne (fondée sur la naissance et sur l'argent) une nouvelle noblesse surtout composée de fonctionnaires ; il n'était pas rare de voir pénétrer un homme de lettres, soit à raison même des charges qu'il avait exercées, soit par une faveur directe de César dans ces castes ouvertes (par exemple dans celle des *Augustales*) ou prendre rang dans la hiérarchie nouvelle et déjà byzantine qui commençait aux *egregii* pour s'élever jusqu'aux *nobilissimi* (2). Beaucoup de noms d'hommes de lettres sont suivis dans les textes de quelqu'une de ces qualifications flatteuses : le rhéteur Blossius Emilius Dracontius de Carthage (iv⁰ siècle) est *vir clarissimus et togatus* : à la même époque le philosophe Firmus Maternus, l'historien Aurelius Victor, Aurelius Théodosius Macrobius, portent le même titre ; le poète Prudence est *ordine proximo (nobilissimus?)* à la cour de Théodose, etc...

Le *comtat* était accordé dans certaines conditions à des professeurs, à des artistes même (3). Ces distinctions honorifiques n'étaient pas une vaine gloire : elles

1. Naudet. *De la noblesse et des récompenses d'honneur chez les Romains,* 1863.

2. En voici les degrés : ordre équestre : *Egregii, perfectissimi* ; ordre sénatorial : *Clarissimi, spectabiles, illustres* et *nobilissimi,* enfin les Augustes et les Césars.

3. Cod. Théod. — L. unic. — *De prof. qui in urbe.* — VI. 21 ; — l. 2 VI, 20.

avaient des conséquences notamment au point de vue fiscal (1).

Il n'est pas jusqu'à cet honneur de la *statua* devenu très banal à Rome qu'on ne leur ait point ménagé. Des statues furent élevées à des sophistes (2), à des philosophes (3). Marc-Aurèle demanda au Sénat de voter à titre d'honneur public, l'érection de la statue de Junius Rusticus, son maître de philosophie, et de Fronton, son maître de rhétorique (4), du vivant même de ce dernier. Le même honneur fut rendu par Théodose et Valentinien au rhéteur Mérobaudes. Dans les provinces on élevait à leur *municipe* natal des statues en l'honneur des compatriotes qui s'étaient acquis au loin quelque célébrité. C'est ainsi que la ville de Preneste érige une statue à Marc-Aurèle Agilius Septentrion, affranchi des empereurs Septime Sévère et Caracalla, premier pantomime de son temps, lequel remplissait même dans cette ville la charge de *Sevir* des *Augustales*. Une colonie (5) accorde le même honneur à un certain P. Publilius Ingenuus « pour la connaissance remarquable qu'il possède de son art et l'honorabilité de ses mœurs. »

PROFESSEURS. — L'enseignement à Rome est donné par des gens de lettres. Ce n'est pas une carrière spéciale à

1. Adolphe Gascoin. *De l'influence dans la législation romaine des distinctions personnelles aux auteurs des crimes ou délits en matière pénale,* 1895, p. 163 et sq.
2. Apulée. *Florid.* III, 16.
3. Tertullien. *Apolog.* XLVI.
4. *Vit. Marc. Ant.,* 2, 3. Néron avait rendu le même honneur à un acteur tragique avec lequel il s'était mesuré. (Dion, LXVIII, 8).
5. Orelli. 2627.

laquelle on se destine et que l'on poursuive ensuite à l'exclusion de toute autre. « La plupart des maîtres, remarque Friedlaender (1), n'enseignaient point par vocation ; ils ne s'étaient mis à donner des leçons que pour gagner leur vie ».

Le nombre de gens de lettres exerçant ainsi les professions de grammairien, rhéteur, pédagogue, etc., est considérable à Rome dès les premières conquêtes de l'hellénisme ; il augmente encore sous l'Empire si bien qu'au second siècle, presque tous les gens de lettres sont à des degrés divers engagés dans l'enseignement public ou privé.

L'enseignement à Rome (2) jusqu'aux guerres puniques est purement familial ; c'est le *paterfamilias* qui dirige l'éducation de ses enfants tout au plus est-il aidé dans sa tâche par quelque *servus litteratus* ou *pedagogus* (intermédiaire entre le précepteur et le domestique) dont le rôle est tout à fait subalterne.

A l'époque des guerres puniques apparaissent les écoles (*ludi*). La première d'une organisation régulière aurait été ouverte par un certain Spurius Carvilius, affranchi de Carvilius consul en 235 : elles se multiplièrent rapidement. Le *litterator* ou *magister ludi* « appartenait ordinairement à

______

1. *Op. cit.* I, p. 237. Le célèbre professeur de grammaire Orbilius avait commencé par être huissier auprès d'un magistrat. Marcus Valerius Probus de Béryte en Syrie ne s'adonne aux études linguistiques pour se consacrer ensuite à l'enseignement, que faute d'avoir pu obtenir un emploi d'officier subalterne ; un troisième débute comme athlète, un autre comme acteur, etc. (Suet. *grammat. ill., passim*).

2. Bibliographie : V. Daremb et Saglio. *op. cit.* V° *éducatio* (Pottier) *in fine.* — Mommsen et Marquardt. *op. cit.* *Vie privée*, I, p. 110 et sq., p. 96, n. 1.

une classe peu relevée de la société ; on y comptait surtout des affranchis (1) ». Il apprenait aux jeunes enfants les éléments (écriture, lecture et calcul). C'était une sorte d'enseignement primaire.

Plus tard, à côté, naît l'enseignement secondaire avec les écoles du *grammaticus* où l'on enseigne sous le nom de grammaire les lettres grecques et latines à des enfants de douze à seize ans. Le *grammaticus* est ordinairement un lettré grec qui s'insinue, comme client, dans la société aristocratique ; d'abord précepteur privé dans les grandes maisons, il s'installe bientôt comme professeur public sous un haut patronage. Le *grammaticus latinus*, ou simplement *grammaticus*, enseigne les lettres latines tandis que le *grammaticus græcus* enseigne les lettres grecques.

Après vient pour le jeune homme l'enseignement du *rhetor*, sorte d'instruction supérieure préparant à la vie publique par des exercices de rhétorique (*suasoriæ et controversiæ*) (2). On ne connaît d'abord que le *rhetor græcus* c'est-à-dire le professeur de rhétorique grecque ; les Romains ne voulaient pas que l'art pût ajouter quelque chose à l'expression latine d'une pensée, ni permettre que leur langue cessât d'être une traduction des idées, simple, rude et vraie. En 92 av. J.-C. un édit des censeurs Aheno-

---

1. Lemonnier. *Étude sur la condition privée des affranchis*, p. 280 et sq.
2. Le mot pas plus que la chose ne doivent étonner si l'on veut bien réfléchir que « le rapport entre la parole écrite et le discours parlé pour ce qui concerne l'importance et l'influence de l'un et de l'autre était juste l'inverse de ce qu'il est dans le monde actuel (Fried. *op. cit.* IV, 6) ». D'ailleurs sous le nom de rhétorique et plus tard sous celui plus compréhensif d'études libérales (*studia liberalia*) — « humanités » disait l'ancienne pédagogie française — les Romains entendaient la formation des idées générales par la lecture et le commentaire des textes des meilleurs auteurs. (Voyez sur ce point Cic. *De orat.* III, 15, 58).

barbus et Crassus proscrivait l'enseignement des *rhetores latini*; cette interdiction, si toutefois elle eut un effet quelconque, ne dura pas. Au temps de Cicéron, les deux branches de la rhétorique sont également enseignées; il y a autant de rhéteurs grecs que de rhéteurs latins.

Le professeur de philosophie n'apparaît qu'ensuite sous les Antonins.

Quant à l'enseignement des arts (peinture, sculpture, architecture, musique, danse, etc.,) il n'eut jamais la même importance que l'enseignement des lettres. Cependant il en est question d'assez bonne heure Paul Emile, organisant pour ses enfants une sorte de maison d'éducation très complète, y admet des peintres et des sculpteurs grecs (1).L'enseignement de la musique et de la danse existait déjà au temps des Gracques; il était suivi par les jeunes garçons et jeunes filles des meilleures familles romaines. Avec le premier maître de danse romain Stéphanion, qui n'apparaît que sous Auguste (il n'y avait eu jusque-là que des professeurs grecs), la musique et la danse font partie de toute bonne éducation. Horace parlant du chanteur Tigellius constate cependant qu'il avait comme élève plutôt des jeunes filles que des jeunes gens (2); pour ces derniers la musique, la danse et l'art scénique étaient le complément de l'art oratoire. On les enseignait en vue de faire l'éducation de la voix, former le maintien, apprendre le geste. Roscius donna des conseils à Cicéron; le comédien Geminus fut un des maîtres de Marc-Aurèle. — Alexan-

1. Plutarque. — *P.-Emile*, 6.
2. Horat. — *Sat.* I, 10-98.

dre Sévère fonda un enseignement de l'architecture (1),
qui fut développé par Constantin.

Cet enseignement à trois degrés dont on vient d'indiquer à grands traits le système a été une œuvre de l'initiative privée; l'Etat n'y est nullement intervenu. Mommsen dans son admiration pour le haut génie de César lui
fait honneur de l'idée première d'une éducation publique.
Ses vues à cet égard lui paraissent résulter de la faveur
qu'il fit aux maîtres ès arts libéraux résidant à Rome, en
leur accordant le droit de cité. « Ce premier pas, dit Mommsen (2), annonce la création future de grands établissements où la haute instruction sera dispensée dans les deux
langues à la jeunesse romaine et qui seront l'expression
complète et puissante de la culture nouvelle dans l'Etat
nouveau. » Tel est, en effet, le caractère général de l'enseignement sous l'Empire. L'idée grecque l'emporte (3).
C'est la ville qui crée l'école et le pouvoir central intervient simplement là où il est nécessaire pour encourager
d'une façon discrète, assister d'une subvention sans condition, ou distribuer quelque faveur. Les fondations directes
sont rares, du moins aux deux premiers siècles; au iii° et iv°
la réglementation envahissante atteint également l'école
et l'on voit apparaître un véritable enseignement d'Etat.

Ces caractères nouveaux concourent avec un très large
développement de l'instruction du 3° degré (école des rhéteurs); ils s'expliquent, aussi bien que la sollicitude du pouvoir, par la nécessité de recruter le personnel dirigeant des
administrations publiques de plus en plus nombreux. On

1. Lamprid. — Alex. Sév. 44.
2. *Hist. rom.* trad. C. Alexandre, VIII, p. 207.
3. Aurel. Victor dit d'Hadrien (*Cæs.* 14) : *Romæ, Græcorum more,
gymnasia doctoresque instituere cæpit.*

voulait n'en ouvrir l'accès qu'à ceux qui faisaient preuve d'une forte instruction générale. Suétone (1) cite ce trait d'Auguste révoquant un légat consulaire qui s'était permis d'écrire un mot, tel qu'on le prononçait dans le peuple.

Dès le IIe siècle, il existe de ces chaires dans chaque cité importante de l'Empire. C'étaient, en général, des fonctions municipales, mais elles pouvaient aussi avoir été créées par des donations particulières. On voit ainsi Pline le Jeune laisser par testament à Côme, sa patrie, une somme importante dont le revenu devait servir à payer un tiers du traitement du professeur public de rhétorique. Les anciens prytanées municipaux des Grecs où certains citoyens étaient nourris aux frais de l'Etat (*victus publicus*) en récompense de leurs services, des établissements analogues au Musée d'Alexandrie, avaient pu également être affectés au nouveau service. Les chaires étaient occupées par les élèves des maîtres en renom de Rome ou d'Athènes, qui les patronnaient auprès des autorités provinciales. On voit ainsi Fronton (2) recommander à un de ses amis, son élève Antonius Aquila, *vir doctus et facundus*, pour qu'il lui obtienne une situation de rhéteur public dans quelque cité de la Gaule où les rhéteurs grecs étaient libéralement traités.

L'intervention impériale se manifesta d'abord par une série de mesures individuelles.

---

1. Voy. Suét. Aug. 88. — Plus tard, il est vrai, avec l'extrême division du travail et le morcellement des fonctions — vices inhérents aux vieilles civilisations — le règne des spécialistes commence ; le secret se perd de ce large humanisme des premiers siècles ; déjà la situation d'un Marc-Aurèle est celle d'un incompris que sa haute culture isole ; dans son entourage, il est souvent pareil à ce jour où donnant un ordre en pure langue latine, personne ne l'entendit. (Dion Cass. LXXI, 5). Voir Renan, *Marc-Aurèle*, 1882, ch. 16 et 17.

2. *Ad amic.* I, 2.

On accorde des pensions à des rhéteurs célèbres. C'est ainsi que Quintilien reçoit pendant vingt ans pour professer à Rome un traitement payé sur le Trésor public.

La première fondation de quelque importance est l'Athénée d'Adrien; fondé en 135 après J.-C., c'était un grand établissement d'instruction situé sur le Capitole. Les professeurs au nombre de 21 (3 professeurs d'éloquence, 10 de grammaire, 5 de dialectique, 1 de philosophie, 2 de jurisprudence) étaient logés et nourris aux frais du Trésor; leurs leçons étaient publiques. L'Athénée ne disparait qu'au v* siècle.

Les premières subventions générales aux chaires de rhétorique et de philosophie furent accordées par Antonin le Pieux, qui semble même avoir fait à leurs titulaires une sorte de situation officielle (1). Marc-Aurèle, en 176, fonde à très grands frais à Athènes 4 chaires de philosophie, 2 d'éloquence, 1 de sophistique.

Alexandre Sévère parait avoir complété, par une disposition générale, une série de mesures isolées et individuelles et créé véritablement le régime « *Rhetoribus et grammaticis.....,* dit Lampride (2), *salaria instituit etaudi toria decrevit.* » — Ainsi pour l'enseignement oratoire et celui de la grammaire, partout où la nécessité l'exigea, l'État garantit au maitre le traitement et le local scolaire. Quoique payés ainsi par l'État, ces professeurs ne sont pas nommés par le pouvoir central mais par le Sénat municipal et révoqués également par lui (3). Plus tard cependant,

---

1. Vit. Ant. XI : *Rhetoribus et philosophis per omnes provincias et honores et salaria detulit.*

2. Alex. Sever. 44.

3. D. XXVII. fg. 6, § 4. — Cod. const. 2. X, 52. — Const. 1. Code Théod. *De prof. qui in urbe.* VI, 21.

l'empereur Julien voulut qu'on entourât leur choix de certaines garanties d'honorabilité et de talent. Comme il ne peut choisir directement lui-même les *magistri studiorum* et les *doctores*, il veut que les charges ne soient pas confiées à la légère, mais après examen de l'*ordo senatorius*, sur un décret des *curiales*, rendu avec l'assentiment de l'opinion éclairée (*optimorum conspirante consensu*) (1). Un autre rescrit de Julien rappelle qu'en principe la nomination des professeurs d'établissement ou de chaires dotés par l'Etat lui appartient; les candidats devront subir un examen devant un jury de *curiales* (2).

Les dernières transformations de l'enseignement public datent du v° siècle. Elles sont l'œuvre de Théodose. C'est la création d'une véritable université. Aussi Friedlaender (*op. cit.* II, p. 379) n'hésite pas à comparer Athènes et Rome à cette époque, et Constantinople, aux villes d'universités modernes. Un titre entier du Code théodosien (3) est consacré à cette matière. Le but poursuivi semble être d'assurer une sorte de monopole aux établissements de l'Etat; il est fait défense aux professeurs des écoles impériales d'enseigner au dehors, aux professeurs libres sous les peines les peines les plus sévères, de donner des leçons ailleurs qu'à leur domicile personnel, ce qui leur interdit toute possibilité d'association pour la formation d'un institut indépendant.

L'École de Constantinople fondée en 425 comprend 10 *grammatici latini*, 3 *rhetores latini*, 10 *grammatici græci*, et 5 *sophistæ græcæ*, 1 *professor philosophiæ*, 2 au-

1. Cod. X, 52.
2. Code Théod. XIII, 3, 5.
3. *De studiis liberalibus*. Cod. Théod. XIV, 9. V. surtout la const. 3 de 425.

tecessores (professeurs de droit). Le Sénat est chargé de la nomination aux différentes chaires; son choix doit être agréé et confirmé par l'empereur.

Le personnel enseignant se composait de grammairiens, de rhéteurs ou sophistes et de philosophes.

Le grammairien est resté l'humble *litterator*, le *grammaticus* de l'âge précédent; mais le rhéteur ou sophiste a pris une plus grande importance; qu'il occupe dans quelque grande cité une chaire municipale ou bien qu'il circule (1) librement de ville en ville pour donner des représentations oratoires, il devient une façon de personnage public (2). On en voit qui servent d'intermédiaires entre l'empereur et la cité où ils enseignent. C'est ainsi qu'Ælius Aristide gagna pour Smyrne, détruite par un tremblement de terre, les bonnes grâces de Marc-Aurèle. D'autres amassent à courir le monde une fortune considérable. D'autres sont élevés par leur seule renommée aux plus hautes dignités. Sous Néron, Verginius Flavus, maître de rhétorique, reçoit la dignité sénatoriale; un simple *litterator* y parvient sous Tibère; le rhéteur Blandus faisait partie de l'ordre équestre, d'autres y entrèrent par la faveur impériale; C. Aufidius, élève de Fronton, fut deux fois consul et Servilius Silanus également consul en 189; le rhéteur Longin (213-273) devient premier ministre de la reine Zénobée; Themistus, rhéteur à Nicomédie, est sénateur, préfet de Nicomédie et plus tard tuteur du jeune empereur Arcadius, etc. La biographie de Lucien peut donner l'idée de ce qu'était une brillante carrière de rhéteur. Lucien commença par des tournées en Europe et en Asie

1. On les nomme *circulatores.* D. XXVII, 1 fg. 6 § 1.
2. Voyez Philostrat. *Vitæ sophist.* passim.

qui lui acquirent la réputation et la fortune; puis il s'établit en Egypte où il parvint vers la fin de sa vie aux fonctions de *procurator*.

Le philosophe occupe sans doute des chaires dans l'enseignement public ou des écoles, mais le plus souvent sa place est ailleurs; il joue dans la société romaine un rôle assez semblable à celui du pasteur des confessions protestantes; dans les grandes maisons il est une sorte de directeur spirituel, exerçant sur la famille à laquelle il s'est attaché une action morale considérable. Au plus bas degré de la profession végètent les moralistes d'aventure, prêchant directement leurs doctrines à la foule — véritables *fraticelli* de l'antiquité païenne. La condition de philosophe a ainsi, en général, quelque chose d'étrange; d'une part la domination dérivée d'une source très haute l'intelligence et la moralité, de l'autre, une situation matérielle très précaire : soit la domesticité dorée chez un homme riche, soit l'enseignement public peu libéral ainsi qu'on le verra pour la philosophie, soit enfin, la vie incertaine du mendiant.

Le professorat purement privé était représenté par les *grammatici* des petites écoles et surtout les précepteurs enseignant dans les familles riches et dans la famille impériale. Les précepteurs des princes étaient choisis parmi les gens de lettres jouissant d'une grande renommée ou déjà parvenus à des situations considérables. Sénèque était sénateur lorsqu'il entreprit l'éducation de Néron. Fronton avait le même titre quand on lui confia celle de Marc-Aurèle. Souvent on enlevait à son école un maître dont l'enseignement était recherché pour le réserver tout entier à quelque éducation princière. C'est ainsi qu'Auguste donna comme précepteur à ses petits-fils le célèbre professeur

Verrius Flaccus (1). Lampride racontant la vie d'Alexandre Sévère donne la composition du personnel enseignant qu'on avait placé près de lui dans son enfance (2). Il comprenait d'abord 3 *litteratores*, 3 *grammatici*, 3 *rhetores*; enfin le professeur le plus illustre du temps (*doctorem celeberrimum*).

Pour compléter cette histoire trop brève de l'administration impériale en matière d'enseignement, notons les principales mesures de protection et de faveur dont les professeurs ont été l'objet; ces mesures en firent à la longue de véritables privilégiés.

Auguste, voulant préserver Rome de l'envahissement trop rapide des étrangers, les expulsait en exceptant toutefois les professeurs et les médecins (3). Vespasien pour retenir à Rome certains rhéteurs leur assurait un traitement, en même temps il exemptait des charges publiques les rhéteurs et les grammairiens (4). Des rescrits d'Hadrien et de Vespasien dispensent les professeurs qui ont déjà l'exemption des charges civiles (grammairiens, rhéteurs, philosophes) de la *receptio hospitis* et de la *præstatio angariorum* (5). Un rescrit d'Antonin le Pieux (6) visant les provinces d'Asie, mais qui s'appliquait également à tout l'empire, permet aux autorités municipales d'accorder l'exemption des charges publiques dans les petites villes à 3 rhéteurs et à 3 grammairiens; dans les moyennes, c'est-à-dire dans les villes pourvues d'un tribunal (*forum*

1. Suet. Gramm. III. 17.
2. Alex. Sev. III, 2, sq.
3. Suet.-Aug. 42.
4. Vat. fragm. 149. — Suet. Vespas. 18.
5. D. L, 4, fg. 18, § 30; Idem 5, fg. 10, § 2.
6. D. XXVII, 1, fg. 6, § 2 et sq.

causarum vel loca judiciorum) à 4 rhéteurs et 4 grammairiens; dans les grandes (*metropoles gentium*) à 5 rhéteurs et 5 grammairiens; le rescrit tient la balance égale entre les deux branches de l'enseignement, grammaire et rhétorique (*utramque doctrinam*), dans chacune il favorise le même nombre de professeurs. Le nombre des privilégiés ne peut pas être augmenté : mais pour qu'ils jouissent des immunités, il faut un décret du sénat municipal. Quant aux philosophes, Antonin le Pieux refuse d'en déterminer le nombre légal; il abandonne aux élèves ou admirateurs riches qui suivent leur enseignement ou obéissent à leur direction le soin d'assurer leur existence matérielle; en revanche les immunités ordinaires, qui pour les autres professeurs ne profitent qu'à un nombre limité et se règlent sur l'importance des villes, sont accordées sans restriction aux philosophes. « Les philosophes, rhéteurs, grammairiens qui instruisent la jeunesse, dit Paul, sont dispensés de la tutelle et de la curatelle »; ils sont exempts du soin des gymnases, des sacerdoces onéreux, des fournitures publiques de blé, de vin, de la judicature, des légations, de la milice et de tout autre service analogue. Ces faveurs ne s'étendent pas aux maîtres d'écoles primaires (*qui pueros primas litteras docent*); ils n'ont pas l'immunité des charges civiles (1). —Une constitution de Constantin en 321 étend très largement les immunités déjà accordées à tous les grammairiens et « aux autres professeurs de lettres »; elle les accorde également (2) à leurs familles.

Ces immunités sont strictement limitées aux gens de

1. D. L, 5, fg. 2. § 8 ; fg. 11 § 4.
2. Cod. X, 42. Const. 6.

lettres qui enseignent. L'empereur Philippe, sans doute pour lever quelque difficulté particulière d'interprétation, dit expressément : *Poetæ nulla immunitatis prærogativa juvatur* (1).

Elles sont attachées à la fonction plutôt qu'à la personne; elles suivent cependant le professeur en quelque ville qu'il se fixe, mais comme elles ne lui sont accordées qu'à raison de ses services, il ne les conserve jamais à la fois dans la ville où il enseigne et dans sa ville d'origine (2).

Au iv⁰ siècle, cette situation privilégiée des professeurs est menacée par les pouvoirs locaux; l'autorité centrale intervient; elle place les professeurs et leurs biens sous la sauvegarde impériale, prend des mesures pour que les traitements soient payés, arme enfin spécialement les magistrats pour leur défense (3). Il est même nécessaire de renouveler les privilèges et les immunités méconnus : « Confirmant les privilèges des divins empereurs nos prédécesseurs, dit une constitution de 333 (4), nous ordonnons que..... les professeurs de lettres et même leurs femmes et leurs enfants soient exempts de toute fonction onéreuse, de toute charge publique, qu'on ne puisse les enrôler dans la milice, les obliger à loger des troupes ou à remplir un emploi quelconque malgré eux, afin qu'ils aient plus de facilité à former un grand nombre d'élèves aux études libérales et aux arts qu'ils enseignent ».

Mais avec la désagrégation de l'empire, l'action du pouvoir central se relâche et son œuvre de protection s'efface et disparait lentement : elle se continue cependant dans

1. Cod. X, 52. Const. 3.
2. Dig. XXVII, 1. fg. 6, § 9 à 11.
3. Cod. Théod. XXIII,3, 1.
4. Cod. Théod. XIII, 3. 3 (en 333).

l'empire d'Orient. Sans la suivre plus loin, on indiquera cependant quels en étaient le sens et le caractère en citant une constitution (1) datée de la même année (425 ap. J.-C.) qui vit la fondation, à Constantinople, d'une université. Cette constitution élève plusieurs professeurs à la dignité de *comites* du premier rang et assure la même faveur à ceux qui, après vingt ans d'exercice, se retireront en obtenant le satisfecit du sénat de Constantinople.

Ce régime de faveur et de protection était-il au même degré libéral? quel était, au point de vue matériel, la situation du professorat romain? Les salaires étaient en général très médiocres. Sous la République, d'ailleurs, à peine s'il en est question. L'enseignement n'a presque pas le caractère d'un métier. « C'est un vieil ami qui donne ses conseils à des jeunes gens qu'enflamme un beau zèle; et les leçons ne se vendent pas à quiconque voudrait les payer (2). » C'est aussi un client ou un affranchi qui rend à son patron un bon office, un esclave qui sert son maître. — Plus tard la profession est rétribuée, mais assez maigrement. On payait dans une école élémentaire, 5 pièces d'or (*aurei*), c'est-à-dire environ 135 fr. de notre monnaie, par enfant et par année scolaire de huit mois. Le plus souvent deux ou plusieurs maîtres associés tenaient la même école et se partageaient les bénéfices (3). Le fameux édit de Dioclétien de l'an 301 (4) fixait le maximum de la rétribution scolaire à payer au *magister litterator* : c'était

1. Cod. Theod., l. unic., *De profess. qui in urbe.* VI, 21.
2. Mommsen. *Hist. rom.* (trad. C. Alexandre), VI, p. 71.
3. D. XVII, 2, 71.
4. C. I. lat. p. 831. II. Waddington. *L'édit de Dioclétien,* 1864. — Mommsen et Blümmer. *Le tarif maximum de Dioclétien* (All.) Berlin, 1893.

50 deniers (5 fr. 25) par mois et par enfant (*menstruos denarios quinquagenta in singulis pueris*); pour le *grammaticus græcus sive latinus*, le maximum s'élevait à 200 deniers (21 fr.). Il faut compter à côté du salaire fixe un casuel formé des présents d'usage à certains jours de fête, aux Quinquatries (*minervale munus*), aux Saturnales (*sportula saturnalicia*), au jour de l'an (*strena calendaria*), etc.

Parmi les grammairiens, les professeurs renommés recevaient davantage : Rummius Palemon tirait de son école un revenu annuel de 400.000 sesterces (108.750 fr.). Suidas parle de la riche bibliothèque qu'Epaphrodite de Chéronée était parvenu à rassembler au moyen des bénéfices réalisés pendant un long enseignement public qui avait duré de Néron à Nerva. Enfin, on conçoit que les percepteurs des princes ont été plus favorisés. Verrius Flaccus, précepteur des petits-enfants d'Auguste avait un traitement de 100.000 sesterces (26.250 fr.).

Les rhéteurs jouissant d'une considération plus grande étaient mieux rétribués. Juvénal (*Sat.* VII, v. 186, 217) parle de 2.000 sesterces par élève. Ceux qui occupaient les chaires fondées par Antonin le Pieux touchaient 100.000 sestesces; c'était à peu près le traitement d'un gouverneur de petite province. Nous n'avons pas d'autres renseignements sur les rétributions des chaires de l'enseignement public. Ils variaient avec l'importance des villes, la renommée des professeurs, la générosité des sénats municipaux, la libéralité des princes, etc. On a vu qu'Antonin le Pieux s'en préoccupait. Constantin voulut assurer aux professeurs des « salaires suffisants (1) ». Valentinien avait fixé les honoraires des maitres de rhétorique et de grammaire en

_____
1. Cod. X, 52, Const. 6 de 321.

faisant aux professeurs publics des avantages spéciaux (1).
Le rhéteur Eumène dans un discours d'apparat pour
demander le relèvement des écoles (*pro rest. schol.* I, 1)
indique que son traitement fixé d'abord à 300.000 sesterces
fut doublé par la libéralité des princes.

Bibliothécaires. — Les gens de lettres trouvèrent des
emplois dans les bibliothèques publiques.

Les premières collections de livres étaient entrées à
Rome parmi le butin de la conquête (2). Paul-Emile avait
apporté la bibliothèque du roi Persée, Sulla l'immense
collection réunie à Athènes, Lucullus celle des rois du
Pont ; c'était là des bibliothèques privées dont la dernière
seule fut libéralement ouverte-aux étrangers. — César
voulait fonder une bibliothèque publique grecque et
latine ; il en chargea l'érudit Varron, mais la guerre civile
empêcha la réussite du projet. Il fut repris quatre ou cinq
ans plus tard par Asinius Pollion qui établit une bibliothèque publique à ses frais dans l'atrium de la Liberté sur
l'Aventin (3) ; sous Auguste, deux nouvelles furent créées :
une dans le Portique d'Octavie (l'Octavienne), l'autre près du
temple d'Apollon bâti sur le Palatin (la Palatine). Tous
les successeurs d'Auguste, en particulier Tibère, Domitien
et Vespasien, développèrent ces fondations. Il y avait une
bibliothèque au Capitole, une autre due à Vespasien dans
le temple de la Paix, une troisième réunie par Tibère dans

1. Cod. Théod. XIII, 3, 2.
2. Pour cette histoire des bibliothèques à Rome, voyez Dezobry *op. cit.*
III, lettre 90, p. 463. Michaut. *Pauca de bibliothecis apud veteres quum
publicis tam privatis,* 1875. — Petit Radel. *Recherches sur les bibliothèques anciennes et modernes,* 1819.
3. Pline (*H. nat.* VII, 30 et XXXV, 2) dit magnifiquement : *Ingenia
hominum rempublicam fecit.*

son propre palais ; Trajan fonda l'Ulpienne, Hadrien annexa à son Athénée une bibliothèque, l'immense collection des Ptolémées à Alexandrie fut, après eux, administrée par les Romains (1).

Vers la seconde moitié de la période impériale, Rome compte 28 bibliothèques publiques ; à l'imitation de l'administration impériale les pouvoirs locaux en installent presque dans chaque ville ; beaucoup sont créées par des particuliers ; c'est ainsi que Pline le Jeune en établit une à Côme, son municipe natal, et dote richement celle qui existait déjà à Milan.

Plus tard outre les fondations nouvelles (de Gordien, de Constantin, de Julien l'Apostat, etc.), à chaque établissement d'enseignement supérieur du genre de ceux que créa Théodore était annexée une collection de livres spéciale.

Le personnel chargé de réunir et conserver les livres de ces bibliothèques publiques se composait d'esclaves ou d'affranchis lettrés (qui portent dans les textes les noms de *bibliothecarii, a bibliotheca, ad bibliothecam, ad libros,* etc.,) et de *custodes* (2) (à qui incombait le soin de la surveillance). A leur tête étaient placés en général des hommes de lettres considérables. « Tous sont ordinairement choisis, dit M. Dezobry (*op. cit.* III p. 472), parmi les littérateurs ».

1. Ils y maintinrent l'organisation imaginée par les Ptolémées ; parmi les conservateurs de la bibliothèque d'Alexandrie, on cite Démétrius de Phalère, Eratosthène, Zénodote d'Ephèse, Aristarque, Apollonius de Rhodes, Callimaque, etc... Sur l'histoire de cette bibliothèque, voyez Parthey, *Le Musée d'Alexandrie* (All.) Berlin, 1838. — Ritschl. *Les Bibliothèques d'Alexandrie* (All.), 1835. — Chastel. *Revue historique,* I, 484-496.

2. Orelli 4141, 2922, etc... Fronton et Marc-Aurèle. *Ep.* IV, 5. Voyez une singulière fonction (*medicus a bibliothecis.* Orelli 2.929). Ovide. *Trist.* III, 1, 67.

Caïus Julius Hyginus, affranchi d'Auguste, fut bibliothé-
caire en chef (*præfectus*) de la Palatine, L. Melissus avec
le même titre de l'Octavienne; Pompeius Macer était probablement chargé de l'inspection de toutes les bibliothèques de Rome. Auguste lui avait remis une sorte de règlement écrit, dont il devait faire respecter les dispositions.
Dans les inscriptions on trouve un certain nombre de
noms de *bibliothecarii* employés à l'Octavienne, à la Palatine, etc., et qui appartenaient plus ou moins au monde
des lettres. De Néron à Trajan, un rhéteur alexandrin,
Denys, fut directeur général des bibliothèques de Rome.
Sous Hadrien cette charge est confiée à l'ancien précepteur de l'empereur C. Julius Vestinus qui devient ensuite
administrateur du musée d'Alexandrie. C'était là une fonction très importante dont le titulaire était un personnage
considérable; on le voit sous Hadrien figurer comme *a studiis* dans le conseil de l'Empereur. On cite également,
T. Claude Alcibiade conservateur de la bibliothèque latine
d'Apollon et secrétaire *ab epistulis*.

Sur le travail même de ces bibliothécaires, on a peu de
renseignements. Comment formaient-ils leur fonds? Était-
ce par voie d'achat ou d'une sorte de dépôt légal (1); quel
en était le classement? Comment s'opérait la communica-
tion au public? autant de questions fort obscures. On sait
seulement que la division fondamentale d'une bibliothèque
était en deux grands départements — le grec et le latin —

1. Le vers d'Horace :

Scripta Palatinus quæcumque recepit Apollo

ferait croire. de la part de l'auteur ou de l'éditeur, sinon à une obligation, du moins à un usage très général de déposer un exemplaire aux
bibliothèques publiques.

à travers lesquels des catalogues guidaient les recherches (1).

JOURNALISTES. — Une profession ouverte encore à l'activité des gens de lettres est celle de journaliste. Sans avoir
chez eux la même importance qu'elle a prise dans le monde
moderne, elle n'a pas été cependant tout à fait ignorée des
Romains (2).

On a voulu voir les premiers journaux dans ces *Grandes
Annales* où le Pontife indiquait très brièvement les événements importants de l'année entière.

A côté de ce premier recueil il s'en forma d'autres sous
le nom d'*acta diurna*, *acta publica*, *acta urbis*, *acta ur-
bana*, etc..., plus complets et d'une périodicité plus grande
mais qui ne recevaient, comme les premiers, aucune publicité officielle. A compter d'une certaine époque, il ne
subsiste plus que les *acta populi* et les *acta senatus*. Les
acta populi comprenaient : les édits des magistrats, les
éphémérides politiques et judiciaires, les nouvelles offi-
cielles (annonce des jeux, funérailles des grands personnages, etc.); les *acta senatus* : les sénatus-consultes et décisions du Sénat avec le compte rendu sommaire de ses
délibérations.

Le Sénat, au commencement du premier siècle avant
notre ère, organise la publicité des *acta populi* (on les dé-
pose chaque jour dans un lieu accessible au public) et

1. Callimaque avait rédigé celui de la bibliothèque d'Alexandrie en
120 tables. V. Egger. *Callimaque considéré comme bibliographe* (*Annuaire
de la Société des Etudes grecques*, 1876).

2. Bibliographie. Leclerc (J. V.). *Les journaux chez les Romains*, 1838
— Hubner. *De senatus populique romani actus*, 1859. — Dezobry. *op. cit*
III, lettre XCI. — Boissier. *Revue de philologie*, 1879, p. 15. — Karl
Manhof. *Journaux dans Rome antique*, dans *Nord et Sud* (All.), juin 1895.

soixante-dix ans plus tard, sous le consulat de César, le Sénat prend la même mesure pour les *acta senatus*.

« Cette publicité ne courait pas le pays au-devant des curieux comme la publicité des journaux modernes; elle se contentait d'être accessible à qui venait la chercher. Très probablement la rédaction était exposée dans un tabularium, sur des tables que le public était admis à consulter comme au Tribunal l'album du préteur pour les procès, comme chez nous, et mieux que chez nous probablement, les affiches de l'état civil et les listes d'électeurs dans les mairies (1) ».

Il y avait donc là sinon un journal, tout au moins les éléments d'un journal au sens où nous l'entendons aujourd'hui. De bonne heure, on relevait les *acta* en tout ou en partie, soit pour en garder copie, soit pour envoyer des nouvelles aux amis absents en les accompagnant de commentaires personnels. *Commentarium rerum urbanarum*, tel est le titre de la chronique que Cœlius Rufus envoyait à son ami Cicéron, proconsul de Cilicie; elle était rédigée au moyen des *acta populi* considérablement augmentés (2).

Profitant de la tolérance d'Auguste et malgré la censure rigoureuse exercée par certains de ses successeurs (Tibère, Domitien, etc.), cet usage se répandit très vite sous l'Empire. « Les actes du peuple et ceux du Sénat firent naître toute une industrie; on copia ces actes, on joignit aux copies pour les rendre plus intéressantes, des développements et des réflexions que ne comportaient ni la gravité de la publicité officielle, ni le mode de transcription publique qui dut toujours être fort concise, en raison de l'abon-

1. Naudet. *De la police chez les Romains*, c. II, art. IV, §4. p. 103.
2. Voyez Cicéron. *Ep. ad. Fam.* VIII, 2.

dance des matières, de l'espace nécessairement restreint des tables (1) » ; en un mot, au moyen des *acta populi et senatus*, sorte de chronique officielle qui ne contenait qu'une nomenclature sèche et impersonnelle des événements, on fit une publication vivante et variée qui se distribuait et se vendait dans la ville et courait les provinces.

C'étaient là de véritables journaux où s'inscrivait l'histoire minutieuse de chaque jour ; on y lisait, à côté du récit des événements politiques, (décisions des consuls, réunion des assemblées, faits de guerre, incidents de la vie publique, etc.) le compte rendu d'un procès, l'annonce d'un mariage, les passages du discours d'un tribun du peuple, etc, jusqu'à des bruits de ville et de simples faits divers (*fabulæ, rumores*).

« Il y a une rédaction ; ainsi à la suite d'une annonce de sacrifice, on met tous les détails de la cérémonie et les noms des personnages importants qui y parurent ; dans un compte rendu des affaires judiciaires ou politiques, on analyse les discours des orateurs ; pour des jeux, on en donne le récit complet ainsi que la description du monument ou des monuments temporaires où ils ont été exécutés (2) ».

Les rédacteurs de ces journaux sont restés inconnus ; ils avaient gardé l'anonyme en raison même du peu d'importance de leur besogne, ou encore, pour se soustraire aux conséquences d'une intempérance de plume. « Le rédacteur du journal officiel de Rome n'était guère qu'un scribe au service de la chancellerie impériale ou républicaine (3) ».

1. Desobry, *op. cit.* III, p. 496.
2. Id. *op. cit.* p. 497 : avec des extraits cités et traduits de ces journaux.
3. Egger. *Histoire du livre*, p. 182.

L'auteur de ce *commentarium rerum urbanarum* que lisait Cicéron en Cilicie était un certain Chrestus. Peut-être faut-il voir des rédacteurs de ces feuilles volantes dans ces nouvellistes (*ardeliones*) dont tout le monde se plaint, ou encore dans ceux que le code Théodosien désigne sous le nom de *diurnarii* (1). On n'en sait pas davantage. C'étaient des hommes de lettres très humbles; en accomplissant leur besogne incertaine d'obscurs informateurs de l'opinion publique, ils ne se doutaient guère de l'importance où devaient se hausser par les mêmes voies, leurs modernes successeurs.

PRÊTRES. — A compter de la fin du ivᵉ siècle, le clergé chrétien est devenu « le seul représentant de la civilisation et le gardien des lettres (2) » C'est le prêtre qui fait office de grammairien et de rhéteur, c'est lui qui rédige, en vue de l'enseignement public, ces abrégés ou manuels de toute espèce qui sont, avec les ouvrages de théologie, d'apologétique, ou de polémique chrétiennes, à peu près la seule littérature de cette époque. — De plus, la prédication en ce temps de prosélytisme très actif est la fonction essentielle du clergé. Aussi la plupart de ses membres les plus connus sortent-ils soit du barreau, soit des écoles de rhéteurs et de philosophes. — Presque chaque nom de littérateurs est accompagné dans les textes de la qualification de *presbyterus*, *monachus*, ou *episcopus*. Il faudrait les citer tous (3) ; il suffira de rappeler parmi les simples prêtres Tertullien (150-230), jurisconsulte et rhéteur, Salvin

1. Cod. Theod. VIII, 4, 8.
2. Teuffel, *op. cit.* III, p. 291.
3. Guill. Cave. *Scriptorum ecclesiasticorum historia litteraria* Oxford, 1740-45. — Migne. *Patrologiæ cursus completus.*

également rhéteur, Tyrannius Rufinus d'Aquilée (150-230), Athanase (296-373), patriarche d'Alexandrie, Aurélius Prudentius Clemens, (348-410), poëte, Orose, historien ; — parmi les moines le plus illustre de tous, Jérôme de Stridon (331-420) ; — parmi les évêques, Thascius Cœcilius Cyprianus, ancien rhéteur, évêque de Carthage ; Evagrius Ponticus, grammairien, évêque d'Antioche, Eusèbe, (267-338), évêque de Ptolémaïs, Chromatius, évêque d'Aquilée, Basile (329 379), ancien rhéteur, évêque de Césarée, le rhéteur Grégoire (331-397), évêque de Nysse, Paulin, évêque de Nole, Grégoire de Naziance (328-389), Jean Chrysostome (258-431), archevêque de Constantinople, Ambroise (347-407), évêque de Milan, Hilaire, évêque de Poitiers, Damase (305-384), évêque de Rome, Héliodore d'Ephèse, évêque de Tricca en Thessalie, Potamius, évêque de Lisbonne et Phœbadius, évêque d'Agen, Sidoine Apollinaire (430 488), évêque de Clermont-Ferrand, Faustus, évêque des Gaules (462), etc., etc.

Les lettres antiques jettent ainsi au service du christianisme, leur dernier éclat ; puis, à bout de sève et comme lassées de tant de gloire et d'efforts, elles imitent ce lettré du temps de Théodoric — Cassiodore — qui se démit des plus hautes charges pour aller abriter dans la vie monastique, embellie par son *Institution des divines lettres*, des goûts de lettré et de philosophe. Contre la barbarie envahissante, les lettres antiques se réfugient dans les couvents pour y dormir le long sommeil du moyen âge.

CHAPITRE II

CONDITION DES ARTISTES

Premier groupe : *Peintres, Sculpteurs, Architectes.*

A Rome, les diverses professions se rattachant aux arts de la peinture, de la sculpture et de l'architecture n'attirèrent jamais la moindre considération à ceux qui les exerçaient; elles étaient le plus ordinairement abandonnées aux classes inférieures de la société. « Nul homme d'une famille honnête n'eut consenti à adopter une profession artistique comme la peinture ou la sculpture (1). » — « Ce que nous appelons les artistes ne sont guère placés qu'à un degré au-dessus des cuisiniers, des coiffeurs et des athlètes (2). » — « Pas un jeune homme bien né, après avoir vu la statue de Jupiter à Pise, ou celle de Junon à Argos ne souhaitera d'être Phidias ou Polyclète; l'œuvre nous charme par sa grâce, mais nous ne sommes pas tenus d'estimer son auteur (3) » — « Tout en adorant les idoles, dit Sénèque, on méprise ceux qui les façonnent. » (4) — Valère Maxime parlant d'un Fabius qui s'occupait de peinture, le blâme d'avoir trouvé pour son activité un emploi dégradant (*sordido studio* (5). — C'est un sentiment si généralement répandu dans la société antique qu'aucune

1. Pline, *Hist. nat.* XXXV, 4, 7.
2. Sénéq., *Ep.* 88, 18.
3. Plutarq. *Périclès*, 2.
4. Lactance, *Inst.* II.
5. Val. Maxime VIII, 14, 16.

protestation ne s'élève de la part même des intéressés ; Lucien — attique d'esprit et de langue — est à peu près le seul écrivain à en souligner, avec une ironie amère, la contradiction (1).

Ce préjugé — dont il ne faudrait pas se hâter de croire qu'il ne reste rien dans nos opinions — se rattache à l'idée que se faisaient les Grecs (2) aussi bien que les Romains de la profession des beaux-arts. « L'antiquité n'a jamais distingué nettement l'art véritable du métier ; de l'idéal de l'artiste au tour de main de l'artisan, l'antiquité n'a guère vu qu'une différence de degré. Encore les vues des Romains ne sont-elles pas, à cet égard, celles des Grecs ; en Grèce tout métier est un art ; à Rome, *tout art est un métier*. Un peintre, un sculpteur aux yeux de Sénèque exercera une profession servile ni plus ni moins qu'un tailleur de pierres. — Le code Théodosien range les *statuarii* dans la même catégorie que les ouvriers ordinaires du bâtiment, et Vitruve, artiste lui-même, ne saisit entre la besogne du cordonnier ou du foulon et le travail de l'architecte, aucune autre nuance que le degré plus ou moins élevé de la difficulté (2) ». Le même mot, en latin (*artifex*) comme en grec (τεχνίτης), désigne l'artiste et l'artisan et le même homme, nouveau maître Jacques, peut exercer sans déchoir, comme l'oncle de Lucien, la triple profession de

---

1. Lucien, *Le songe ou le Coq*, § 9.

2. Voy. : H. Bazin, *De la condition des artistes dans la société grecque*, Nice, 1885. Frohberger, *De opificum apud veteres Græcos conditione*, 1866. Malgré le rapprochement, la situation de l'artiste est très différente dans la cité grecque. En Grèce l'artiste est, avant tout, celui qui taille l'image et qui construit le temple des dieux ; il a une sorte de fonction publique, on n'en conçoit pas de plus haute, ni qui soit plus privilégiée.

2. Th. Mommsen et J. Marquardt, *Manuel des antiquités romaines.* — *Vie privée des Romains*, XV, p. 254 et 255.

« sculpteur, tailleur de pierres et décorateur de murailles (1) ».

Une dernière raison de cette confusion est dans le caractère de la production artistique à l'époque impériale, — « L'exploitation de l'art, dit Friedlaender (*op. cit.* III, IX, p. 304) avait à bien des égards non seulement le caractère d'un métier mais encore,.. celui d'une véritable industrie de fabrique. » On répandait à profusion des copies de modèles anciens, aucune œuvre originale ne sortait des ateliers. Quand l'art se réduit lui-même à la simple habileté technique, l'artiste, cessant de créer, devient artisan ; il en mérite le nom.

La profession d'artiste, ainsi confondue avec celle d'artisan, participe du mépris où l'on tient cette dernière. L'artisan à Rome est toujours un homme de condition très humble, esclave ou ancien esclave. Les arts manuels sont des arts serviles ; nul homme bien né ne les exerce sans déroger. A ce préjugé s'ajoute le sentiment très noble d'une défaveur pour le travail trop directement mercenaire ; ainsi Plutarque (*Cimon*, 4.) voulant rehausser l'artiste grec Polygnote, ne manque pas de faire remarquer qu'il peignit le *Pœcile* pour rien. La seule occupation que le Romain comprenne en dehors du service militaire ou

---

1. Idem, *loco cital.* p. 254, note 4. — Cette confusion entre l'artiste et l'artisan a duré jusqu'au XVIII° siècle. (Voy. Vaunois, *La condition et les droits d'auteur des artistes jusqu'à la Révolution*, 1892). Le sens actuel du mot artiste est consacré seulement dans l'édition de 1762 du dictionnaire de l'Académie ; la définition suivante donnée dans l'*Encyclopédie* de d'Alembert et Diderot marque assez bien la transition entre la notion ancienne et la nouvelle : « Artiste : nom que l'on donne aux ouvriers qui excellent dans ceux d'entre les *arts mécaniques qui supposent l'intelligence* et même à ceux qui, dans certaines sciences moitié pratiques, moitié spéculatives, en entendent très bien la partie pratique ».

civil de l'État, est la profession agricole (1); la grande entreprise industrielle et commerciale ne vient qu'après; toutes les autres sont dédaignées comme inférieures ou futiles (*leviores, mediocres artes; leviora, minora studia*) et par là même indignes du caractère national (*romana gravitas*).

Il ne faut pas négliger de mentionner enfin, parmi les causes de cet éloignement une certaine infériorité du génie romain dans le domaine de l'art (2). Cicéron le constate : (*Tusc.* I, 2) « On aurait pu, dit-il, féliciter Fabius de s'adonner à la peinture ; cela n'aurait pas rendu plus nombreux parmi nous les Polyclète et les Parrhasius ». Un peuple doué d'un sentiment si haut de lui-même méprise volontiers le genre d'activité où il ne brille pas au premier rang. Les Romains mettaient une sorte de vanité à se dire impropres aux arts. Sans les croire tout à fait à cet égard, et en faisant la part de cette affectation de rusticité qui est un trait de leur caractère et dont Caton l'Ancien a donné les exemples les plus populaires, il est certain que cette inaptitude nationale est très appréciable si on la compare à l'admirable facilité des Grecs.

Cette estime que les Romains refusaient ainsi aux artistes, ils ne la ménageaient pas à leurs productions. Con-

---

1. Varr. *De re rustica*, præf. Au sujet de la préférence marquée des Romains pour les fonctions publiques, on se souvient du distique de Virgile (*Enéide*, VI, 852, 853) ;

> *Tu regere imperio*, etc...
> *Hæ tibi erunt* artes...

2. Sur ce point : K. F. Hermann, *Du sentiment artistique chez les Romains. Quelle est leur part dans le mouvement artistique de l'antiquité* (all.) Gœttingue, 1855. Friedlaender, *Sur le sentiment de l'art chez les Romains de l'Empire* (all.) 1852, et pour l'époque de la République : Maignien, *Quid de signis tabulisque pictis senserit M. Tullius Cicero*, 1863.

naisseurs d'une médiocre finesse en général, l'art était surtout pour eux un élément de luxe; il répondait à un besoin somptuaire; les Romains montrèrent pour le satisfaire une véritable passion. On sait, comment sous la République, l'Asie et la Grèce furent mises au pillage afin d'orner les édifices publics, former ou enrichir les collections privées. Sous l'empire, cet engouement ne fit que croître; les richesses artistiques accumulées, s'augmentaient par une production incessante. Un document le *Curiosum* (1) provenant en partie d'un recueil de notes statistiques par lequel se termine une description de Rome au iv⁰ siècle, en partie d'un mémoire plus développé sur ces notes, permet d'évaluer à plus de 10.000 pour la seule ville de Rome, les œuvres d'art publiquement exposées. L'exemple de Pompeï, dont on a pu faire l'inventaire artistique (2) montre que les autres villes n'étaient relativement ni moins riches, ni moins bien pourvues. Enfin les innombrables débris d'objets d'art que l'on découvre encore tous les jours après trois siècles de recherches assidues, dans toutes les provinces sur un domaine de plus de 100.000 lieux carrées témoignent que cette activité s'étendait à tout l'empire. « L'existence d'un besoin de l'art, dit Friedlaender (*loc. cit.*) comme celui qui remplissait tout un monde alors et qui a disparu avec la civilisation romaine demeure jjusqu'à un certain point incompréhensible pour nous, nous apparaît même comme quelque chose de fabuleux malgré les nombreux témoignages qui en font foi. L'imagination se perd dans la tentative de nous faire une

1. Friedlaender, *loco cit.* IX, 2, § 2 *in fine.*
2. Overbeck. *Pompeï*, 2 vol. (all.) 1875. Presuhn, *Fouilles de Pompeï de 1874 à 1878* (all.) 1879.

idée de l'exubérance des œuvres d'art de toute espèce, qui se créaient année par année dans des milliers de villes et s'y accumulaient de plus en plus en dépit des lacunes causées par la destruction ».

PEINTRES. — Pline (1) parle avec complaisance d'un art national, probablement d'origine étrusque, que Rome aurait connu avant la révélation de l'art grec. « On a fait de bonne heure, dit-il, honneur à la peinture chez les Romains ; une branche de l'illustre famille des Fabius en a tiré le surnom de Pictor et le premier qui le porta peignit le temple de la déesse Salus en l'an 450 de Rome (304 av. J.-C.) ; l'œuvre a subsisté jusqu'à notre époque, où le temple a été brûlé sous le règne de Claude ». Le poète dramatique Pacuvius (220-132), neveu d'Ennius, décora le temple d'Hercule vainqueur, etc.

« L'importation des tableaux grecs eut pour effet de tuer la peinture romaine, » dit Dezobry (*op. cit.* II, XLII). Elle n'a peut-être jamais existé. Il faut quelque bonne volonté en effet pour trouver dans quelques anecdotes singulières la trace d'une école nationale ; d'autre part les artistes grecs pénètrent en Italie de très bonne heure. La légende fait venir à Tarquinie, amenés par Démarate, père de Tarquin, le peintre corinthien Ecphantos. Deux Grecs, Damophilos et Gorgasos, décorent le temple de Cérès près du cirque Maxime. Depuis, et surtout à compter du second siècle avant notre ère, les faits semblables se multiplient, on pourrait en citer de nombreux, il suffit de retenir que

1. La plupart des détails qui vont suivre sont empruntés à Pline (*Hist. nat.* XXXIV à XXXVI).

d'une manière générale, les Grecs ont introduit la peinture en Italie.

Les Romains ont connu les différents genres de cet art
aussi bien la peinture de chevalet que la fresque, le pay-
sage que le portrait, la peinture héroïque que la peinture
de genre. Ils semblent avoir eu une prédilection marquée
pour la peinture décorative et la mosaïque. Si l'on en
juge par Pompeï qui n'est qu'une petite ville de province,
toutes les maisons bourgeoises étaient décorées de fresques
à peu près comme nos habitations modernes s'embellissent
de papiers peints; beaucoup étaient aussi presque entièrement pavées en mosaïque. Quant aux tableaux proprement dits, pas de riche Romain qui n'en eût une collection : Vitruve, donnant le plan d'une maison aristocratique
modèle, ne manque pas d'y réserver au nord une grande
salle aménagée pour servir de galerie de tableaux. La
peinture pouvait même, sous le ciel italien, au lieu de
rester cachée, s'exposer au grand jour et contribuer ainsi
à l'embellissement des villes... « Autrefois, dit Dezobry
(*op. cit.* II, lettre XLII, p. 258 et sq.) faisant parler un
contemporain d'Auguste, on n'en mettait que dans les
temples... aujourd'hui il n'y a pas d'endroits où l'on ne
trouve de ces produits du pinceau, non plus seulement
dans l'intérieur des maisons, de certains édifices publics... mais sur les murailles extérieures, mais en plein
jour; Rome est une vraie pinacothèque (1) ». De l'avis

1. Pour donner une idée de cette profusion, un curieux trait de mœurs
suffira : dans son énumération des vices de l'esclave qu'un vendeur est
tenu de déclarer à l'acheteur, le jurisconsulte Venuleius indique à côté
de la manie de courir les spectacles et de l'habitude du mensonge le
défaut autrement préjudiciable de s'arrêter sans cesse aux tableaux
exposés dans les rues et sous les portiques. (*Dig.* XXI, 1 fig. 65).

des gens de goût, il y en avait trop. « A Rome, la foule des chefs-d'œuvres, dit Pline (*Hist. nat.* XXXVI, IV, 4), affaiblit l'impression qu'elle devrait produire ».

Avec un semblable développement de l'art et pour une demande si énorme et incessante, il y avait un nombre considérable de peintres; dans chaque ville d'importance, on avait le choix entre plusieurs; nous devrions donc en connaitre beaucoup tout au moins de nom, surtout si, comme le fait observer Pline (*op. cit.*, XXXV, 10), parmi les artistes « la gloire allait seulement à ceux qui peignaient des tableaux ». Il n'en est rien cependant. Les écrivains, si peu avares de détails sur les œuvres elles-mêmes négligent, en général, d'en donner sur leurs auteurs; souvent ils ne les nomment même pas. « Dans la littérature, dit Friedlaender (*loc. cit.*, p. 327), malgré les mentions fréquentes d'entreprises artistiques de tous genres, il n'est presque jamais parlé des artistes chargés de l'exécution. » Les raisons de ce silence sont diverses; d'abord, la condition inférieure des artistes dans la société, ce sont trop petites gens pour qu'on en fasse cas; ensuite le caractère même de l'art romain très peu individuel, quelquefois anonyme et collectif, souvent subordonné à une fin étrangère à lui-même.

La très grande majorité de ces peintres est de race ou de nationalité grecque. Etrangers venus de Grèce ou d'Asie Mineure chercher fortune à Rome, esclaves capturés ou achetés, affranchis, la peinture est pour eux suivant Marquardt (*op. cit.* II, p. 264) une sorte de « monopole ». Pline (XXXV, 19) le constate quand après avoir cité le cas à peu près unique de Fabius Pictor, il ajoute : « après lui aucun homme honorable n'a pratiqué cet art. » La condition

ordinaire de ces Grecs est l'esclavage ou la condition d'affranchi, il y aurait même, si on en croit Friedlaender,
(*loc. cit.* p. 307) plus d'esclaves parmi les peintres que parmi
les autres artistes. Les riches Romains en avaient dans
leurs maisons; de grands entrepreneurs de travaux artistiques en possédaient de véritables troupes. « De même,
dit Friedlaender (*loc. cit.*), que l'on formait de grandes
familles d'esclaves, des bandes de gladiateurs, des troupes
d'acteurs, des chœurs de chanteurs et des orchestres de
musiciens, on pouvait tout aussi bien former des compagnies de peintres et d'autres ouvriers d'art qui tantôt
avaient pour occupation de décorer les demeures du maître
et tantôt exécutaient pour le compte de celui-ci des commandes étrangères ». Il est souvent question au *Digeste*
de peintres esclaves; tantôt dans des espèces diverses, on
prend comme type d'esclave de valeur le peintre (*pretiosus
pictor*) (1); ailleurs, on donne en exemple de dettes d'*operæ*
dues par l'affranchi à son patron les *operæ pictoriæ* (2).
Quant aux ouvriers d'art libres, quelques-uns étaient de
véritables fonctionnaires, attachés soit à la maison impériale, soit aux administrations provinciales et municipales.
La rapidité avec laquelle on décorait à neuf les palais du
nouvel empereur, on peignait ses portraits, rendait nécessaire une organisation de ce genre. Les autres travaillaient
en général par groupes sous la direction d'entrepreneurs
qui leur payaient un salaire. Au-dessus de ces artisans, il
faut cependant compter, d'abord les étrangers à qui leur
talent ou plutôt la fortune acquise par leur talent fait une
situation privilégiée, ensuite quelques Romains d'une con-

---

1. Dig. IX, 2, 23, § 3; — VI, 1, 23.
2. D. XXXVIII, 1, 23 pr. Voy. également. *Dig.* XII, 6, 26. § 12.

dition plus élevée. Pline les cite comme des exceptions avec un mélange bizarre de satisfaction et de regret. C'est d'abord sous la République, Fabius Pictor et Pacuvius dont il a été déjà question; puis après un long intervalle vers l'époque d'Auguste, Arellius et Ludius qui étaient probablement citoyens romains; Quintus Pedius de l'illustre famille Messala, à qui son grand-père fit apprendre la peinture parce qu'il était muet de naissance et que cette infirmité l'empêchait de se livrer à toute autre occupation; Antistius Labeo (après avoir rempli dans l'Etat des charges considérables il se couvrit de quelque ridicule devant l'opinion en employant ses loisirs à faire de la peinture); Amulius, peintre de Néron, qui pour retrouver sans doute un peu de la considération refusée à sa profession, travaillait quelques heures par jour seulement, avec une gravité affectée et sans quitter la toge; le célèbre peintre gaucher Turpilius, chevalier romain; enfin Cornelius Priscus et Accius Priscus, contemporains de Pline. — Dans le programme d'une éducation, même aristocratique, les arts du dessin figuraient rarement. Cependant, outre des personnages de moindre importance, on cite jusqu'à des empereurs qui cultivèrent avec succès soit la peinture, soit la sculpture.

Sculpteurs. — « La statuaire proprement dite est étrusque d'abord, dit Marquardt (*op. cit.* Vie privée, XV, p. 262) grecque ensuite, romaine jamais. » On peut négliger les ouvriers étrusques sur qui les détails manquent bien qu'ils n'aient pas disparu avant le ive siècle de Rome; leur art dût pâlir bien vite devant les splendeurs de l'art grec.

Cette supériorité des Grecs fit leur fortune. Dès la con-

quête de leur patrie ils s'installent en Italie où les avaient
précédés ces belles œuvres de leur art, qui, suivant l'expression de Caton, entraient à Rome en « conquérantes ».

Il est difficile de donner une idée de leur variété infinie :
elles consistaient en statues, bustes (images iconiques), mé-
daillons (*clipei*), métaux précieux ciselés (toreutique),
gemmes ouvrées (glyptique), vases, sarcophage, travaux de
sculpture décorative, etc., etc.; chaque artiste ou chaque
atelier avait sa spécialité. La production, souvent originale, était surtout très abondante. Pour s'en tenir à l' « innombrable population des statues » à Rome, sous Auguste,
on en comptait 70.000, exposées aux yeux du public (1).
« La statuaire a produit un nombre si prodigieux d'ouvrages, dit Pline (*Hist. nat.*, XXXIV, 6), qu'il faudrait des
volumes pour en citer une partie seulement; les énumérer
tous serait impossible.

Quant aux sculpteurs, aussi nombreux au moins que les
peintres, leurs noms ne nous ont pas été mieux conservés;
on en connaît quelques-uns, grâce aux soin qu'ils ont pris
de l'inscrire eux-mêmes sur leurs œuvres. La plupart,
même sous l'Empire, sont d'origine grecque, surtout
Athéniens ou Grecs de l'Asie Mineure. « C'est à peine si
nous connaissons quelques noms de sculpteurs romains, dit
Marquardt (*loc. cit.* p, 262), hommes de petit état autant qu'il
semble, et cette pénurie est choquante en présence de la demande considérable de statues et de reliefs qui régnait sans
cesse à Rome et du grand nombre d'artistes grecs qui nous
sont donnés pour y avoir vécu. » On en cite à peine deux
Coponius et Decius qui acquirent une certaine réputation.

____

1. « *Populus copiossimus statuarum* » (Cassiod. *variar.* VII, 13). Voy.
Dezobry, III, lettre LXII, épilog. note s. la page 49.

Architectes. — Si l'architecture romaine primitive, également d'origine étrusque, résista mieux au contact de l'art grec que la peinture et la sculpture, les artistes eux-mêmes n'en cédèrent pas moins la place assez vite aux artistes grecs. Dès le troisième siècle, presque tous les édifices publics sont leur œuvre.

Vitruve donne une liste assez étendue d'architectes qui, comme lui, écrivirent sur leur art ; la désinence de leurs noms indique une origine grecque.

Il n'en cite que deux de nationalité romaine : C. Mutius qui éleva le temple de l'Honneur et la Vertu, après la victoire de Marius sur les Cimbres et Cossutius qui construisit à Athènes, pour le compte d'Antiochus Epiphane, le temple de Jupiter olympien (1).

Et cependant l'architecture est par excellence un art national ; c'est le seul que « les Romains aient traité en créateurs (2) ». Il satisfaisait leur goût préféré de l'utile ; il servait les grands intérêts publics, en créant la demeure toujours magnifique des représentants de l'Etat ou de ses dieux ; c'était pour la politique romaine un puissant moyen d'action par l'étonnement où ses merveilles jetaient les peuples et par les bienfaits qu'elle leur apportait ; enfin, l'architecture est un art très peu individuel, d'une mise en œuvre complexe exigeant la collaboration d'un grand nombre d'activités concourant à un même but ; par là, il devait ouvrir un nouveau champ à ces facultés de diriger et d'organiser que possédait à un si haut degré le génie romain.

On sait quels immenses travaux ont exécuté les Romains, quel nombre prodigieux de monuments ils ont élevé sur-

1. *De architect.* VII, præf. ; 15, 17; III, 2, 5.
2. Friedlaender, *op. cit.* III, p. 324.

tout depuis Auguste : temples, cirques, théâtres, amphi-
théâtres, basiliques, colonnes, arcs de triomphe, monuments funéraires aussi bien que travaux d'utilité publique;
tels que routes, ponts, châteaux d'eau, aqueducs, thermes,
égouts, etc..., dans les différents genres de l'art de l'architecture et de l'ingénieur, ils ont produit des chefs-d'œuvre
dont les ruines s'imposent encore à notre admiration.

Les architectes grecs furent d'abord seuls à concevoir
les plans et à prendre la direction de ces entreprises considérables et si multipliées. Vers la fin de la République,
c'est Hermodore de Salamine qui construit les temples de
Jupiter Stator et de Mars, c'est Agasius, affranchi de
Sextus Pompée, c'est Sauras et Batracus de Lacédémone,
architectes du portique d'Octavie, etc...

Mais la plupart nous sont inconnus. « Les architectes
sont ici, dit le Gaulois de M. Dezobry (*op. cit.* IV, lettre CII,
p. 77.) comme une race anonyme : on ne sait pas ostensi-
blement les noms de ceux qui ont élevé ou qui élèvent
tant de beaux édifices et la postérité devra les ignorer
complètement ». Il ne faut pas s'en étonner; à part quelques exceptions ces Grecs sont des esclaves ou des affranchis dont on méprise par conséquent la profession. — Les
architectes que Cicéron emploie et dont les noms reviennent fréquemment dans ses lettres sont certainement d'origine servile (1). — Plutarque (*Crassus* 2) compte pêle-
mêle dans un groupe de cinq cents esclaves que possédait
Crassus des architectes, des maçons et des charpentiers.

On voit se faire jour peu à peu une opinion très dif-

---

1. *Cic. ad attic.* XII, 18, 36, architecte *Cluatius.* — Id. XIV, 9 architecte
Chrysippus. — Id 2, 3, *Corumbus*, affranchi de *Balbus.* — Id. II, 3; XIV,
3 et 9 : *Cyrus* etc...

férente, née au siècle d'Auguste. Vitruve qui en témoigne, et n'a pas médiocrement contribué à l'établir, donne une idée très large de sa profession. Le rôle de l'architecte s'étend : il joint à ses fonctions celles d'ingénieur, de décorateur et d'ordonnateur des cérémonies publiques, de constructeur d'engins industriels et de machines de guerre (1); d'où la nécessité, (d'après Vitruve, *de architec.* iv, præf.) de connaissances techniques très diverses, précédées d'une sorte d'éducation libérale, où rien n'est oublié pas même la jurisprudence afin qu'avant d'entreprendre une construction l'architecte prévoie et par là évite tous les procès qui pourraient être faits au propriétaire.

Les Romains en général se rapprochèrent lentement, il faut le croire, de cet idéal puisqu'on voit encore à la fin du premier siècle, l'empereur Trajan constater dans une lettre à Pline le Jeune (*Epist.* x, 46, 48 et 49) que les architectes de Rome « viennent ordinairement de la Grèce » — Faut-il croire, avec Vitruve (*loc. cit.*), que les connaissances techniques étaient assez répandues pour permettre à certains de se passer des hommes de l'art? Il semble plutôt qu'au moins pour les ouvrages d'art au compte de l'État, les administrations romaines conservaient la haute main sur l'entreprise, et souvent même la direction effective des travaux. Ainsi fait Pline le Jeune, gouverneur de Bithynie, avec son architecte Mustius. Les empereurs romains, presque tous grands bâtisseurs, avaient une sorte d'administration des travaux et des bâtiments publics, que souvent ils gouvernaient en personne (2) avec des architectes

1. Voy. ce mélange d'attributions variées dans une lettre de Pline le Jeune (X, 46, 50).

2. Friedlaender, *op. cit.* IX, 1°. Le mot *architectus* étymologiquement signifie *conducteur d'ouvriers*; les Romains désignent sous ce nom aussi

chargés de réaliser dans le détail les idées, les conceptions et parfois les plans mêmes du souverain. — Tel fut le rôle de Vitruve auprès de César comme ingénieur militaire. près d'Auguste comme inspecteur des édifices publics. architecte et rédacteur d'une sorte de manuel technique; de Sévère et de Celer (ce dernier probablement affranchi) auprès de Néron; de Rabirius auprès de Domitien, de Decrion auprès d'Hadrien, d'Apollodore de Damas auprès de Trajan; de Cleander auprès de Commode, d'Athénée auprès de Galien; d'Alypius, architecte, géographe, poète, intendant de province, auprès de Julien l'Apostat, etc. etc.

Cette situation des architectes de l'administration impériale ne cesse de grandir; une lettre de Théodoric adressée à son architecte Aloisius en même temps qu'à Symmaque, préfet de Rome, montre bien qu'à son époque, elle était devenue considérable; il s'agit d'une de ces questions de préséances et d'honneurs où se complaisait alors l'administration romaine et que le moderne byzantinisme nous a rendu familières: « Remarquez encore, écrit Théodoric, quelles sont les distinctions dont vous êtes décoré; vous marchez immédiatement devant notre personne au milieu d'un nombreux cortège, ayant la verge d'or à la main, prérogative qui en vous rapprochant si près de nous, annonce que c'est à vous que nous avons confié l'exécution de notre palais (1) ». On conçoit que la profession ainsi rehaussée

bien l'architecte (au sens actuel du mot) que les sous-ordres qui servent d'intermédiaires entre l'ouvrier et lui; c'est ainsi qu'Hadrien (voy. Aurel. Victor Epit. — 14, 5) compte les architectes, à côté des ouvriers qui se servent du niveau dans les constructions (*perpendiculatores*), des ouvriers en pierre dure (*fabri*), dans la corporation des ouvriers du bâtiment (*genus exstruendorum mœnium, seu decorandorum*). V. également Code Théod. XIII, 4, 2.

1. Cassiodore, *Variæ*, VII, 5.

a dû tenter peu à peu l'activité des classes aristocratiques
de la société romaine. Sur une quarantaine de noms
relevés dans les inscriptions, un peu moins de la moitié
appartient à des gens de condition libre (1); l'autre moitié
serait portée, pour les trois quarts par des affranchis, et
pour un quart seulement par des esclaves. Parmi les
grands noms il faut citer encore l'empereur Hadrien (2)
qui composa les plans du double temple de Vénus et de
Rome et en dirigea lui-même la construction. Ætherius
de Constantinople, architecte, ingénieur et homme d'Etat,
Heraclide de Tarente, architecte ingénieur et commandant
de flotte, etc., etc.

Retenons de ces détails glanés dans les textes, cette idée
qu'à la différence des peintres et des sculpteurs, les architectes ont su se distinguer des artisans et par une lente as-

1. Marq. p. 261 *loc. cit.* note 3. Il s'agit dans les inscriptions non pas
d'ouvriers, mais de directeurs de travaux, de véritables architectes ; on
en a relevé sur l'ouvrage lui-même, qui portait ainsi le nom de son
auteur, ex. : C. Julius Lacer, constructeur du pont d'Alcantara sur le
Tage (C. I. lat. II, 761). Elles sont assez rares ; à Rome l'usage n'était
pas d'inscrire sur le monument le nom de l'artiste. Un jurisconsulte du
temps d'Alexandre Sévère le dit expressément (D. L. 10, fg. 3, § 2) : « Il
n'est pas permis d'inscrire sur un ouvrage public d'autre nom que celui
du prince ou de la personne qui en a fait les frais. » La gloire est pour
celui qui commande, non pour celui qui exécute. Les artistes n'étaient
pas sans protester contre une pareille coutume. On connaît, d'après
Pline, (XXXVI, V, 28) le spirituel détour des deux architectes grecs,
Sauras et Batracus pour perpétuer leur nom ; ils taillèrent en relief dans
la pierre de leurs constructions, comme une sorte de signature répétée,
un nombre considérable de lézards (*saura*) et de grenouilles (*batracus*).
Le même Pline cite comme un fait exceptionnel l'autorisation accordée
par Ptolémée à Sostrate de Cnide, d'inscrire son nom sur le Phare
d'Alexandrie qu'il avait construit. Suivant Lucien (*De la manière d'écrire
l'histoire*, traduct. Talbot, p. 63), l'artiste aurait gravé son nom dans la
pierre et recouvert ensuite l'inscription d'un plâtras où s'étalait le nom
de Ptolémée ; le temps devait avoir bientôt raison de cette couche
mince et fragile, le nom du prince tomber avec elle, pour laisser apparaître celui de l'artiste.

2. V. Ch: Lucas, *L'empereur architecte Hadrien.*

cension prendre une place importante non seulement dans la société romaine, mais dans l'Etat.

Deuxième groupe : *Comédiens. Musiciens, Danseurs.*

A l'étage inférieur de la société se placent un très grand nombre d'artistes, que faute d'une dénomination commune on peut ranger sous les noms de *comédiens, musiciens* et *danseurs.*

Comédiens ou histrions, c'est-à-dire acteurs tragiques et comiques, soit seuls, soit réunis en troupes (*greges, catervœ*) avec un chef (*dominus gregis*) et quelquefois un acteur principal (*actor primorum*), musiciens jouant d'un instrument quelconque (*tibicines, cornicines, bucinatores, liticines, etc.,*) et chanteurs ordinairement groupés en maîtrises, sous la direction de l'un d'entre eux qui est aussi compositeur, enfin danseurs (*saltatores*) de toute espèce, c'est-à-dire aussi bien ceux qui exécutent des pantomimes ou danses figuratives sur un théâtre, que les simples baladins qui dansent dans les festins ou les endroits publics (exception faite de ceux qui se mêlent à une danse religieuse ou guerrière), — leur condition est sensiblement pareille à toutes les époques. A travers les variations du goût et des mœurs, le sentiment public à leur égard ne change pas. Sauf quelques défaillances exceptionnelles et d'autant plus précieusement relevées par les auteurs, le Romain, qu'il soit contemporain de Caton ou d'Auguste, de Marc-Aurèle ou de Théodose, tient en parfait mépris les divers arts scénique, musical et chorégraphique aussi bien que ceux qui les exercent (1). « On ne peut être, dit Plu-

1. Sauf à l'égard des musiciens telle est encore chez nous, malgré une réaction sensible depuis 1789, l'opinion courante. On pourrait si c'en était

tarque (*Périclès*, 1.) joueur de flûte et bon citoyen. » —
« On ne danse pas, dit Cicéron (*Pro Murena*, 6, 13.) à
moins qu'on ne soit en état d'ivresse ou de folie. » — Salluste (*Catil.* 26) reproche son talent de musicienne à une
femme de l'aristocratie romaine — «*Cantandi saltandique
obscena studia*, dit énergiquement Sénèque (*Controv.* I,
præf. 8). » — Les écrivains (Horace, Juvénal, Sénèque, etc...) sont pleins de ces traits d'indignation vertueuse.
A vrai dire cela devient à la longue une sorte de lien commun littéraire. — Le talent lui-même n'est pas une excuse.
Cicéron parlant de Roscius son ami, pour lequel il plaidait
disait : « Qu'il avait tant de vertu et de probité, qu'il n'aurait jamais dû monter sur la scène ».'

Ce sentiment se traduit dans les lois. Jamais un étranger
exerçant la profession de comédien ne peut être admis au
droit de cité. Le citoyen qui monte sur la scène est déchu
de ses droits politiques, exclu de sa tribu et relégué dans
une autre moins honorable. L'édit du préteur le range
dans la classe des personnes infâmes : *Qui in scenam prodierit infamis est* (1) ; il s'y trouve en assez mauvaise compagnie à côté de l'entremetteur (*leno*), du soldat ignominieusement chassé de l'armée par ses chefs, du voleur, de
celui qui a subi la *bonorum venditio*, encouru certaines
condamnations criminelles, du bigame, du mandataire, du

ici le lieu, la justifier ou la condamner par d'aussi bonnes raisons ; elle
nous vient en droite ligne de Rome ; la législation de l'ancienne France
sur les comédiens s'inspire directement de la législation romaine. On
sait que chez les Grecs, la profession comme l'homme étaient très considérés. Les idées des Anglais, des Allemands et des peuples scandinaves sont sur ce point assez voisines des idées grecques ; ainsi en
Angleterre certains comédiens ont eu les honneurs de la sépulture
royale de Westminster et le titre de baronet a été confié à un acteur,
Henri Irving.
1 *Dig.* III, 2 fgg. 1, 2 § 5 ; 4 § 4 ; 3.

tuteur ou du dépositaire infidèles, etc. C'était une déchéance assez grave. L'infâme perd le *jus suffragii* et le *jus honorum ;* il ne peut plus aspirer aux magistratures ni être choisi comme *judex ;* le droit d'exercer une action publique (*jus accusandi*) lui est enlevé ; enfin, d'après les lois caducaires le mariage est interdit entre l'homme ingénu et la femme notée d'infamie.

Il importait de préciser les conditions de cette déchéance. Labéon explique ce qu'il faut entendre exactement par « monter sur la scène » (*prodire in scenam*) : c'est se donner soi-même en spectacle, comme acteur de jeux scéniques dans un lieu quelconque, public ou privé, même sur un chemin (*vel in vico*) pourvu qu'on y admette des assistants. — Il ne suffit pas suivant une observation de Gaïus d'avoir simplement contracté un engagement théâtral mais il faut l'avoir exécuté, cet acte n'étant pas à ce point déshonorant (*turpis*) qu'on doive punir la simple résolution de le commettre. Certains jurisconsultes (Pegasus et Nerva) excluent de la note d'infamie ceux qui prennent part aux combats de l'arène même dans un but mercenaire (1) et tous ceux que le seul souci d'obtenir une récompense purement honorifique (2) décide à paraître sur la scène. On se montre moins sévère pour les premiers, en raison de la prédilection des Romains pour le genre de spectacle où ils figuraient ; il s'agissait là d'un divertissement national ; on ne voulait pas gêner le recrutement des professionnels qui

1. C'est incidemment qu'il est question ici d'athlètes, gladiateurs, cochers de cirque, etc.; ainsi qu'on le verra, les jurisconsultes prennent grand soin de les distinguer des histrions pour les traiter plus favorablement.

2. C'est ainsi que César voulant déshonorer le chevalier romain Labérius ne se contente pas de l'obliger à monter sur la scène mais aussi à accepter pour cela 500.000 sesterces (Suèt. Cœs. 39).

le procuraient ; le préteur se contentait d'enlever à ceux d'entre eux qui se louaient pour combattre des bêtes féroces dans le cirque (*qui operas suas ut cum bestiis depugnaret locaverit*) le « *jus postulationis pro aliis* (1). » Les athlètes ne sont pas considérés non plus comme des comédiens ; le courage physique dont ils font preuve leur crée une situation privilégiée. D'une manière générale, enfin, il semble que les artistes qui concourent à un spectacle ayant un caractère religieux, échappaient à la notation d'infamie. (D. *loc. cit.* fg. 4 pr. et §1).

Il est probable enfin que le prince pouvait relever de tout ou partie des déchéances encourues. C'est ainsi qu'on voit César satisfait d'avoir humilié le chevalier Laberius le réintégrer dans son ordre (2).

Certains tempéraments avaient été apportés avec le temps à la sévérité des principes. C'est ainsi qu'une constitution de Dioclétien excuse les mineurs qui paraîtraient sur la scène pendant leur minorité ; ils n'encourront désormais aucune déchéance (3). Mais pour les personnes dont il est nécessaire que la considération sociale reste intacte, la législation maintient ses rigueurs. Le soldat qui se fait acteur est puni de mort, comme s'il s'était laissé réduire en servitude (4). Une loi Julia interdit à la fille, petite-fille, ou arrière-petite-fille d'un sénateur, à peine de nullité, de contracter mariage avec un acteur et même avec celui dont le père ou la mère aurait exercé cette profession :

---

1. *Dig.* III, 1 fg. 1 § 6 in med. *Postulare* c'est, d'après la définition même d'Ulpien (*loc. cit.* § 2) « présenter pour autrui ou pour soi-même une requête à un magistrat ».

2. Suet. *Cæs.* 39.

3. *Cod.* II, 12. *Const.* 21.

4. *Dig.* XVIII, 19 fg. 14, texte de Macer auteur d'un traité *de re militari*

même défense est faite au sénateur lui-même, à ses fils, à ses petits-fils et arrière-petits-fils issus de la branche masculine (1).

Le pouvoir intervient fréquemment pour rappeler à sa dignité soit l'ordre équestre, soit l'ordre sénatorial dont les membres se compromettaient en jouant, par manière de divertissement, le drame ou la pantomime ou simplement en fréquentant des acteurs, des musiciens ou des mimes célèbres.—En l'an 15 de notre ère, le sénat prend une résolution ; il interdit aux sénateurs et aux chevaliers de se montrer en public avec des gens de cette espèce et de franchir le seuil de leurs maisons aussi bien que de les recevoir chez eux (2).

Une vieille loi romaine soumettait les histrions à l'autorité discrétionnaire du préteur qui pouvait au besoin les faire battre de verges. C'était le *jus virgarum*. — Auguste le restreignit, dans le but de le rendre plus efficace. Le préteur gardait entier son droit de châtiments corporels sur les acteurs, mais il ne pouvait l'exercer qu'à propos de fautes ou du délits commis sur la scène et pendant la durée du spectacle (3). Malgré diverses propositions qui furent faites dans la suite (*ut prætoribus jus virgarum in histriones esset*) l'arbitraire ancien ne fut pas rétabli. On se contentait de prendre à l'égard des gens de théâtre des mesures plus radicales ; par exemple le bannissement individuel ou collectif. Le mime Hylas, l'acteur Pylade furent bannis par Auguste (ce dernier pour avoir montré du doigt un spectateur qui le sifflait) ; Tibère, en 22 ou 23

1. *Dig.* XXIII, 2 fgg. 42 § 1 et 44, pr.
2. Tacite, *Ann.* I, 77.
3. Suét. *Aug.* 45.

après J.-C., les chassa tous d'Italie à cause des désordres publics qu'ils avaient provoqués. Sous Néron, la même proscription est renouvelée (1); le pouvoir y recourt souvent au Ier siècle, mais au IIe le mal a fait de tels progrès, qu'on en prend son parti. Le désordre est réprimé, mais ses vrais auteurs, comédiens, musiciens, etc., que favorise le goût malsain du public restent impunis. « L'intérêt particulier, dit Friedlaender (*op. cit.*, II, p. 235 et 236), que les classes supérieures et les plus augustes personnages prenaient aux jeux de la scène ne pouvaient rester sans influence sur la position sociale des acteurs bien que leur position civile et légale ne changeât pas ». Certaines fortunes exceptionnelles paraissent invraisemblables. Théocrite, danseur, fut nommé par Caracalla au commandement d'une armée en Arménie. Elagabal fit d'un pantomime le gouverneur militaire de Rome. Comment s'étonner ensuite si, au Bas-Empire, dans Constantinople, pour maintenir un reste de vie publique comme pour réveiller les passions populaires, il ne faut plus compter que sur les querelles parfois sanglantes des Bleus et des Verts?...

Un pareil régime (2) ne peut convenir qu'à des esclaves ou à des affranchis; telle était la condition, tout au moins originaire, de la très grande majorité des comédiens, mu-

---

1. Dion, LVII, 21; Suet. Tib. 37. Tacit. *Ann.*, IV, 14; Suét. *Ner.* 16.

2. Mommsen le résume (*Hist. rom.* trad. Alexandre, II, p. 295), en quelques lignes : « Les censeurs les déclarèrent indignes (les comédiens) de servir dans la milice civique et de voter dans l'assemblée du peuple. La direction des représentations scéniques fut placée, chose remarquable, sous la surveillance de la police urbaine et de plus, quiconque exerçait la profession d'artiste dramatique ne vit à la merci d'un arbitraire sans recours de la part du magistrat. A la fin de la représentation, celui-ci jugeait les acteurs; le vin coulait à flot pour les habiles et le bâton jouait sur les épaules de ceux déclarés mauvais ».

siciens et danseurs. Ils étaient esclaves soit des directeurs
de spectacle, soit d'étrangers qui les leur louaient. Les
grandes maisons, à l'image de la maison impériale en
avaient des familles qu'on se transmettait par testament,
donation ou vente; on en trouve cités dans les textes:
ainsi Gaïus (III, § 212), traitant du *damnum legis Aquiliæ*
suppose deux esclaves *comædi* ou *symphoniaci* appa-
reillés, dont l'un a été tué; ailleurs, Africain (*Dig.* XXI,
1 fg. 34, pr.), parle de la vente d'un *chorus* ou de *comædi*.
Modestin (D. XL, 5 fg. 12 pr.) rapporte une décision de
l'empereur Antonin, relative à un legs de trois tragédiens
(*tres tragædos*) sous la condition qu'ils resteront au service
exclusif du légataire. Sous des titres divers ces artistes
ainsi groupés composaient pour chaque personne riche une
sorte de chapelle domestique analogue à celles des « maisons »
de l'ancien régime (1), mais avec un luxe d'emplois plus
considérable encore. On les recrutait avec un grand soin,
soit par des achats, soit le plus souvent en soumettant à
une éducation spéciale les jeunes esclaves nés dans la maison de parents artistes eux-mêmes. Martial parle quelque
part de *pueri comædi*. L'usage était soit de louer ces
troupes à des entrepreneurs de spectacles publics, soit de
les prêter pour se faire honneur de leur talent. Il arrivait
souvent que ces esclaves, acteurs, musiciens, etc... obtenaient la liberté comme récompense d'un succès; elle leur
était accordée de plein gré par le maître ou réclamée par
la foule des spectateurs qui même avaient le droit de l'exiger (2): mais, au moment de l'émancipation, ces esclaves

1. V. Taine, *Les origines de la France contemporaine. L'ancien régime,*
1879, liv. Iᵉʳ, passim.
2. Suet. *Tibère* 47. Dion Cassius LVII, 2.

prenaient dans le contrat d'affranchissement, l'engagement de tenir leur talent à la disposition du patron toutes les fois qu'il en réclamerait le concours et même de figurer gratuitement aux spectacles donnés par ses amis (1).

On relève un très grand nombre de noms soit dans les textes, soit dans les inscriptions. Les mêmes par une singularité qui semble assez étrange reviennent fréquemment, à des époques pourtant fort distantes : ainsi le nom de Pâris est porté par un grand nombre de pantomimes. de même que ceux de Pylade et de Bathylle; on compte aussi pas mal de Memphius, de Théocrite, d'Apolaustus, etc. Il est vraisemblable que c'était là des noms de guerre, analogues à ceux dont s'affublaient les comédiens de l'ancienne France, mais à Rome, portés dans une toute autre intention. On voulait (d'après Friedlaender), s'attirer en empruntant le nom d'un confrère illustre, un peu de la faveur dont il jouissait lui-même auprès du public : peut-être faut-il penser plus simplement que dans les troupes d'esclaves artistes formées çà et là, aux mêmes emplois étaient attachés les mêmes noms. De cette foule anonyme quelques têtes émergent parmi lesquelles on peut citer le comédien Roscius ; né en esclavage. il était apprécié de Sulla qui lui donna même, s'il faut en croire Plutarque, (*Sull.*36) l'anneau de chevalier; Ciceron plaida pour lui : il était son ami et son élève. Sa fortune parait avoir été exceptionnelle; les Romains ne peuvent se décider à assimiler Roscius aux acteurs ordinaires. « Ce n'est pas son art qui recommandait Roscius, dit Valère Maxime (VIII, 7,7), c'est Roscius qui rehaussait son art. » Le tragédien Œsopus.

1. *Dig.* XXXVIII, 2 § 27, Texte de *Julien.* Il s'agit dans l'espèce d'un pantomime.

contemporain et rival de Roscius, était également l'ami de Cicéron; Bathylle, affranchi de Mécène, entra à sa mort dans la maison impériale; Pylade affranchi d'Auguste, Mnester affranchi d'Agrippine, Pàris affranchi de Néron, tous pantomimes et danseurs; Stéphanion citoyen romain qui fit scandale sous Auguste en ouvrant un cours de danse, le chanteur Tigellius esclave d'Auguste, le citharède Ménécrate affranchi de Néron, le compositeur Mésomède affranchi d'Hadrien, etc... On pourrait allonger cette liste sans rencontrer jamais que des affranchis ou des esclaves.

APPENDICE. — LES ASSOCIATIONS D'ARTISTES (1). — La condition des artistes ne serait pas entièrement connue si on n'en signalait un trait essentiel : le régime corporatif — Les causes d'un pareil régime sont nombreuses, distinguons les principales :

a) La situation inférieure des artistes dans la société romaine leur impose de recourir à tous les moyens de protection et de défense qui s'offrent à eux; lequel est plus aisé que la protection mutuelle, l'association?

b) On a vu quelle confusion existait à Rome dans l'opinion entre l'artiste et l'artisan; or une sorte de régime corporatif se fonde peu à peu pour les ouvriers dans le monde romain; les premiers éléments en apparaissent à l'époque des Antonins; ils se développent avec la diminu-

1. Bibliographie. Liebenam. Trois études sur l'histoire et l'organisation du régime corporatif à Rome (all.) Leipsig, 1890. Mommsen, *De collegiis et sodaliciis Romanorum,* Kiliœ, 1843. Boissier, *Revue archéologique,* XXIII, 81. Caillemer, *Revue critique,* XV, p. 355. Waltzing, *L'organisation, les devoirs et l'influence des corporations d'ouvriers et d'artistes chez les Romains* (Mémoire couronné par l'Académie royale de Belgique en 1889) Gaudenzi, *Les collèges d'artisans* à *Rome* (italien), archiv. juridiq. 1881.

tion de l'esclavage et parallèlement au colonat pour aboutir lentement aux ligues et confréries du moyen âge.

c) Enfin on connait les caractères de l'art romain. Il se manifeste souvent par de vastes entreprises; seule peut y suffire une collectivité dont les membres sont fortement liés l'un à l'autre; d'où la nécessité pour ceux qui concourent à l'œuvre, s'ils ne sont pas la propriété d'un maître, de s'associer afin de la réaliser en commun.

Avant de traiter des associations d'artistes, quelques notions très brèves sont nécessaires sur l'histoire et le régime légal des collèges à Rome.

Les corporations ouvrières y sont très anciennes; les premières remontent à Numa. — Peu nombreuses aux premiers siècles, elles se développèrent vers la fin de la République, si bien qu'elles étaient devenues menaçantes pour la paix publique; César dût procéder à une sorte de dissolution générale; on ne conserva que les associations vraiment professionnelles. Sous l'empire, après quelques hésitations, le mouvement corporatif est largement favorisé. Sans entrer dans le détail des nombreuses dispositions prises à cet égard par les empereurs, on peut en indiquer le sens. Elles tendent toutes par des concessions de privilèges, auxquels correspondent des charges légales, à une réglementation étroite des corporations seulement au point de vue de leur personnel, car la liberté du travail a toujours été, malgré quelques tentatives contraires, énergiquement maintenue.

Dans leur dernier état, au ive siècle, les corporations peuvent se diviser en trois groupes :

1° Les corporations d'ouvriers des manufactures impériales, soumises à une réglementation étroite ;

2° Les corporations des ouvriers de l'alimentation et de certaines professions considérées comme d'utilité publique; elles jouissent de très sérieux privilèges en échange des charges qui leur sont imposées;

3° Les corporations libres, à peine réglementées et privilégiées.

Toutes les corporations à Rome sont constituées *ad exemplum reipublicæ* (1); elles forment dans la cité d'autres petites cités à l'image de la grande. Pour les créer il faut un senatus-consulte ou un décret de l'empereur (*ex senatusconsulti auctoritate vel Cæsaris*, (2). — On entre dans la corporation par l'*allectio* (admission volontaire) et plus tard au iv⁰ siècle par l'*origo* (naissance) (3). Les collèges autorisés jouissent de la personnalité civile avec toutes ses conséquences, c'est-à-dire qu'ils possèdent un patrimoine (formé des cotisations, dons et legs, etc.,), qu'un *defensor* ou *syndicus* les représente civilement et en justice, etc.

A côté des corporations ouvrières, les corporations d'artistes (4) sont en nombre assez faible et leur importance est moins grande. Il est probable, cependant, qu'à l'époque

1. Gaïus I, 1 *Dig.* III, 4 et Mommsen, dans son langage digne des jurisconsultes Romains (*de corp. et sod.* c. VI, § 17, p. 117) : *Collegium instituitur ad exemplum municipii, qua in re tota eorum natura conclusa est.* Ailleurs aussi (p. 128) : *radices egit in totam rem Romanam.*

2. *Dig.* XLVII, 22, fg. 3.

3. Si l'*allectio* et l'*origo* ne suffisent pas à recruter le personnel d'un collège, les magistrats comblent les vides en emprisonnant d'autorité dans un lien corporatif des individus qui y étaient étrangers jusque-là. Cette sorte d'inscription forcée était même pratiquée depuis assez longtemps; on en peut citer des exemples qui datent de Tibère (V. Suét. *Tibère* 51).

4. On a parlé d'associations semblables pour les gens de lettres. Mommsen (*Hist. rom.* trad. Alexandre, VI, p. 77) dit que les plus hauts person-

d'Alexandre Sévère, tous les peintres, les sculpteurs, musiciens, architectes, artistes, etc, faisaient partie d'une corporation. Lampride dit en effet (Alex. Sever. 33) : *Corpora omnium constituit vinariorum.... et omnino omnium artium.*

La liste de corporations donnée par Liebenam (1) comprend surtout des métiers inférieurs : des fabricants de chaises (*cisarii*), des marchands de citron (*citrarii*), des tonneliers (*cuparii*), des marmitons (*focarii*), etc., mais aussi, plus rares il est vrai, de véritables corporations d'artistes ou d'ouvriers d'art ; telles que la très ancienne corporation des *figuli* (potiers), le *corpus marmorariorum* (sculpteurs), qu'on retrouve à Ostie, à Catane, etc..., le *collegium structorum* (architectes), les *tessalariæ artis artifices* (mosaïstes), les *ærarii* (ciseleurs de bronze), les *aurifices* ou le *collegium aurariorum* (ouvriers en or), etc. Il est fait mention au Code Théodosien de corporations d'*architecti*, de *structores, pictores, sculptores, marmorarii, sta-*

nages « sont fiers de s'asseoir dans la *confrérie* des poètes romains ». Ces derniers, depuis l'an 90 avant notre ère (Val. Max. III, 7, 11), peut-être même avant, en 207, (Tite-Live XXVII, 37) auraient formé une sorte de société (*collegium poetarum*). « Les poètes, dit M. Dezobry (*Op. cit.*, IV, p. 413), s'étaient pour ainsi dire organisés en corps. » Leur lieu de réunion c'était la *schola poetarum*, dont parle Martial (III, 20, 8 ; IV, 612) dans laquelle Mommsen veut voir les « instituts où les poètes latins, à leur premier duvet encore, apprenaient la versification moyennant argent (*Op. cit.* VIII, p. 220) ». Liebenam (*Op. cit.*) qualifie avec plus de vraisemblance ce *collegium poetarum* de simple *dichterclub*; il s'agit là d'une sorte de réunion plus ou moins régulière de quelques gens de lettres; la *schola* est un cercle de gens d'esprit, analogue à celui où fréquentait César (Suét. *Cæs.* 56).

1. *Op. cit.*, 33). Dans la primitive organisation en huit collèges que la tradition attribuait à Numa, il y avait une corporation de joueurs de flûte, des corporations d'ouvriers d'art (orfèvres, ouvriers du cuivre, potiers).

tuarii, aurifices, figuli, etc. (1), nées en général spontané-
ment, partout où de grands travaux attiraient la main-
d'œuvre et le talent. Elles n'ont pas une très grande fixité;
certaines, cependant, sont à demeure ; citons en exemple
les *collegia subædiana*; dans le voisinage de chaque temple
ou monument considérable (*sub ædibus*), vivait une sorte
de colonie d'artistes qui se chargeait des réparations diverses, des copies de statues ou de tableaux, de la fabrication des ex-votos, etc. (2). Pour les comédiens, musiciens,
danseurs, etc., ce régime corporatif est en quelque sorte le
droit commun. Citons les *sodales ballatores*, les *adlecti
scenicorum*, les *artifices scenici*, le *collegium scenicorum*,
les *sociæ mimæ*, le *corpus scenicorum latinorum*, à Albe, etc.
Ce dernier collège avait une organisation très complète, il
possédait un *monitor* (régisseur? instructeur?), un *magister
perpetuus scenicorum latinorum*, un *locator scenicorum* (3)
(impresario).

Ces associations de mimes ou d'acteurs rappellent par
leur organisation les confréries d' « artistes de Bacchus » que
les Romains ont connues, à l'imitation de la Grèce; elles s'en
séparent seulement par leur but utilitaire et profane, tandis
que les autres ont un caractère strictement religieux (4). On
en voit qui célèbrent la fête d'un patron qu'elles invoquent
comme une divinité, telle la communauté des mimes du
théâtre de Bovilles (Latium), où l'on commémore L. Aci-

---

1. Cod. Théod. XII,, 4, 2.

2. *Marmorarius subædanus* Henzen 7125; *corpus subædanus* à Rome
Muratori 1185, 8, etc.

3. Voy. Liebenam, *op. cit.*, pp. 123 et 124, n° 1.

4. Mommsen, *op. cit.*, cap. V, § 12, p. 83. Voy. Foucart *De collegiis
scenicis artificum apud Græcos*, 1873. Lüder. *Les artistes de Bacchus*
(all.) 1873.

lius Eutychès « honoré de toutes les corporations de comédiens (1) ». Les musiciens se réunissent également en collèges (*collegium symphoniacorum* (2), *collegium tibicinum et fidicinum romanorum* (3), *collegium tibicinum, fidicinum cornicinum, œneatorum* (4), corporations de *scabillarii* (5), etc...). On veut voir leur origine dans ces deux centuries de *tibicines* et de *cornicines*, qui jouissaient dans l'organisation servienne d'une considération particulière (6). C'est à peu près comme si on faisait remonter aux prêtres Saliens les troupes de danseurs qui pullulaient à l'époque impériale. Les musiciens de Servius Tullius, réunis en une sorte de corps d'état, étaient simplement destinés à figurer dans les cérémonies religieuses ou guerrières (7). Ils avaient disparu sous l'Empire puisqu'on faisait appel aux sociétés privées pour pourvoir aux exigences du culte ; une inscription mentionne une loi Julia en vertu de laquelle le Sénat permet aux musiciens *qui sacris publicis presto sunt* de former une confrérie (8).

Le régime de ces corporations était en principe celui des corporations de la troisième catégorie (professions libres). On relève cependant quelques essais de réglementation. Hadrien aurait organisé militairement les architectes et avec eux tous les ouvriers du bâtiment « sur le modèle des

1. Orelli 2525. Il s'agit vraisemblablement d'un ancien bienfaiteur des corporations de comédiens.
2. Henzen, 6097.
3. Orelli, 2418.
4. Liebenam, *op. cit.*, Index.
5. Orelli, 2643, 4117.
6. Denys d'Halicarnasse, IV, 17.
7. Ces centuries de *tibicines* et *cornicines*, Mommsen les appelle plus simplement une « musique militaire » (*Hist. romaine*, trad. Alexandre I, p. 26).
8. V. Mommsen, *op. cit.*, cap. 2, p. 30.

légions romaines (1) »; le lien corporatif se resserre également pour les actrices (*thymelicæ, scenicæ* (2)); une fois entrées dans la corporation elles n'en peuvent plus sortir; les filles mêmes sont tenues de suivre la profession de leur mère (3). Enfin les manufactures impériales étaient pourvues d'ouvriers d'art assujettis par conséquent à la condition ordinaire des *fabriciences* (4).

Des immunités et des privilèges ont pu être accordés dans le cours des temps à certaines de ces associations par une concession individuelle (5) bien qu'on les réservât d'ordinaire aux collèges «(institués pour exécuter les travaux d'utilité et de nécessité publiques » (6). Déjà on avait exempté des charges les plus lourdes, c'est-à-dire des charges municipales (7), les architectes en même temps qu'une foule de corporations ouvrières (8) mais il faut arriver à Constantin et à Théodose pour rencontrer une mesure d'ensemble visant certaines catégories d'artistes. En 337 après J.-C. Constantin exempte complètement de toutes charges (*ab omnibus muneribus*) les « ouvriers d'art » (*artifices artium*) pour leur permettre de perfectionner leur talent et aussi de former des élèves. Sous ce nom d'ouvriers d'art, Constantin comprend trente-huit corporations parmi lesquelles les *architecti*, les *pictores*, les *statuarii*, les *mar-*

1. Aurel, Victor, Ep. 14, 5.
2. Orelli, 2619, 263. On sait qu'à la différence des Grecs chez les Romains les femmes étaient admises sur la scène.
3. C. Théod. *de scenicis.*
4. Voy. C. *de fabriciensibus* XI, 9.!Marq. *Op. cit.*, p, 319, 320, note 1 et sq.
5 Tel est pendant longtemps le principe; voy. *Dig.* XXVII, 1, fg 17 § 3 ce que le texte dit du privilège de l'exemption de la tutelle, *nominatim id privilegium indultum sit* est vrai de tous les autres.
6. *Dig.* L. 6, fg. 5 § 12.
7. Voy. Houdoy, *Droit municipal*, p. 503.
8. *Dig. eod. loc.* fg. 6.

morari, les *structores*, les *sculptores ligni* (sculpteurs sur bois), les *figuli* (potiers), les *aurifices*, etc. (1). En 374 Valentinien, Valens et Gratien dispensent les peintres de la charge de recevoir les hôtes publics et de la *procuratio equorum* (2).

1. Cod. X, 44, *const.* 1 et 2. V. également Code Théod. XIII, 4,—2 et sq.
2. Code Théod. *loc. cit.*, const. 4.

DEUXIÈME PARTIE

RAPPORTS DES GENS DE LETTRES ET DES ARTISTES AVEC LES POUVOIRS PUBLICS

Dans le domaine des lettres et des arts, l'action de l'Etat s'exerce de deux manières. Tantôt ses représentants (pouvoirs publics, classes dirigeantes) pour encourager la culture et le développement artistique et littéraire, entourent les œuvres et les hommes de certaines faveurs ou privilèges, tantôt ils prennent, contre leur action et leur influence, souvent si considérables, des mesures de défense dans l'intérêt de la sécurité ou des mœurs publiques, dans leur propre intérêt ou celui des particuliers.

Dans un premier chapitre on fera l'histoire de ces faveurs et de cette protection dont les lettres et les artistes ont été l'objet de la part du pouvoir; un deuxième chapitre traitera de la législation repressive de l'écrit et de la parole.

CHAPITRE PREMIER

La condition des gens de lettres et des artistes telle
qu'elle a été décrite a eu une conséquence très considérable puisque sa portée dépasse même l'histoire de Rome :
c'est le régime de la protection appliqué aux lettres et aux
arts.

On sait que la société romaine aux premiers temps, en
dehors de l'organisation politique, se composait d'une réunion de petites associations (*gentes*) gouvernées chacune
par un chef (*patronus*) auquel se rattachaient, plus ou
moins étroitement et à des titres divers, sous le nom de
clients (*clientes*), à peu près tous les habitants. — « Quand
la plus grande partie de la société vivait à l'égard de l'autre en état de clientèle, les écrivains, médiocrement notés
par l'opinion, ne pouvaient guère échapper à cette condition générale (1) ». L'homme de lettres et l'artiste ne se
recrutant pas parmi les patrons sont nécessairement des
clients. — « L'étranger qui s'établit à Rome, n'a que le
choix entre deux ressources; se faire esclave de son propre gré ou bien se placer (*se applicare*) sous la protection
d'un citoyen romain (2). Or, les gens de lettres et les

1. Reure, *op. cit.* p. 48.
2. Marquardt, *op. cit.*, *Vie privée*, p. 235.

artistes sont à Rome pour la plupart des étrangers et la profession elle-même est d'importation grecque, — nouvelle raison pour que l'état de client ait été naturellement leur condition ordinaire.

La clientèle est une institution assez mal connue. On n'a pas dessein d'exposer ici les différentes théories proposées pour expliquer ses origines, sa formation, son rôle et sa lente disparition. Il suffira de retenir seulement qu'à compter d'une certaine époque elle comprenait — à côté des clients de race et d'origine, — des descendants d'affranchis, les réfugiés accueillis en vertu du droit d'asile, des émigrés qui avaient élu domicile à Rome et s'étaient placés, par *applicatio*, sous la protection d'un patron, enfin, avec les progrès de la conquête, des provinciaux. C'est dans ces espèces nouvelles de clients qu'il faut chercher les gens de lettres et les artistes. Descendants d'affranchis, leur entrée dans la clientèle s'explique d'elle-même ; émigrés ou réfugiés, il semble bien qu'elle était non pas la conséquence d'une sorte de mise en demeure, mais plutôt le résultat d'un libre choix, commandé il est vrai par l'impossibilité de vivre sans défense dans un monde hostile et brutal. Le *jus applicationis* c'est-à-dire le droit de se choisir un patron nous est très mal connu (1). Quel était originairement le mode d'entrée de l'étranger dans les liens de la clientèle, quelles en étaient les conséquences, c'est ce que nous ignorons. En admettant qu'il y ait eu, à cet égard, des règles coutumières spéciales, nous savons qu'elles disparurent très vite, si bien qu'au temps de Ciceron elles

---

1. On n'en sait le nom qu'par deux textes : Cic. *de orat.* I, 39 et A. Gell. *Noct. attic.* V, 13. Voy. Daremb. et Saglio. *op. cit.* : *Applicatio*, et Fustel de Coulanges, *op. cit.* IV, ch. 1, p. 278.

n'étaient plus qu'un souvenir oublié. Quant aux provinciaux, ils acquéraient tout autrement la qualité de clients. Une cité étrangère, une province obtenaient du consul qui les avaient réduites, ou du premier proconsul envoyé pour les administrer, un patronage qu'elles achetaient souvent fort cher; les indigènes et leurs descendants qui se fixaient à Rome dans la suite devenaient naturellement clients du patron de leur ville ou de leur pays d'origine. Sous l'Empire cette clientèle s'augmente encore d'une foule de déclassés qui préfèrent à la condition médiocre et sûre d'un provincial ou d'un paysan, la vie libre, mais incertaine, et le séjour de Rome. « On sait le dégoût des Romains pour les gagne-pains modestes et honorables, leur universel besoin de vie large; nombre de gens de tous états ne demandaient qu'à s'attacher à quelque grande maison pour s'assurer un revenu sans travail et un rang dans la société. » De cette catégorie furent « les poètes et les gens d'esprit dont l'esprit est la seule ressource (1) ».

Certains devoirs réciproques d'assistance et de fidélité de la très ancienne clientèle civile subsistent dans la nouvelle, mais fort atténués et dépourvus de toute sanction légale. Il n'est plus question de la représentation en justice du client par le patron, de l'aide pécuniaire fournie par le client pour doter la fille du patron, le racheter lui-même s'il était fait prisonnier à la guerre ou encore payer ses amendes judiciaires, etc. Le lien nouveau, image affaiblie de l'ancien, est un lien « volontaire et presque fictif, dit Fustel de Coulanges (*La Cité antique*, p. 321), qui

1. Mommsen et Marquardt, *op. cit.* XV, p. 240.

n'entraîne plus les mêmes obligations ». Les seules qui subsistent, c'est de la part du client, l'*obsequium* ou devoir général de déférence et de respect (1) qui se traduit surtout par l'usage d'aller saluer (*salutatio*) le patron à son lever et de lui faire quelquefois cortège (*deductio*) l'habitude également empruntée aux affranchis de faire précéder son nom de celui de son protecteur (2). Pour le patron, c'est l'obligation d'assister et de protéger son client, de lui donner un secours en nature et en argent et le logement gratuit dans sa maison (3), c'est encore l'interdiction de poursuivre par l'action *furti* le client qui aurait commis un vol à son préjudice (4).

Ces relations entre le patron et le client se résument en un échange de bons offices qui varient suivant la condition de l'un et de l'autre. Quand le client est homme de lettres les rapports ordinaires entre patron et client en sont peu modifiés.

On ne se propose pas de raconter dans le détail l'his-

---

1. Le jurisconsulte Proculus compare la situation des clients à celle de peuples libres à l'égard d'un puissant voisin ; ils ne sont nos égaux « ni en pouvoir, ni en dignité, ni en honnêteté (au sens du xviie siècle), mais ils doivent *majestatem nostram comiter conservare* » (*Dig.* XLIX, 15, fg. 7 § 1).

2. Terence, affranchi du sénateur Terentius Lucanus, n'a pas d'autre nom que celui de son maître, mais l'historien Josèphe ajoute au sien celui de l'empereur Vespasien, son protecteur (Flavius).

3. *Dig.*, IX, 4, fg. 5, § 1, *Texte d'Ulpien : Si quis gratuitas habitationes dederit... clientibus*, etc. Le fait ne devait pas être rare. Analysant le droit d'usage et d'habitation, Ulpien en donne cette action ; c'est le droit d'habiter avec sa famille, ses affranchis, etc., et *même ses clients*, ajoute Paul (*Dig.* VII, 8, fg. 2 et 3).

4. *Dig.* XLVII, 2, fg. 89 ; le principe de cette interdiction est ainsi formulé par Marcianus (*Dig.* XLVIII, 29 fg. 11, § 1) : *Furta domestica si viliora sunt, publice vindicanda non sunt.*

toire de la protection des gens de lettres (1) ; une pareille
tâche ne consisterait à rien moins qu'à narrer des biographies l'une après l'autre ; on veut simplement en donner
un bref aperçu et, pour l'époque impériale seulement, en
indiquer quelques traits généraux.

Cette histoire peut se diviser en deux périodes : la première, des guerres puniques à la fin de la République : la protection est alors exercée par le patriciat romain dans un esprit
le plus souvent désintéressé ; la seconde depuis Auguste :
César recueille l'héritage des *patres* et devient, à son tour, le
grand protecteur des lettres et des arts. Imité de son entourage de hauts fonctionnaires et de familiers, il exerce son
patronage le plus ordinairement dans un but politique ; c'est
une espèce de fonction de l'Etat qu'il croit remplir ainsi,
si bien qu'on voit se constituer peu à peu une véritable
organisation administrative qui tend à enrôler, pourvoir
et en quelque sorte encadrer, tout un monde d'irréguliers.

1° Des guerres puniques à la fin de la République.

La Renaissance est l'œuvre des oligarchies qui domi-
naient les villes italiennes au xve siècle ; de même c'est le
patient effort de l'aristocratie romaine qui a préparé le
siècle d'Auguste et plus tard celui des Antonins. Malgré
l'opposition très vive des vieux Romains et la défaveur de
l'opinion, on voit les patriciens les plus distingués lutter
sans relâche pour introduire à Rome les étrangers et, avec
eux, la civilisation grecque. C'est d'abord Appius Claudius Cœcus au iiie siècle, puis les Scipion — surtout Sci-

<hr>

1. Il ne sera question à peu près uniquement ici que des gens de lettres. Les détails concernant les artistes ont trouvé leur place ailleurs
(voy. plus haut : condition des artistes).

pion Emilien, protecteur de Térence ; Catullus, vainqueur des Cimbres, les Pisons, Lucullus, Paul-Emile,
Pompée, etc. On sait les démêlés de Caton avec les Scipions ; ils n'avaient au fond pas d'autre cause. Un moment,
Caton triompha ; un senatus-consulte fut décrété sur sa proposition, qui expulsait de Rome les étrangers coupables
« d'enseigner des choses nouvelles contraires à la coutume
et aux usages des ancêtres (1) » mais il resta lettre morte. Les
Grecs continuèrent d'affluer ; ils arrivaient tantôt comme
serri litterati achetés fort cher sur le marché, tantôt à
la sollicitation d'un grand qui cherche à les fixer près de
lui par les plus belles promesses, tantôt de leur propre
mouvement, d'eux-mêmes, éblouis et attirés par la puissance et la richesse romaines, alléchés par quelque espé-
rance de fortune.

Leur rôle auprès de ces protecteurs est tantôt celui d'un
précepteur enseignant la grammaire et les lettres grecques, tantôt d'un amuseur faisant escorte au maître pour
le distraire. Pour l'homme public, l'homme de guerre, ce
nouveau venu si différent des rudes compagnons du forum
ou des camps est un confident avisé et discret, c'est aussi
un panégyriste en vers ou en prose, c'est un annaliste à
gages, un secrétaire... autant de fonctions délicates et
difficiles à remplir. En échange, ces clients de choix
trouvent le vivre, le couvert et, sinon une place dans la
société, tout au moins une influence.

2° D'Auguste à la fin de l'Empire.

L'usage de la protection se répand encore ; devenu très
général dans la haute société romaine, il prend en outre

1. 161 av. J.-C., voy. A. Gell. *Noct. att.* XV, 11.

dans les premières années du régime impérial une physionomie nouvelle.

A. — Les empereurs protègent les lettres par goût personnel. Auguste avait reçu une culture variée et forte; le testament d'Ancyre peut donner une idée de son talent d'écrivain; auprès de lui, Mécène avait une réputation méritée de bel esprit, on disait de lui des vers d'une élégance apprêtée, pleins de recherche et d'afféterie; on citait son *Traité sur la toilette*. Tibère préférait les grammairiens, Caligula les poètes, pour lesquels il institua les premiers concours littéraires, Néron les comédiens et les chanteurs qui étaient pour lui des confrères et même des rivaux. Domitien fondait les jeux capitolins et le concours littéraire d'Albe. Trajan fut le premier empereur dont la formation littéraire ait été médiocre, mais après lui, il faudrait jusqu'au iii⁰ siècle, les citer presque tous; nommons Hadrien, poète, rhéteur, grammairien, archéologue et le philosophe Marc-Aurèle.

B. — Cette protection fait partie d'une sorte de programme de gouvernement inauguré par le premier empereur et fidèlement suivi par ses successeurs. Elle est « la conséquence d'un système général appliqué par Auguste avec beaucoup de suite et d'adresse, je dirai même d'astuce (1) ». Patin (2) parle d'un « ministère » exercé par Mécène qui aurait eu la mission « d'enrôler », de « discipliner », de « donner le mot » dans cet espèce de « département de l'esprit public dont il était le chef »; ces expressions ne sont pas exagérées. Il ne s'agissait pas en effet d'une influence désintéressée, mais d'un véritable

1. Dezobry, *op. cit.*, III, lettre 88.
2. *Etudes sur la poésie latine*, I, p. 61 et 62.

gouvernement. On a des exemples de toutes les formes connues de l'intervention depuis l'avertissement et la censure jusqu'au conseil officieux qui est un ordre. Mais ce gouvernement ne fut jamais pareil à lui-même; il se transformait en changeant de main; plein d'adresse et de tact avec Auguste il devient souvent sous ses successeurs une servitude très lourde qui tâchait d'étouffer sans y réussir toute pensée indépendante. — Le but à atteindre était complexe, on voulait :

1° Remplacer dans les préoccupations de l'aristocratie romaine les luttes politiques par les disputes littéraires et philosophiques, la passion de la vie publique par le goût des lettres et des arts; on y réussit à merveille. « Je ne reconnais plus le peuple romain, disait Horace (*Ep.* II, 1, 108 et sq.) il a changé de mœurs; il n'a plus que la passion d'écrire. Les jeunes gens, les pères eux-mêmes, se couronnent de feuillage et récitent à table les poèmes de leurs amis. Tous, sans exception, savants et ignorants, nous voulons faire des vers ».

2° Rendre populaire le nouveau régime en célébrant, en vers et en prose, infatigablement, les bienfaits qu'il apportait au monde : le temple de Janus fermé, les barbares contenus, l'incomparable administration de l'Empire, l'éclat d'une civilisation jusqu'alors inconnue, etc. Cicéron appelle quelque part les écrivains des « trompettes de la renommée » (*buccinatores existimationis*); Auguste les fit sonner à son service. Il ordonne à Horace de composer le quatrième livre d'*Odes*, qui n'est qu'un abrégé magnifique de son règne; un autre jour il lui commande (1) le fameux

1. Le biographe se sert d'expressions très précises : *injunxerit, coegerit* (Vita Horat).

Carmen seculare. Virgile divinise Auguste et sa famille en confondant leurs destinées avec celles même de la patrie. Dans une première édition des *Géorgiques*, il avait terminé le quatrième livre par un long éloge de Gallus ; après la disgrâce et la mort de ce personnage, Auguste lui ordonne (*jubente Augusto*) de changer ces dernières pages que le poète remplace par l'épisode d'Aristée. Mécène crée ou plutôt encourage toute une école de panégyristes officiels qui servent les intentions du pouvoir et parfois les préviennent. Auguste recherche-t il laborieusement un successeur ? chaque héritier sur lequel il semble arrêter son choix très incertain, qu'il s'appelle Marcellus, Agrippa, Drusus ou Tibère est successivement loué par les poètes, avec le même enthousiasme et la même unanimité.

3° Agir sur les mœurs dans un esprit de réforme. Auguste voulait attirer les citadins à la campagne, inspirer aux riches Romains le goût de l'agriculture : les *Géorgiques* écrites sur l'ordre de Mécène (1) répondent à cette pensée. — Il tentait de restaurer le culte des dieux nationaux non pas seulement en leur élevant des temples magnifiques mais en ranimant dans les cœurs les croyances mortes ; de reconstituer la famille détruite par le divorce, le célibat et la corruption des mœurs : on pourrait citer de nombreux passages d'Horace où le libre penseur se fait dévot pour entrer dans les desseins d'Auguste, où le célibataire épicurien vante les vertus antiques et la sainteté du mariage, parce que le prince essayait alors de réformer les mœurs sociales. — L'*Enéide* n'est pas autre chose qu'un poème religieux et national ; au 6e livre, Virgile, décrivant le Tartare, réserve des supplices très cruels aux adultères,

____

1. *Georg.* III, 41 : *Tua Mæcenas haud mollia jussa.*

aux célibataires, en même temps qu'aux fauteurs de guerres civiles.

C. — La réglementation, appliquée à toutes matières à celles même qui semblent par nature y répugner le plus nettement, l'ingérence du pouvoir dans tous les domaines, dans ceux-là même qui devraient peut-être rester en dehors et au delà de son action, c'est bien là une idée romaine. Elle répond à la conception qu'on se faisait de l'État ou de la cité dans l'antiquité : l'individu n'est qu'un instrument, sa seule raison d'être est de servir à une fin idéale, grandeur de la nation, maintien de l'ordre établi, etc. On n'a aucune idée de cette découverte moderne : le domaine propre de l'individu, qu'aucune contrainte extérieure ne doit violer, à qui ne peut convenir qu'un régime d'abstention indifférente et de liberté.

Cette protection des lettres paraît tellement obligatoire pour le pouvoir qu'on la voit se déplacer avec lui comme un office. Elle passe du patriciat au principat militaire. Une famille aristocratique est victorieuse de ses rivales, elle recueille les fonctions, charges et honneurs qui se répartissaient entre toutes ; comme elles, on la voit prendre sous sa protection artistes et gens de lettres. C'est en quelque sorte un des attributs de la souveraineté comme les insignes ou les faisceaux qui la manifestent à la foule (1). Les Césars et les Flaviens se sont occupés surtout des poètes ;

1. On retrouve la trace d'une pareille sollicitude chez nos souverains modernes. Charlemagne ne se croirait pas vraiment héritier des empereurs romains s'il n'en reprenait la tradition à cet égard.

Le maintien en est considéré par nos meilleurs princes depuis François Ier jusqu'à Napoléon Ier, comme un des devoirs de leur état. On connaît les fondations de Richelieu et de Louis XIV, celles de la Convention et de Napoléon Ier. Elles sont toutes nées d'une conception des attributions de l'État qui vient en droite ligne de Rome.

le tour des rhéteurs, des grammairiens et des philosophes
est venu plus tard, avec l'avènement des Antonins, ou
plutôt avec l'avènement d'autres idées et d'un autre idéal.
Les uns ont exercé ce patronage avec modération, les
autres, comme Domitien, n'auraient voulu qu'une littérature complètement asservie à leur vanité. Avec des tempéraments très variés, la mainmise des empereurs sur le gouvernement des lettres est un fait presque sans exception (1).

1. Reure, *op. cit.*, p. 311.

CHAPITRE II

Il n'exista jamais à Rome, à aucune époque, ce que nous entendons depuis un siècle sous le nom de liberté de penser, c'est-à-dire le pouvoir, reconnu par la loi à l'individu, non seulement d'adopter en lui-même, sur un sujet quelconque, tel sentiment qu'il lui plaît, mais encore de l'exprimer au dehors librement par la plume et par la parole. Une pareille notion aurait contredit l'idée qu'on se faisait dans l'antiquité des rapports de l'Etat et de l'individu. L'individu n'a pas d'existence propre au regard de l'Etat ; sa personnalité disparaît et s'absorbe dans celle de la cité ; le droit, sinon toujours des magistrats, du moins de la loi sur ses biens comme sur sa personne, sont théoriquement absolus et sans limites. « On peut retrancher un citoyen de l'Etat, dit Aristote (2), comme un peintre efface de son tableau un pied qui dépasse les proportions de la figure, ce pied fut-il plus beau que tout le reste ».

Par l'écrit, par l'enseignement public, l'action des gens de lettres n'est jamais négligeable. Aussi est-il, sans exemple qu'un pouvoir social s'en désintéresse d'une manière

---

1. Ch. Magnin. *De la mise en scène chez les anciens. Censure dramatique.* (*Revue des Deux-Mondes,* 1ᵉʳ sept. 1839.) Von Ihering. *Des lésions injurieuses en droit romain* (Trad. de Meulenaere) 1888. G. A. Schmidt. *Histoire de la liberté de la parole et des croyances au premier siècle* (all.), Bompard. *Le Crime de lèse-majesté,* 1888.

2. Politiq., III, 8.

absolue. Son intervention se manifeste soit en prévenant les abus par des mesures destinées à les rendre impossibles ou du moins difficiles, soit en les punissant conformément à la loi s'ils ont été commis.

MESURES PRÉVENTIVES. — A Rome, on n'a jamais imposé aux écrits, comme dans notre ancien droit, l'approbation préalable ou le visa de l'autorité, non pas, ainsi qu'on serait trop aisément tenté de le croire, qu'une pareille exigence soit inconcevable avant l'invention de l'imprimerie, mais parce que les mesures répressives étaient plus facilement applicables. De même la faculté d'enseigner (du moins jusqu'aux fondations de Théodose) ne fut gênée par aucune condition préalable telle qu'examen, diplôme, licence, etc.

Mais les ouvrages dramatiques destinés à la représentation ont été soumis à une sorte de censure (1). — Les édiles, on le verra plus loin, étaient les ordonnateurs des jeux publics, ils avaient dans leurs attributions la *cura ludiorum*. Les pièces représentées soit qu'elles fussent achetées à leurs frais, à ceux de l'État ou d'un particulier, étaient examinées soit par eux, soit par une personne qu'ils déléguaient à cet effet ; on connait, la scène rapportée par Suétone (2), où le jeune Térence vient en tremblant lire sa pièce à Cécilius auquel les édiles l'ont adressé. Plus tard l'examen des œuvres dramatiques devient une sorte de fonction permanente. Au temps de Cicéron (3) elle était exercée par un certain Spurius Mœcius Tarpa qui

1. Voy. Becker. *Censura scenica*, 1852.
2. *Vit. Terent.*
3. Cicéron. *Ep. ad. Famil.*, VII, 1.

l'avait conservée sous Auguste. Horace le qualifie de *judex* (1) et parle de vers de théâtre qui ne retentiront point à son tribunal :

Quæ nec in æde certantia judice Tarpa.

L'auteur dramatique est donc renvoyé par le magistrat à un *judex* spécial à peu près comme le plaideur devant le *judex* ordinaire. D'après un sociaste (2). Mætius Tarpa faisait partie d'une sorte de comité de lecture composé de cinq membres; aucun ouvrage ne pouvait paraître sur la scène sans avoir reçu son approbation. — Les représenta- tions purement privées devaient échapper à ce contrôle; comme elles deviennent nombreuses avec les progrès du luxe et de la richesse, on essaie d'intervenir. En l'an 15 le sénat défend aux particuliers de donner chez eux des panto- mimes; elles ne seront plus permises désormais qu'aux jeux publics (3).

Cette institution de la censure théâtrale disparut vrai- semblablement d'assez bonne heure. La tragédie et la comédie sont remplacés dans les goûts du public romain par les spectacles du cirque et de l'amphithéâtre. De plus, les développements menaçants donnés, ainsi qu'on le verra plus loin, à la loi de majesté rend bien inutile l'em- ploi des moyens simplement préventifs. « A des législateurs de la trempe de Tibère, dit Ch. Magnin (*op. cit*, p. 673) il fallait plus qu'un bouclier, il fallait un glaive ».

MESURES RÉPRESSIVES. — Avant Auguste, suivant Tacite,

---

1. *Ep. ad. Pison.*, v. 396. *Sat.*, 1, 10, v. 38.
2 Acro., *in Horat. Sat.* 1, 10. v. 38.
3. Tacite. *Ann.*, I, 77.

on ne punissait que l'acte ; la parole et l'écrit étaient libres (1).

Cette conception d'un âge d'or pour les écrivains auquel l'empire aurait mis fin n'est pas historiquement exacte.

De tout temps, à Rome, l'opinion même libérale, a refusé d'admettre qu'il fut possible de tolérer dans une société régulière, la critique directe et personnelle. Scipion dans la *République* de Cicéron (2) est l'interprète d'un sentiment très général lorsqu'il dit : « C'est au jugement, à la censure légitime des magistrats que notre vie doit être soumise, non pas aux caprices des poètes... Il est préférable que des hommes tarés soient notés par le censeur plutôt que par le poète... »

Déja la loi des XII tables avait songé à protéger contre eux les simples particuliers. Scipion dans la *République* de Cicéron (3) fait remarquer que bien que les dispositions de la loi des XII tables soient peu nombreuses il y en a une pour punir celui qui a récité ou composé sur autrui : « un écrit (*carmen*) (4) injurieux ou diffamatoire ». Une loi pronon-nonça des peines, dit Horace (Ep. II, 1) contre les auteurs dont les vers méchants déchiraient les réputations. C'est probablement en vertu de cette loi que le poète Nœvius fut poursuivi par les Scipions et les Metellus, jeté en prison et plus tard exilé. Elle menaçait surtout les poètes

1. Tacite. *Ann.*, I, 72.
2. Saint August. *de Civil.Dei*, II, 2.
3. Id. *de Républ.* IV, 10, 11.
4. Le mot *Carmen* ne signifie pas seulement poésie, chant, mais écrit quelconque : Caton le Censeur composa un écrit en prose intitulé *Carmen de moribus* (A.-Gell., *noct. att.* XI, 2). Plus tard on emploie l'expression *libellus famosus* pour désigner la satire personnelle qui dépasse la mesure d'une brève plaisanterie ou d'une chanson. Il en est traité au point de vue répressif dans un titre du *Digeste* (XLVII, 10, *de injuriis et libellis famosis*) et dans un autre au Code (IX, 36, *de famosis libellis*).

satiriques. Horace (*Sat.* II, 1, 80 et sq.) s'en inquiète. Un jurisconsulte de ses amis la lui rappelle : « Craignez, dit Trebatius, que votre ignorance des saintes lois ne vous attire quelque fâcheuse affaire :

> *Si malo condiderit in quem quis carmina jus est*
> *Judiciumque...*

Perse a la même préoccupation : « De par la loi des XII tables, dit-il, celui qui attaque publiquement quelqu'un est frappé de verges (*Sat.* I, 137) ».

D'ailleurs il n'est pas douteux qu'à l'époque classique l'écrit offensant ou diffamatoire constitue le délit d'injures. Justinien après Gaius (III, § 220) le dit expressément : « L'injure ne consiste pas seulement à donner des coups de poing, de bâton et de verges..... mais si on *écrit*, on *compose*, on *publie* en vers ou en prose une œuvre diffamatoire ou que par dol on prête son concours à de tels actes, il y a injure (*Inst.* IV, 4, § 1). » Est considéré comme auteur de l'injure, non seulement l'écrivain mais encore l'éditeur (1), également celui qui réciterait le poème ou chanterait la chanson en public (2), les simples distributeurs d'exemplaires (3), tous ceux, en un mot, qui ont prêté un concours conscient à la composition comme à la diffusion de l'écrit injurieux (4).

Quelles sont les conditions que doit réunir un écrit pour constituer une injure ?

---

1. Argument du texte précité des Instit. : *Qui ediderit.*
2. Paul Sentent. V. 4, § 16.
3. Id., § 17.
4. La formule de Justinien est très compréhensive : *Qui dolo malo fecerit quo quid eorum fieril...* De même Ulpien (D. XLVII, 10, § 9) : *Etiam si alterius nomine ediderit, vel sine nomine, uti de ea re agere liceret.*

Tous les textes précités semblent exiger que l'écrit, pour être considéré comme une injure au sens légal, soit calomnieux (1). Si les faits contenus dans l'écrit sont exacts et prouvés il n'y a plus injure ou tout au moins aucune condamnation ne sera prononcée contre l'auteur. « Si parfaitement honorable moi-même, demande Horace (*loc. cit.*) au jurisconsulte Trebatius, je poursuis de mes accusations un homme déshonoré, qu'arrivera-t-il? — Vous serez renvoyé absous, répond Trebatius. » — « Celui qui flétrirait un coupable, dit Paul, (D. XLVII, 10 fg. 18 pr.), il ne serait pas juste de l'en punir, car il importe que les infractions à la loi pénale (*peccata*) soient librement divulguées » et ailleurs (*Sentent*, IV, 5 § 15) : « Quand nous avons un motif légitime de porter contre quelqu'un un blâme injurieux nous n'avons rien à craindre de lui, puisque la personne que nous attaquons est déjà flétrie ».

Les attaques à la mémoire d'un mort ne constituent une injure à l'égard de ses héritiers (2) que si elles n'étaient point fondées. Les Romains respectèrent donc « les droits supérieurs de l'historien. » La seule loi qui doit gouverner l'histoire, dit Cicéron (*de orat.* II, 15), est de « rejeter le faux et de ne rien affirmer qui ne soit vrai ».

Quelles sortes de critiques, blâmes, accusations, etc., seront considérées comme injurieuses? il est impossible de le déterminer à l'avance. Auront ce caractère, d'une manière générale, toutes les allégations qui peuvent porter atteinte à l'*existimatio* (3) d'autrui, c'est-à-dire à sa consi-

1. Arg⁴. du mot *infamia*.
2. *Dig.* XLII, 10, fg. 1, § 4.
3. Voy. la définition de Callistrate. D. L. 13. fg. 5, § 1. Voy. Ihering, *op. cit.* p. 10 et 11.

dération. Essayant de donner une formule plus précise, le préteur verra l'injure dans tout fait mensongèrement avancé contre quelqu'un qui sera contraire « aux bonnes mœurs (1) ». Cette dernière expression est bien vague elle-même ; elle le devient davantage encore si on la prend dans un sens relatif appréciant les bonnes mœurs en tenant compte de la différence des lieux, puisque chaque pays, chaque cité a ses mœurs spéciales et sa conception particulière de l'honneur (2).

Quelle est la peine encourue par l'auteur du *libellum famosum*? D'après la loi des XII tables, suivant Cicéron (*de rep.* IV, 10, 11), c'était la peine capitale. Malgré le renom de barbarie justement mérité de cette législation primitive de Rome, on sait qu'il ne faut pas entendre par là, la peine de mort. La loi des XII tables consacre en principe le système du talion et de la compensation pécuniaire, et fixe même cette dernière assez bas, alors qu'il s'agit de dommages graves causés à la personne physique ; pour un membre rompu, la victime n'avait que le droit d'en faire autant à son agresseur ; pour un os fracturé elle touchait 300 ou 150 as suivant qu'elle était libre ou esclave (3). Alors que les coups et blessures étaient à ce prix, il n'est pas vraisemblable qu'on dut payer très cher le plaisir de la calomnie. Gaius (*eod. loc.*) en donne un notion plus précise (4). Suivant lui la peine était fixée pour les injures ordinaires à 25 as. L'écrit injurieux est compris dans cette catégorie, puisque

1. *Dig.* XLVII, 10 fg. 15 §§ 2 et 38.
2. D. XLVII, 10 fg. 15,§ 6. Les scolies d'Acron et de Porphyrion sur un passage cité d'Horace (*Ep.* II, 1) éclairent faiblement la question ; d'après eux la loi aurait interdit de désigner quelqu'un par son nom et aussi, non seulement de *déchirer* (*lacerare*), mais de *blâmer* (*vituperare*).
3. Voy. Leg. XII Tab., Tab. VIII.
4. Gaius, III, § 223. Inst. IV, 4 § 7.

d'après Paul (*Sent.* v. V, § 6) la loi des XII tables n'aurait prévu que trois hypothèses d'injures ; le *carmen famosum*, le *membrum ruptum*, l'*os fractum*. Peut-être à l'origine joignait-on à la peine principale la fustigation, comme peine accessoire et facultative (sinon pour le patient du moins pour le juge), ou bien cette dernière peine remplaçait-elle l'amende impayée. « La crainte du bâton (*fustis formidine*) dit Horace (*Ep.*II, 1), forçant les auteurs à changer de style les ramena au soin d'instruire et de plaire. » Ce système présentait deux inconvénients : l'invariabilité de la peine et la faiblesse de son taux ; le préteur les fait disparaître. Il maintient à la peine son caractère pécuniaire mais il la rend variable. Le demandeur à l'action d'injures en fixe le *quantum* devant le juge; celui-ci est lié pour l'estimation du demandeur en ce sens qu'il ne peut la dépasser, mais reste toujours maître de la réduire (1). Pour le guider dans cette réduction, souvent nécessaire, pas de règles ; on tiendra compte « du rang et de la considération de l'injurié », du préjudice moral qui lui a été causé etc. La condamnation pour l'auteur de l'injure entraîne l'infamie (2).

Ce système prétorien est encore en vigueur sous Justinien. Une seule modification avait été apportée d'assez bonne heure (ii⁰ siècle av. J.-C.) sous l'influence d'une loi Cornelia (3). A l'action d'injures dont la conséquence est une condamnation pécuniaire s'ajoute une poursuite extraordinaire pour obtenir une peine criminelle. La victime peut agir à son choix par l'une ou l'autre action

1. Inst. IV, 4, § 7. Gaius III, § 224.
2. Paul, *Sentent.* V. 4 § 9.
3. Cette loi qui datait de la dictature de Sulla organisait la répression de quelques graves délits; on l'avait étendue à tous les cas d'injures par *voie de fait.*

mais non par toutes les deux (1); l'injure qui était un délit civil devient donc également un *crimen*, mais un *crimen privatum*. Dans un seul cas, l'écrit diffamatoire donne lieu à un *judicium publicum* (2). C'est (en vertu d'un sénatus-consulte spécial) lorsque l'injurié n'y est pas désigné par son nom; comme la preuve est alors délicate, on a voulu, dit Paul (D. XLVII, 10 fg. 6), *publica quæstione rem vindicari*. Les pouvoirs publics tout au moins et leurs représentants titulaires des diverses magistratures trouvèrent dans cette législation une première protection presque suffisante.

Afin de frapper énergiquement certaines offenses plus répréhensibles on avait fait une distinction entre l'injure ordinaire et l'injure grave (*atrox*). Or le libelle diffamatoire était considéré comme une injure grave, lorsqu'il visait certaines personnes, par exemple : un magistrat, un sénateur (l'auteur doit être alors de condition humble), un chevalier, un édile, un judex même, un prêtre et toute personne revêtue d'une autorité quelconque (3). Dans ce cas, l'estimation de la peine pécuniaire est faite non plus par le demandeur mais par le préteur lui-même dans la formule et le juge, quoiqu'il ait théoriquement (4) le droit de la réduire, n'osera pas le faire « à cause de l'*auctoritas* du préteur » (*propter ipsius prætoris auctoritatem*).

Quant aux attaques des poètes comiques si vives en Grèce qu'elles devinrent intolérables, on n'en sait presque point

1. Inst. IV, 4 § 10.
2. Les *judicia publica* sont ceux dont la poursuite appartient à tout le monde (Inst. IV, 18 § 1), au contraire des jugements ordinaires que seuls peuvent obtenir les intéressés.
3. D. XLVII, 10, fg. 7, § 8. Inst. IV, 4 § 9. Gaius, III, 225, Paul. *Sentent.* V. 4, § 10. Cod. IX, 35. Const. 4.
4. Gaius, III, 224.

d'exemples à Rome. La comédie y était imitée non pas de la comédie ancienne des Grecs (Aristophane), véritable satire politique et sociale, mais de leur comédie moyenne (Ménandre) qui ne visait qu'à la peinture des mœurs privées. De plus, la censure exerçait ici son office en supprimant ce qui pouvait choquer, blesser ou simplement déplaire. Les histrions se permirent bien quelquefois de souligner du geste ou de la voix quelque passage prêtant à équivoque, mais, à leur égard, le préteur était suffisamment armé par le *jus virgarum* pour protéger le pouvoir et les particuliers.

Enfin les représentants du gouvernement et surtout l'empereur et sa famille étaient gardés par la *lex Julia Majestatis*. Cette loi existait déjà sous la République mais c'est sous l'empire seulement qu'elle devait être appliquée avec quelque suite et quelque rigueur. « La loi de majesté, dit Justinien (*Inst.* IV, § 3) frappe tous ceux qui méditent quoi que ce soit contre l'empereur ou la chose publique. La peine est la mort, et la mémoire de l'accusé est également atteinte par la condamnation ».

On comprend qu'une notion aussi vague pouvait embrasser toute espèce d'attaques ou d'offenses à la personne de l'empereur aussi bien le pamphlet direct que la simple critique par voie d'allusion, ou même la louange trop discrète.

L'écrivain était littéralement à la merci du pouvoir. Jouissant d'une certaine liberté si le prince était tolérant, au contraire, avec un maître soupçonneux, il risquait sa vie pour quelque blâme imaginaire, pour un mot mal compris, pour son silence même.

Aussi faut-il, *en notre matière*, considérer la loi de

majesté plutôt comme la formule même de l'arbitraire, que la tenir pour une loi véritable; chaque jugement fondé sur elle est un acte d'exécution de l'autorité. Cela est si vrai qu'aucune jurisprudence ne s'est formée pour en développer les principes. Dans les deux titres qui lui sont consacrés au Digeste et au Code (1) pas un texte ne vise les offenses au souverain et à l'État par le livre ou l'écrit quelconque.

Auguste, le premier, imagine de faire rentrer dans la catégorie des attentats de lèse-majesté, les libelles diffamatoires, pour frapper un certain Cassius Severus qui s'était permis des attaques probablement justifiées contre divers personnages. Même armé de ce précédent, on n'était pas sûr, dans la suite, qu'on put atteindre avec la loi de majesté, sans en méconnaître l'esprit, des délits de bien moindre gravité que ceux qu'elle punissait d'ordinaire (haute trahison, complot, etc,); un préteur, sous Tibère, consulta l'empereur sur ce point et Tibère répondit affirmativement (*exercendas esse leges*) (2). Aussi rien de plus incertain, rien de plus variable que l'application de cette loi; on la laisse dormir ou on la réveille selon les nécessités de la politique, suivant que la sécurité du prince paraît ou non menacée, que, dans l'entourage officiel, la tendance est à la clémence ou à la rigueur. La peine elle-même n'était pas toujours aussi sévère que l'exigeait la loi; c'était le banissement, l'exil ou la *relegatio in insula*, souvent aussi cependant la mort.

Ainsi Ovide est exilé à cause de l'immoralité de son Art

1. *Dig.* XIII, 5. Cod. IX, 8.
2. Tacite, *Ann.* I, 72. — « C'était, dit Tacite (*Ann.* 4, 19), le talent de Tibère de cacher sous des noms anciens des crimes nouveaux ».

d'aimer et aussi pour une autre cause restée inconnue (*carmen et error*, dit un commentateur; Scaurus sous Tibère est puni de mort pour un vers de sa tragédie d'Atrée où il disait : « La sottise des rois doit être supportée »; Caligula fait exécuter dans l'amphithéâtre un poète d'attellanes pour une plaisanterie où l'on saisit une allusion à sa personne; Juvénal est exilé pour une allusion au rôle joué par des histrions dans le gouvernement. Helvidius Priscus le jeune, subit également le dernier supplice pour avoir dans une atellane (*Pâris et OEnone*) jeté quelque ridicule sur le divorce de Domitien.

Le philosophe (1) Rubellius Plautus est exilé, puis mis à mort en 62 sous Néron; on l'avait accusé « d'instruire et de former des esprits turbulents et toujours prêts à braver le danger » dit Tacite (*Ann.* XIV, 57), donnant non sans ironie le vrai sens d'une incrimination qui dût être formulée avec plus d'adresse. Pour les mêmes raisons Musonius Rufus est banni en 65; Domitien et Hostilius sont rélégués dans une île; presque tous les autres philosophes furent expulsés de Rome. Sous Domitien en 93, Junius Arulenus Rusticus est poursuivi pour un écrit apologétique sur Thraséas.

Les pénalités purement littéraires, c'est-à-dire qui n'atteignaient que l'auteur ou plutôt le livre étaient également variées. C'était souvent l'interdiction des lectures ou réci-

___

1. Les philosophes considérés comme formant une secte organisée où s'était réfugié le vieil esprit républicain et dont le but était l'abolition du pouvoir personnel subirent deux persécutions la première entre 71 et 75, la seconde en 93; ils furent poursuivis, non seulement à raison de leurs actes, mais aussi en leur qualité de professeurs et pour leur enseignement; il ne peut être question ici que de ces derniers (V. Boissier. *L'opposition sous les Césars*).

tations, presque toujours l'exclusion des bibliothèques publiques. Le livre visé n'y pénétrait pas ou, s'il y était déjà, en était enlevé. Il y avait là une sorte de peine accessoire de la peine principale déjà prononcée. Ainsi la mesure fut prise à l'égard des ouvrages de Cornelius Gallus et d'Ovide, après leur exil. Il est vrai qu'elle l'était également pour les œuvres d'écrivains morts et qui, de leur vivant, n'avaient jamais été poursuivis tels que Tacite. On ne se contentait pas d'épurer les bibliothèques publiques. On ordonnait également la destruction par le feu des livres condamnés. Tel fut le sort des satires de Labienus, sous Auguste. Le sénat de Tibère, condamnant à l'exil l'historien Cremutius Cordus, faisait brûler son livre où Brutus et Cassius étaient appelés les « derniers Romains ».

TROISIÈME PARTIE

RAPPORTS DES GENS DE LETTRES ET DES ARTISTES AVEC LE PUBLIC

Jusqu'ici l'homme de lettres, l'artiste a été considéré dans le milieu social, et l'on a tenté simplement d'y marquer sa place et d'y montrer son rôle. Il est temps de se préoccuper de sa fonction principale: la production. On conçoit aisément qu'un service de cet ordre dût obtenir dans une société policée, une rémunération en rapport avec le prix qu'on y attachait; ce salaire, quelle qu'en soit la forme, peut être l'élément important d'un budget qu'on n'a guère vu alimenté jusqu'à présent que par la sollicitude intéressée ou libérale des pouvoirs publics.

Quels sont les droits de l'artiste ou de l'écrivain sur son œuvre? Quel contrat intervient entre le public et lui? Si c'est une vente, comment se fait-elle? et quels en sont les règles, l'acheteur et le prix? Si l'auteur loue le travail de ses mains et de son cerveau, de quel *louage d'ouvrage* s'agit-il? La législation romaine, enfin, a-t-elle connu cet obstacle à la libre reproduction que les modernes ont appelé le *droit d'auteur*? Telles sont les différentes questions qu'on se propose d'examiner.

CHAPITRE PREMIER

PROPRIÉTÉ DE L'ŒUVRE.

L'écrivain trace des caractères sur un papyrus ou un parchemin qui lui appartient; le peintre sur une toile qui est bien à lui étend des couleurs; le sculpteur taille son marbre ou pétrit son argile; l'architecte — hypothèse plus rare — sur son propre terrain, avec ses matériaux, construit un édifice. Dans tous ces cas, propriétaires de la matière première, l'écrivain et l'artiste le restent de la matière transformée, quelle que soit la forme nouvelle qu'elle ait prise entre leurs mains. Le droit pour le *dominus* de faire subir à sa chose, sans qu'elle cesse d'être sienne, toutes les modifications qu'il lui plaît, est une conséquence de l'*usus* et de l'*abusus*, éléments essentiels du *dominium* (1). D'une vérité aussi évidente, il est inutile de chercher dans les textes des preuves ou des exemples. Un cas seulement présente quelque intérêt, c'est celui des *lettres missives* (2).

On sait que le genre épistolaire a été très florissant à Rome. La correspondance de Cicéron, celle de Pline le

1. Il ne peut être question de développer ici la théorie du droit de propriété et des actions qui le sanctionnent. L'œuvre de l'écrivain ou de l'artiste n'est pas une propriété favorisée ou seulement différente des autres; elle rentre dans le droit commun et très général des *res corporales in commercio.*

2. Abadie. *De la propriété des lettres missives et de leur utilité au point de vue juridique en droit romain et en droit français* (thèse). Toulouse, 1882.

Jeune — on en pourrait citer beaucoup d'autres — ont bien le caractère d'œuvres littéraires (1). Sous l'Empire, un grand nombre de lettres missives sont écrites uniquement pour être publiées (2). Si l'on s'en tient à ces correspondances littéraires et politiques, il est vraisemblable de supposer qu'elles devaient soulever en raison de leur intérêt même de plus fréquents conflits que les correspondances privées ordinaires, bien qu'on appliquât aux unes comme aux autres les mêmes règles.

Deux questions peuvent se poser à propos d'une lettre missive : la question de *propriété* et celle du *secret*. La propriété des lettres missives ne peut être débattue qu'entre deux personnes, l'expéditeur et le destinataire.

Labéon (D. 1. 65 pr. — XLI, 1) pose très nettement le principe : « Si je vous ai envoyé une lettre, dit-il, elle ne sera pas votre propriété avant que vous l'ayez reçue ».

De ce texte se déduisent les trois propositions suivantes :

1°. — La lettre dont l'expéditeur ne s'est pas encore dessaisi lui appartient.

2°. — Entre les mains de l'intermédiaire, simple détenteur en sa qualité de mandataire de l'expéditeur (le plus souvent) (3), la lettre reste la propriété de ce dernier.

---

1. Cicéron recommande souvent à ses correspondants de ne pas égarer ses lettres; il avait certainement la pensée, en les écrivant, qu'elles seraient publiées. [Voy. Gaston Boissier, *Cicéron et ses amis* (1865, in-8°). *Recherches sur la manière dont furent recueillies et publiées les lettres de Cicéron* (1863, in-8°)]. Quant à Pline le Jeune on sait comment il retouchait les siennes en vue du public et ne laissa à personne le soin de les éditer. [Voy. Mommsen. *Etude sur Pline le Jeune* (Trad. Morel Biblioth. de l'Ecole des Hautes Etudes)].

2. Teuffel, *op. cit.* I, p. 79.

3. Voy. les lettres de Cicéron, *pass.*, notamment : *Ep. ad Attic.* VIII, 5, où il nous montre un courrier rappelé par l'expéditeur désireux de modifier sa lettre.

3°. — La lettre reçue par le destinataire lui appartient.

Observons que Labéon applique simplement ici à des faits exactement analysés les principes généraux.

L'envoi d'une lettre en effet s'interprète manifestement ainsi : remise de la lettre par l'expéditeur aux mains du mandataire chargé par lui d'en transférer la propriété au destinataire ; — tradition à ce dernier régulière et efficace, puisqu'elle est faite selon la volonté du propriétaire (*Inst.* II. 1).

A cette doctrine de Labéon le jurisconsulte Paul oppose immédiatement la sienne : « Bien au contraire, dit-il, car supposons que vous m'envoyiez votre *tabellarius*; moi, je vous adresse une lettre en réponse à la vôtre, et je la confie à votre *tabellarius*; cette lettre devient votre propriété. — Il en sera de même de la lettre que je vous aurai adressée dans votre seul intérêt comme si par exemple vous m'aviez demandé de vous recommander à quelqu'un et que je vous aie envoyé la lettre de recommandation ».

Paul prévoit une espèce vraisemblablement très pratique dans un pays qui ne connaissait, en fait de services postaux à l'usage du public, que la messagerie privée. Le *tabellarius* est un exprès envoyé à Primus, porteur d'une lettre de Secundus, et chargé par ce dernier de rapporter la réponse. Ici, le *tabellarius* est non plus un mandataire de l'expéditeur Primus, mais un mandataire du destinataire Secundus. Or, selon le principe romain de la non-représentation par autrui, le *tabellarius*, mandataire de Secundus, ne peut directement lui acquérir la propriété de la lettre (*Inst.* II, 9 § 5). Et cependant Paul dit expressément : *tuæ fient*, la lettre appartient à Secundus. L'explication est simple. Si le mandant Secundus ne devient pas propriétaire, tout au moins devient-il possesseur par application du principe fameux du même jurisconsulte Paul (*Sentent.* V, 2 § 1) : *Possessionem adquirimus et animo et corpore, animo utique nostro, corpore vel nostro, vel alieno.* Par suite, la tradition ayant eu lieu, et la lettre étant une *res nec mancipi* aussi bien qu'une *res incorporalis,* Secundus obtient du même coup la propriété (1).

Dans la partie finale du texte, Paul imagine une variété de l'espèce précédente : Primus remet au *tabellarius* de Secundus une lettre de recommandation que ce dernier vient de solliciter. On aurait pu penser qu'en raison de la destination ultérieure de la lettre qui est écrite à un tiers, Secundus n'en devenait pas propriétaire. Paul ne distingue pas ; pourquoi ? C'est que cette lettre de recommandation, la tradition en a été faite au mandataire de Secundus avec l'intention chez Primus d'en conférer la propriété à Secundus. à la requête et dans l'intérêt de qui elle a été écrite, et non pas au tiers dont elle porte l'adresse.

Le texte suivant d'Ulpien (D. XLVII, 2 — fg. 14 § 17) qui peut se passer à présent de tout commentaire confirme les décisions de Labéon et de Paul : « Si une lettre que je vous ai envoyée a été interceptée (2), qui aura l'action

___

1. Gaïus (II, § 19) : *Nam res nec mancipi ipsa traditione pleno jure alterius fiunt, si modo corporales sunt et ob id recipiunt traditionem* — et Justinien plus explicitement encore (Inst. II, 9, § 5) : *...per procuratorem, placet... vobis adquiri possessionem... et per hanc possessionem etiam dominium si dominus fecit qui tradidit.* On voit ici par quel détour les jurisconsultes sont arrivés, du moins en ce point, au même résultat pratique que si on avait admis la représentation *per extraneam personam.* Il semble bien que dans les textes cités de Labéon et de Paul ce détour soit indiqué, d'abord par leur seule opposition, ensuite par une différence de rédaction : *Erit ea tua (epistula),* dit Labéon — *tuæ fient,* écrit Paul, marquant ainsi le premier par l'emploi de *esse* une nécessité directe et le second par l'emploi de *fieri* une conséquence plus lointaine.

2. Le fait d'intercepter les lettres et d'arrêter les *nuncii* pour les dévaliser n'était pas rare (Cicéron, *ad Quint.* III, 9, *ad Attic.* VII, 9).

furti ? — Il faut d'abord se demander à qui appartient la lettre, à celui qui l'a envoyée ou à celui qui l'a reçue? Si je l'ai remise à l'esclave de mon correspondant, elle lui est acquise aussitôt : il en est de même si je l'ai remise à son mandataire (on sait que nous pouvons acquérir par l'intermédiaire d'une personne libre) surtout si ce correspondant à intérêt à ce que la lettre lui appartienne. Mais si j'ai envoyé ma lettre, avec l'intention qu'elle me fut retournée, j'en garde la propriété puisque je n'ai voulu ni la perdre, ni la transférer... »

Le législateur romain ne s'est pas soucié d'assurer le *secret* des lettres. La divulgation, qu'elle fût l'œuvre du destinataire ou celle des tiers, ne donnait vraisemblablement ouverture à aucune action; les intéressés étaient sans arme pour obtenir réparation du préjudice causé. Déjà Cicéron (*ad famil.* XV, 16) déplore son impuissance à l'encontre des indiscrets. « Le secret des lettres, dit-il, n'est pas gardé ». Il est peu probable que ces plaintes aient été écoutées et qu'on se soit même seulement préoccupé de la question. Une conséquence de cette lacune dans la législation, c'est que la faculté de publier une correspondance appartient à quiconque est en mesure de le faire. Destinataire et tiers répandent à l'envie des copies dans le public, sans que l'auteur ait le droit de réclamer.

Mais il peut arriver que l'écrivain ou l'artiste travaillant pour leur propre compte (sinon il y aurait louage d'ouvrages), se servent d'une matière qui ne leur appartienne pas. Dans ce cas il semble bien *a priori* que la propriété de l'œuvre sera contestée, et qu'il y aura lieu au profit de l'une ou l'autre des parties en conflit à un règlement d'indemnité. Les principales hypothèses ont été prévues par les textes : on les examinera successivement (1).

I — Architecte. — Des deux éléments que l'architecte emploie pour réaliser son œuvre (le sol qui la porte et les matériaux dont elle est faite) l'un ou l'autre peuvent être la propriété d'autrui. On applique ici le principe suivant: « Tout ce qui s'élève du sol est un accessoire du sol », idée formulée par Gaius: *omne quod inædificatur solo cedit* ou plus simplement encore dans l'adage célèbre : *superficies solo cedit* (2). » Le principe est motivé par la considération que les travaux faits sur le sol ne s'en distinguent plus, en deviennent partie intégrante, et peuvent en être traités dès lors comme l'accessoire.

On distinguera avec les *Institutes* (I, 2 § 29 et 30) deux hypothèses:

1° Propriétaire du terrain, l'architecte construit avec les matériaux d'autrui.

La règle *superficies solo cedit* attribue la propriété de la construction considérée comme un tout indivisible (*universitas ædificii*) au propriétaire du sol, mais sur chacun des matériaux pris isolément (*singulæ res*) porte toujours le droit d'autrui. On distingue, en d'autres termes la construction d'une part, les matériaux de l'autre, bien qu'en réalité ces deux choses n'en fassent qu'une ; on leur attribue une existence juri-

1. Elles sont comprises avec d'autres par certains interprètes sous le nom d'*accession* qui a passé dans notre droit (*Civ.* art. 546 et sq). L'accession constituerait un mode d'acquérir la propriété, qu'on devrait ajouter à la nomenclature classique. L'opinion la plus généralement admise aujourd'hui est que tous les prétendus cas d'accession s'expliquent individuellement par les principes généraux.
2. D. XLI, 1. fg. 7, § 10. *Comment.* II, § 73.

dique et par suite une destinée différentes. Le propriétaire du sol reste maître incontestable de l'édifice, tant qu'il subsiste ; mais aussitôt que par sa ruine ou sa démolition les matériaux ont recouvré leur indépendance, le droit de leur propriétaire, paralysé jusque-là, s'exerce pleinement.

Cette distinction ingénieuse par laquelle on écarte, ou tout au moins on empêche d'aboutir à toutes ses conséquences normales, l'action en revendication du propriétaire ou l'action *ad exhibendum* qui en est ici le préliminaire obligé, remonte à la loi des XII Tables. Elle avait suivant Justinien (*Inst.* II, 2 § 29) « pour but d'empêcher la démolition des édifices ». C'était là une solution de bon sens, dictée par le souci économique de ne pas laisser détruire une valeur souvent importante en pure perte, ou du moins, sans autre profit appréciable pour le revendiquant, que la vaine satisfaction d'aller jusqu'à l'extrême limite de son droit ; en effet la démolition, transformant les matériaux en véritables décombres, en diminuerait notablement la valeur et celle de l'édifice lui-même serait complètement anéantie ; on aurait ainsi pour un résultat bien mince réalisé un mal considérable. Il n'est pas douteux que ce point de vue ait constitué dans le droit ancien la meilleure justification de la règle (1) ; il paraît avoir été également celui des rédacteurs de la loi des XII tables ; par la même disposition, en effet, qui interdisait au propriétaire des matériaux l'action en revendication, ils la refusaient également au propriétaire d'échalas plantés par un voisin dans sa propre vigne (2) ; dans l'un comme dans

1. Voy. D. I, 18, fg. 7; Cod. VIII, 10, *de ædif.* passim et notamment fg. 2 ou s'exprime à propos de constructions privées le souci de l'effet artistique et la crainte que, par elles, *publicus adspectus deformetur.*

2. D. XLVII, 2, fg. 1. : *lignum furtisum ædibus vel \vineis junctum*

l'autre cas, c'est la valeur inutilement détruite ou compromise qui les préoccupe. Leur but ainsi que le fait remarquer Ulpien (*eod. loc.*) est d'empêcher par une loi prévoyante que sous un prétexte quelconque les maisons ne soient détruites et que la culture de la vigne ne reste en souffrance.

Si le propriétaire des matériaux en était réduit sans compensation à attendre l'événement — écroulement ou démolition — qui seul lui permettrait d'exercer ses droits, on pourrait le plaindre de subir une véritable confiscation légale, mais la loi se préoccupe de lui assurer une indemnité immédiate, dont l'obtention toutefois aura pour conséquence de lui retirer la possibilité d'intenter éventuellement la revendication ou toute autre action tendant au même but.

Il faut distinguer deux cas, suivant que les matériaux ont été volés ou non.

a) Les matériaux ont été volés.

1° Le constructeur est de mauvaise foi, c'est-à-dire qu'il est personnellement auteur ou complice du vol; on le traitera comme un voleur. Le propriétaire des matériaux agira contre lui par l'action *furti* et le fera condamner à titre de peine à payer suivant des distinctions connues le double ou le quadruple du préjudice causé; en outre, soit par la *condictio furtiva*, soit même par l'action *ad exhibendum* ou la revendication, il obtiendra réparation. La loi des XII Tables n'empêche pas en effet ces deux dernières actions de s'exercer (1); le constructeur ne

---

neque vindicare... La formule donnée par Gaius (D. XLI, 1, fg. 7, § 10) et reproduite par Justinien est un peu différente : *ne quis lignum alienum ædibus suis junctum eximere cogatur.*

1. V. Ulpien, D. XLVII, 3, fg. 1 § 2 et plus expressément Paul (D. XLVI, 3, fg. 98, § 7, *in fine*) : *lex* XII *tabularum lignum ædibus junctum*

possède plus, il est vrai, les matériaux puisqu'il leur a fait perdre en les employant leur existence individuelle ; mais c'est par son dol qu'il se trouve dans l'impossibilité de les restituer, il est donc traité comme s'il possédait encore par application de la règle célèbre : *Dolus pro possessione agitur.* Seulement ces actions n'auront pas ici leur effet ordinaire qui est d'aboutir à une restitution en nature ; non seulement le *jussum judicis* ne peut être exécuté, mais il semble bien que la loi des XII Tables ne permette même pas de le donner (1). Enfin le propriétaire a la facilité d'agir par l'action de *tigno juncto* dont il va être question à propos du constructeur de bonne foi qu'elle vise plus spécialement ; il n'en usera vraisemblablement pas, car cette action bien moins avantageuse que les actions pénales du vol présente en outre l'inconvénient d'exclure l'exercice de la revendication ou de l'action *ad exhibendum* (2).

2° Le constructeur est de bonne foi (ou, ce qui revient au même, sa mauvaise foi ne peut être prouvée) c'est-à-dire qu'il ignore que les matériaux ont été volés ; dans ce cas, le propriétaire ne peut agir que par une action spéciale créée par la loi des XII tables, l'action de *tigno juncto*, par laquelle il obtient le double de la valeur des matériaux (3).

b) Les matériaux n'ont pas été volés ; par exemple, le constructeur est l'ayant cause d'un dépositaire, d'un créan-

vindicari posse sit... : ou ailleurs (D. VI, 1. fg, 23 § 6) : *lignum alienum ædibus junctum nec vindicari potest... nec eo nomine ad exhibendum agi, nisi adversus eum qui niens alienum junxit ædibus.*

1. Argument du texte précité de Paul : *sed interim id (lignum) solci prohibuit (lex duodecim tabularum) pretiumque ejus dari voluit...*

2. Cela résulte bien du texte précité des Institutes, mais Ulpien dit expressément le contraire : D. XLVII, 3, fg. 2.

3. Inst., *loc. cit.*, Gaius, D. XLI, 1, fg. 7, § 10.

cier gagiste, d'un locataire, etc.; il pourra conformément, au droit commun être tenu des mêmes actions que son auteur; à leur défaut, peut-être faut-il pour qu'il soit indemnisé de la perte éprouvée accorder au propriétaire une action *in factum* malgré le silence des textes. Observons, en effet, 1° que si le propriétaire était complètement désarmé, le constructeur s'enrichirait au dépens d'autrui ce qui est inadmissible (1); 2° que dans une hypothèse analogue et, par les textes, rapprochée de la nôtre (2), une action *in factum* est accordée dans des conditions semblables. Il s'agit de l'adjonction. Deux objets mobiliers appartenant à des propriétaires différents sont unis en sorte que l'un ne soit plus que l'accessoire de l'autre; si la séparation matérielle qui restituerait à chacun d'eux son individualité est impossible, comme le tout est attribué au propriétaire de l'objet principal, il est « nécessaire », dit Paul, qu'il soit tenu d'une action *in factum* à l'égard du propriétaire dépouillé (3).

2° Propriétaire des matériaux, l'architecte construit sur le terrain d'autrui.

Ici encore, s'applique la règle *Superficies solo cedit* : la propriété de l'édifice passe au maître du terrain. Quant au droit éventuel du constructeur sur les matériaux et à l'indemnité qui peut lui être attribuée, il faut distinguer suivant qu'il est de bonne ou de mauvaise foi.

a) Le constructeur est de bonne foi, c'est-à-dire qu'à tort

1. Pomponius, D. L, 17, fg. 206.
2. Paul, D. VI, 1, fg. 23 § 5 et 6.
3. Remarquons cependant que cette action est refusée dans l'hypothèse inverse : le constructeur de bonne foi sur le terrain d'autrui, qui a perdu la possession, ne peut obtenir d'indemnité pour les matériaux qu'il a employés (v. plus loin p 118 et 119).

ou à raison il se croit propriétaire du terrain. Suivant une distinction développée dans la précédente hypothèse et qui semble, ici, lui avoir été empruntée, tant que la construction subsiste, le droit du propriétaire des matériaux sommeille, pour ainsi dire ; mais si on la démolit ou qu'elle se désagrège, il se réveille et s'exerce sans difficulté. Sans attendre cet événement peut-être fort éloigné, le constructeur de bonne foi peut-il obtenir une indemnité pour ses matériaux et sa main-d'œuvre perdus (*pretium materiæ et mercedes fabrorum* (1)? Distinguons :

S'il est en possession, à la revendication du propriétaire il opposera l'exception de dol. L'insertion de cette exception dans la formule n'aura pas pour effet, comme l'indiquent les *Institutes* d'après Gaius (2), d'amener dans tous les cas le propriétaire à payer au constructeur l'intégralité de ses dépenses en matériaux et main-d'œuvre. mais bien de permettre au juge de régler le conflit en pure équité, variant ses décisions ainsi que le dit Celsus (3) suivant les espèces ou les parties en cause (*ex personis causisque*). On veut que le propriétaire puisse se libérer, soit en remboursant la dépense, même inférieure à la plus-value acquise par le fonds, soit en payant la plus-value même inférieure à la dépense. C'est là une solution fort équitable ; peut-être intervient-elle le plus souvent, mais on incline à penser que le juge, plutôt que d'obéir ainsi à un principe fixe, s'inspirait dans chaque affaire des convenances et des intérêts des parties ; ne le voit-on pas, par

1. C. I, 32, l. 2.
2. Inst. I , 2, § 30) et Gaius, D. XLI, I, fg. 7, § 12.
3. D. VI, 1, fg. 38.

exemple dans certains cas, aller jusqu'à permettre au constructeur d'enlever tout ou partie de l'édifice (1) au mépris de la règle : *Superficies solo cedit* qui domine cependant toute cette matière ?

Si le constructeur n'est pas en possession, il n'a directement aucune action pour obtenir une indemnité ; ici les textes sont unanimes (2). Leur motif est qu'entre le propriétaire du terrain et le constructeur qui construit sur ce terrain avec ses matériaux n'est intervenu aucun contrat, aucun fait assimilable à un contrat (*nullum negotium*, dit Julien), et, par conséquent, que l'un ne peut être tenu de quoi que ce soit à l'égard de l'autre. La rigueur de cette doctrine qui viole manifestement la règle que nul ne doit s'enrichir sans cause au dépens d'autrui (3) était dans la pratique très atténuée. Ne pouvait-il pas arriver, en effet, que le constructeur en exerçant les interdits *unde vi, uti possidetis*, reprit, même contre le propriétaire, la possession et avec elle la possibilité d'opposer comme tout à l'heure l'exception de dol à la revendication? Ne pouvait-il pas la recouvrer encore des mains d'un tiers possesseur par l'action publicienne s'il était en situation d'y recourir? et s'il intentait cette action contre le propriétaire lui-même ne pouvait-il pas faire insérer dans la formule, en réponse à l'*exceptio justi dominii* une *replicatio doli* qui lui procurerait ici le même avantage que l'exception de dol?

b) Le constructeur est de mauvaise foi. Dans la doctrine

----

1. Voy. D. *loc. cit.* et Paul, fg. 27, § 5.
2. Paul, D. XLIV, 4, fg. 14. Papinien, D. VI, 1, fg. 48, Julien, D. XII, 6, g. 33.
3. D. L, 17, fg. 206.

classique, reproduite par Justinien d'après Gaius (1) le constructeur est présumé avoir eu l'intention d'abandonner les matériaux au propriétaire du sol; il perd définitivement la propriété si bien que même après la destruction de l'édifice il ne serait pas admis à les revendiquer; enfin toute indemnité lui est refusée, car on peut lui reprocher la faute qu'il a commise en construisant étourdiment sur un terrain qu'il savait appartenir à autrui. De ces deux conséquences la rigueur de la première est adoucie par une constitution d'Antonin Caracalla (2) qui autorise à opposer à une présomption, qui jusque-là ne l'admettait pas, la preuve contraire en permettant au constructeur de revendiquer les matériaux de l'édifice détruit à la charge de montrer qu'il n'a pas agi *animo donandi* (si *non donandi animo ædificia alieno solo imposita sint*). Quant à la deuxième, Ulpien (3), dont l'opinion est confirmée par une constitution de Gordien (4) concède un tempérament; il permet au constructeur d'enlever son œuvre, à la condition que le propriétaire du fonds n'en éprouve aucun dommage (*sine dispendio domini areæ*).

II. — Sculpteur. — Avec une matière — or, argent, bronze, marbre, argile, etc. — qui, en tout ou en partie, ne lui appartient pas et sans l'assentiment du propriétaire, le sculpteur crée son œuvre — statue, vase, objet d'art quel-

1. Inst. II, 2, § 30, Gaius, D. XLI, 1. fg. 7, § 12.
2. Code III, 32. 1. 2.
3. D. VI, 1, fg. 37. Suivant Pellat (*Propriété*, p. 263) et Antoine Favre (*Rational. in Pandect.*), la dernière phrase du texte depuis *sed hoc*, etc... aurait été ajoutée par les commissaires de Justinien.
4. C. III, 32, c. 5.

conque (1). — A qui sera la propriété? — Quelle indemnité obtiendra la partie évincée? On répondra successivement à ces deux questions.

— 1° Propriété.

A). — L'artiste emploie une matière qui appartient en totalité à autrui.

En fait, après sa transformation sous les doigts de l'artiste, il demeure la même matière qu'avant; elle a pu augmenter ou diminuer de volume, elle a changé de forme, d'aspect, de nom, de valeur même... c'est toujours le même bois ou le même marbre. Mais si on se place à un point de vue moins matériel et peut-être plus juste, ne peut-on prétendre qu'entre le bloc de pierre et la statue qui en est extraite il y a une différence pour ainsi dire, *de nature?* Une chose nouvelle est née, qui réside tout entière dans cette forme créée par l'artiste, dont la matière n'est que le prétexte en quelque sorte et l'accessoire.

Ces deux thèses de métaphysique (2) ont divisé les jurisconsultes romains et chacune des deux grandes écoles auxquelles la plupart se rattachaient, en adopta une, tandis que sa rivale défendait l'autre (3). Les raisons invoquées de part et d'autre dans ce débat qui dura longtemps ne sont pas toutes connues, elles relevaient probablement de conceptions théoriques particulières à chaque école; or,

1. C'est là une des nombreuses hypothèses comprises par les interprètes sous le nom de : *spécification;* on désigne ainsi la transformation d'une matière première en une *nova species.* Les Instituts (II, 2 § 25) nous en donnent plusieurs exemples.

2. Il s'agit de savoir si *forma aut materia dat esse rei.* Gaius (II, § 79) dit expressément que dans ce débat c'est à la raison naturelle (*naturalis ratio*) qu'il faut recourir; or on sait la signification philosophique de ce terme d'école.

3. Gaius. *loc. cit.* et D. XLI, 1 fg. 7 § 7. Inst. II, 2 § 25.

c'est encore une question assez obscure que l'histoire des idées et des controverses des Sabiniens et des Proculiens. Tout ce qu'on peut dire (1) c'est que les premiers, en général, attribuaient l'œuvre au propriétaire de la matière par la raison, dit Gaius (*loc. cit.*) que « sans cette matière, la forme nouvelle ne pouvait être réalisée » tandis que les Proculiens la conservaient à l'artiste parce que l'œuvre même n'était « avant lui la propriété de personne ». Peut-être la doctrine sabinienne répondait-elle plus exactement au sentiment public sur ce point. Qu'on veuille bien peser la réflexion suivante de Quintilien (*Inst. orat.* II, 19, 3) ; ne semble-t-il pas attribuer à la matière première dans une œuvre d'art une importance et une valeur excessives ? : « Si Praxitèle, dit-il, avait essayé de tirer une statue d'une pierre meulière, je préférerais un *bloc non taillé* de marbre de Paros. » Il ajoute tout de suite il est vrai : « mais si l'artiste avait fait de ce bloc de marbre un chef-d'œuvre, la valeur de celui-ci serait dans le travail du sculpteur plus que dans le marbre ».

Entre les deux doctrines opposées, une doctrine intermédiaire (*media sententia*) se fit jour qui faisait la part de l'une et de l'autre, en les conciliant. Si la matière, après avoir été soumise au travail de l'artiste, peut reprendre intégralement sa forme primitive (2), elle reste à son propriétaire ; il semble difficile en effet de le priver d'une

1. Toute cette matière est pleine d'incertitudes ; si l'on veut aboutir à donner des règles précises, on est forcé de négliger certaines contradictions que les textes révèlent. Ici, Paul admet la doctrine éclectique de Justinien (D. XLI, 1 fgg. et 26 pr.) ; ailleurs, il s'en inspire, mais en la modifiant (Dig. X, 4 fg. 12 § 3). On voit Sabinus donner deux solutions proculiennes, (D. L, 16 fg. 13 § 1 ; — XIII, 7. fg. 18, § 3).

2. Exemples : un vase d'argent, une statue de bronze, un objet d'art résultant de la fonte d'un métal quelconque, etc.

chose qu'il est possible de lui faire recouvrer telle qu'il la possédait antérieurement ; c'est la doctrine sabinienne. Mais si la matière ne peut être ramenée à sa première forme (1), on décide qu'il y a une *nova species*; elle appartiendra à l'artiste qui l'a créée conformément à la doctrine proculienne. Ce système est rapporté par Gaius (*loc. cit.*) qui semble (2) y adhérer; c'était celui du jurisconsulte Paul, et Justinien le consacre dans ses *Institutes* (3).

B). — L'artiste emploie une matière qui, pour partie seulement, est la propriété d'autrui.

Cette hypothèse doit être réglée selon les mêmes principes que la précédente.

Dans la doctrine sabinienne qui attribue la chose au propriétaire de la matière, l'œuvre appartiendra aussi bien à l'artiste, puisqu'il a fourni une partie de cette matière, qu'à celui qui était propriétaire de l'autre partie; elle restera commune entre eux (4). Dans la doctrine proculienne (attribution de la chose à celui qui l'a transformée) l'œuvre appartiendra à l'artiste. Justinien qui devrait décider conformément au système mixte qu'il avait adopté, revient ici à la solution proculienne. L'artiste, selon lui, que l'œuvre puisse être ramenée ou non à sa forme première, en garderait la propriété dans tous les cas, parce qu'il a fourni « non seulement son travail, mais encore une partie

1. Exemples : une statue de marbre, une pierre précieuse taillée, un objet d'art sculpté au ciseau, etc.

2. Argument du mot *recte* (*eod. loc.*), à moins que ce mot ait été interpolé par Justinien, désireux d'appuyer d'un plus grand nombre d'autorités la doctrine qu'il avait adoptée. On le croirait volontiers à constater le silence gardé par Gaius à l'égard de cette doctrine dans son ouvrage d'enseignement (ses *Institutes*) où il se contente de rapporter la controverse entre les Sabiniens et les Proculiens sans prendre parti.

3. Dig. XLI, 1 fg. 24 et 26 pr. Inst. II, 2 § 25.

4. Dig. VI, 1 fg. 5 § 1.

de la matière (*Inst.* II, 2, § 25). » Cette décision est inconcevable; peut-être entre-t-il quelque équivoque dans le langage de Justinien; on suppose qu'il aurait entendu viser seulement le cas où la décision proculienne doit être appliquée, c'est-à-dire celui où la matière ne peut reprendre sa forme antérieure. La preuve semble en résulter surtout de ce que tous les exemples qu'il cite se réfèrent à cette hypothèse (1). Dans le cas ou l'on décide que l'œuvre restera la propriété commune de l'artiste et du propriétaire partiel de la matière, l'*actio communi dividendo* pourra faire cesser l'indivision dans les conditions ordinaires. Au cas où la matière peut être facilement ramenée à son état premier, et quand la distinction est aisée de ce qui a été fourni par l'un et par l'autre, il semble naturel de décider que, sans passer par l'indivision, chacun conservera simplement sa propriété. Tel est le sentiment de Callistrate : « Si on a fabriqué, dit-il, un objet avec du bronze qui est à moi et de l'argent qui vous appartient, cet objet ne sera pas notre propriété commune, parce qu'il est composé de matières différentes que l'art peut séparer et ramener à leur état premier. » Callistrate n'aurait-il pas en vue l'opération, désignée sous le nom de *plumbatura ?* C'est la soudure de deux métaux à l'aide d'un troisième qui est ordinairement le plomb; il est bien certain, dans ce cas, que l'indépendance des deux matières est complète puisqu'elles ne sont pas reliées directement l'une à l'autre. Au contraire quand la soudure est immédiate et sans intermédiaire

---

1. Ailleurs (Inst. II, 2 § 2, in med.) Justinien décide que la *nova species* reste commune aux deux propriétaires de la matière, ce qui est conforme à la doctrine sabinienne. Faut-il croire qu'il ne s'est pas préoccupé, pour ce cas, de tirer toutes les conséquences de la doctrine mixte qu'il avait adoptée ?

(*ferruminatio*) la séparation est désormais inconcevable; si la partie ajoutée venait même à se détacher « elle ne pourrait pas retourner à son propriétaire (1) ».

Observons que la matière d'autrui employée par l'artiste peut entrer dans son œuvre comme élément accessoire ou principal; en ce cas on applique la règle : *accessorium sequitur principale :* on décide que l'œuvre suit le sort de la portion principale (2). C'est par exemple, une œuvre qui est adaptée à un vase, un ornement en relief à une coupe, un bras à une statue (3), etc... L'individualité de la pièce rapportée se perd dans l'œuvre totale; elle ne peut plus en être distinguée, ni séparée parce que, dit Paul, précisément à propos du dernier exemple cité : *tota statua uno spiritu continetur.*

— 2° Indemnité.

Elle est fondée sur ce principe que nul ne peut s'enrichir aux dépens d'autrui.

Distinguons deux cas :

1° La propriété de l'œuvre est attribuée à l'artiste.

a) Le propriétaire de la matière est en possession. Il obtiendra ce qu'il a perdu en opposant à la revendication de l'artiste l'exception de dol.

b.) Le propriétaire de la matière n'est pas en possession. La bonne foi de l'artiste est certaine; il ignorait que la matière employée appartenait à autrui. Dans ce cas, il reste tenu d'une action *in factum* (4). S'il a été de mauvaise

1. Dig. VI, 1 fg. 23 § 5. Voy. des espèces analogues : Dig. X, 4 fg. 6.
2. Inst. II, 2 § 26.
3. Dig. X, 4 fg. 7 § 2. VI, 1 fg. 3 § 5. L'industrie artistique romaine connaissait ces pratiques. Voy. nombreux exemples cités par Friedlaender, *op. cit.* IX, 2 §2.
4. Dig. Idem, fg. 23, § 5 : *in factum actio necessaria est.*

foi, le propriétaire agira contre lui par l'action *ad exhibendum* qui lui permettra d'obtenir soit la séparation et la représentation de la matière qui lui appartenait au cas où elles seraient possibles et permises (dans ce cas l'action *ad exhibendum* sera le préliminaire de la revendication), soit simplement la valeur de cette matière augmentée de l'intérêt qu'il avait à n'en être pas dépouillé (1). Il est évident que s'il y avait eu vol le propriétaire aurait l'action *furti* et la *condictio furtiva* (2).

— 2e La propriété de l'œuvre est attribuée au propriétaire de la matière.

— L'artiste est-il en possession? s'il est de bonne foi, à la revendication du propriétaire, il opposera l'exception de dol; son travail sera rétribué (3). Dans toute autre hypothèse, s'il est de mauvaise foi ou si le propriétaire est en possession, aucune indemnité ne peut lui être accordée.

III. — Peintre. — Sur la planche ou sur la toile d'autrui (pour se borner à l'espèce pratique seule prévue par les textes) à l'insu du propriétaire, un peintre exécute un tableau. Les mêmes questions se posent encore ici : Qui est propriétaire? Quelle indemnité est due à la partie évincée?

1° — Propriété.

Il semble qu'on eut dû considérer, ainsi que précédemment (tout au moins dans la doctrine des Proculiens) le travail de l'artiste comme ayant créé une *nova species* et, pour cette raison, attribuer à l'artiste la propriété de son tableau. Par une anomalie singulière, qui montre bien

1. Dig. VI, 1. fg. 23 § 5 et X, 4, fg. 6.
2. Inst. II, 2 § 26 *in fine* et Gaius, II, 79.
3. Dig. VI. 1 fg. 23 § 4.

l'incertitude des doctrines romaines en cette matière, on s'était uniquement fondé sur le principe *accessorium sequitur principale*, assimilant le cas du peintre à celui du constructeur sur le terrain d'autrui.

La question était alors de savoir quel était l'accessoire de la planche ou de la peinture puisque au propriétaire du « principal » devait revenir l' « accessoire ». L'opinion la plus généralement admise attribuait la propriété du tableau au peintre (1). Justinien l'adopte (*Inst.* II, 2. § 34) : « Il est ridicule en effet, dit-il, de traiter l'œuvre d'un *Apelles* ou d'un *Parrhasius* comme l'accessoire d'une planche sans valeur. » Paul l'attribuait au contraire, peut-être avec la majorité des jurisconsultes de son temps, au propriétaire de la planche, parce que, dit il, quelle que soit la valeur de la peinture, « sans la planche elle n'existerait pas (2) ».

— 2° Indemnité.

Puisque la propriété du tableau est attribuée au peintre, l'indemnité est due au propriétaire de la planche; distinguons deux cas, suivant que le peintre est ou non en possession du tableau.

A) Le peintre n'est pas en possession du tableau. A sa revendication, le propriétaire opposera l'exception de dol afin d'obtenir le *pretium tabulæ* (3).

B) Le peintre est en possession du tableau.

1. Gaïus. II, § 78 : *magis enim dicitur.* — Dig. XLI, 1. fg. 9, § 2..
2. D. VI, 1 fg. 23, § 3. Argument du mot *quidam*. On remarquera la raison invoquée; c'est précisément la même qui justifie la doctrine sabinienne : *quia sine materia nulla species effici possit*, disent les Sabiniens (V. plus haut p. 122), et Paul de son côté : *quod sine illa* (*tabula*) *esse non potest* (*pictura*). Faut-il croire à un retour de la théorie dite de la spécification ?
3. Instit. II, 2 § 34 *in med.* — Gaïus. D. XLI, 1. fg. 9, § 2.

1° Il est de bonne foi ; comment le propriétaire pourra-t-il obtenir une indemnité? par l'action en revendication *utile*, c'est-à-dire donnée en dehors des principes. Le peintre a le choix entre deux partis : ou bien opposer l'exception de dol, et accepter de restituer moyennant le prix de la peinture, — ou garder le tableau ; dans ce dernier cas, la *reivendicatio utilis* étant une action arbitraire, le juge devra apprécier *ex æquo et bono* et condamner en conséquence le peintre à payer le *pretium tabulæ* (1).

2° Il est de mauvaise foi ; le propriétaire pourra intenter contre lui toutes les actions qui naissent du vol, mais sans lui enlever la propriété puisqu'elle lui est déjà reconnue.

IV. — Ecrivain. — Sur le papyrus ou le parchemin d'autrui, un auteur écrit son œuvre. Ainsi que pour le peintre, il semble qu'on devrait attribuer ici à l'écrivain la propriété du manuscrit. En effet même en décidant d'après le principe : *accessorium sequitur principale* (2), l'écriture ne peut pas plus être tenue pour l'accessoire du papier, que la peinture pour l'accessoire de la toile. Cependant sans qu'aucune raison valable puisse être donnée (Gaius le constate lui-même (3)) de cette singulière

1. Inst. II, 2 § 34. Gaius II, § 78. D. XLI, 1 fg. 9 § 2.

2. Les Romains ont assimilé le fait de l'écrivain comme celui du peintre à la construction sur le terrain d'autrui. Justinien le dit expressément. (Inst. II, 2 § 33). Il était plus conforme à la réalité d'y voir une véritable spécification.

3. Gaius. II, § 78; *cujus diversitatis vix idonea ratio redditur.* — « La véritable explication, dit M. Demangeat (*Cours élémentaire de droit romain*, 3ᵉ édition, I, p. 473) se rattache à la différence qu'on est forcé de reconnaître entre l'écriture et la peinture. L'écriture par elle-même n'a aucune valeur; elle est seulement un signe; elle est le moyen le plus commode et le plus sûr de fixer la pensée, de conserver une

divergence, les deux espèces reçurent des solutions opposées. Le manuscrit « fut-il écrit en lettres d'or », qu'il s'agisse « d'un poème, d'un discours, d'une histoire (1), » appartient au maître du papyrus et du parchemin. L'écrivain n'a droit qu'à une indemnité (*impensas scripturæ*).

Distinguons deux cas, suivant qu'il possède ou non le manuscrit.

A) L'écrivain possède le manuscrit.

1° Il est de bonne foi. — A l'action en revendication intentée par le propriétaire, il opposera l'exception de dol pour se faire payer une indemnité. Que représentera-t-elle? les *impensas scripturæ*, disent Gaius et Justinien. Si l'on veut préciser, il faut raisonner par analogie avec l'espèce du constructeur sur le terrain d'autrui; on sait qu'elle se règle de même principe et Justinien semble inviter lui-même au rapprochement (argument du mot :

œuvre littéraire quelconque; mais cette œuvre littéraire existe très bien indépendamment de toute écriture.

Au contraire un tableau n'est pas seulement un signe; il est l'œuvre tout entière; détruisez-le, et, de l'œuvre il ne restera plus rien. C'est en se plaçant à ce point de vue qu'il est permis de dire que l'écriture n'est pas un accessoire, tandis que la peinture doit être considérée comme une chose principale ».

1. Inst. II, 2 § 33, Dig, XLI, 1, fg. 9 § 1, Gaius, II, § 77. Il peut paraître étrange de trouver dans le Digeste et jusque dans les Institutes une espèce, qu'on croirait volontiers imaginée à plaisir par les auteurs, plutôt qu'offerte par la pratique. On ne devait pas voir fréquemment, semble-t-il, le propriétaire d'un papier s'adresser aux tribunaux pour en obtenir la restitution de celui qui l'aurait employé à son usage. On s'étonnera moins si l'on sait quelle sorte de produit précieux était le papyrus dans l'antiquité; voici un simple fait : On le tirait (le papyrus), uniquement d'Egypte; si la récolte une année se trouvait mauvaise, la disette se faisait sentir au point d'occasionner des troubles; sous Tibère, ils furent tels qu'il fallut commettre des censeurs pour opérer une répartition et réserver la quantité nécessaire aux services publics. (Pline. *H. nat.* XIII, 89).

quoque § 23). Dans le cas symétrique du nôtre (constructeur de bonne foi en possession de l'édifice élevé avec ses propres matériaux sur le terrain d'autrui), on a vu le juge jouir d'une large faculté d'appréciation et régler le conflit en pure équité, variant ses décisions, dit Celsus, (*D.* VI, 1 fg. 38) « selon les espèces ou les parties en cause ». De même, pour apprécier le montant de l'indemnité, le juge s'inspirera des circonstances de fait, des convenances, des intérêts, de la qualité, de la personne même des parties ; il usera d'autant mieux du libre pouvoir qui lui appartient qu'il s'agira d'estimer un travail, dont la nature même rend l'évaluation délicate (1).

2° Il est de mauvaise foi. — L'écrivain ne pourra rien opposer à la revendication, toute indemnité lui sera refusée. Telle est du moins la rigueur de la doctrine classique pour le constructeur de mauvaise foi (2) et rien ne nous permet de supposer que les corrections spéciales qu'elle subit plus tard, puissent être étendues à notre espèce. Il restera toujours à l'écrivain la possibilité d'obtenir un délai avant de restituer, ce qui lui permettra de prendre copie du manuscrit.

B) L'écrivain ne possède plus le manuscrit.

Qu'il soit de bonne ou même peut-être de mauvaise foi, on lui donnera — dernière ressource — une action *in factum* ; cette concession semble résulter de deux textes.

1. On admettrait même aisément qu'ainsi qu'il autorisait (sans se préoccuper du principe *superficies solo cedit*) le constructeur à enlever tout ou partie de l'édifice, il allait jusqu'à permettre à l'auteur au mépris de la règle ; *accessorium sequitur principale* d'effacer les caractères et de faire disparaître l'écriture du parchemin.

2. Elle doit s'appliquer ici d'autant mieux qu'elle semble bien résulter par *a contrario* du texte cité de Gaïus. D. XLI, 1 fg. 9, § 21.

Le premier, déjà cité (*D.* VII, fg. 23 § 4), pose le principe suivant: toutes les fois qu'en pareille matière (il s'agit de cas d'accession) la revendication, l'action *ad exhibendum* ou toute autre action réelle n'est pas possible, on a recours à une action *in factum* (*actio in factum necessaria est*). Le deuxième est de Julien, cité par Ulpien (1). Julien suppose qu'on a écrit ou fait écrire des comptes sur un registre qui est en la possession d'un tiers. « Si le registre m'appartient, dit-il, je peux revendiquer mes comptes ; les écritures portées sur mon registre sont comme lui ma propriété ; mais si le registre ne m'appartient pas, je ne peux intenter ni la revendication, ni l'action *ad exhibendum*, j'ai *donc* droit à l'action *in factum*, (*in factum igitur mihi actionem competere*) ».

1. D. XIV, fg. 3, § 14.

CHAPITRE II

Etant donné le manuscrit d'une œuvre littéraire, on veut examiner quels moyens s'offrent à l'auteur romain pour la répandre dans le public, et en second lieu si cet auteur retirera quelque avantage matériel d'une diffusion de ses écrits.

Il ne saurait être question de décrire ici les opérations successives de la fabrication d'un livre. Elles étaient nombreuses et complexes, on le devinerait rien qu'à la richesse du vocabulaire technique de la librairie romaine. Pour fonder certaines inductions, quelques notions préalables sont cependant nécessaires; on insistera surtout sur celles qui soulignent l'importance de la librairie antique.

On est trop aisément tenté de croire que l'extrème diffusion du livre date de l'imprimerie : « La publicité litté-

1. Bibliographie : Mommsen et Marquardt. *op. cit.* XV, p. 500 et sq. — Friedlaender. *op. cit.* X. — Dezobry. *op. cit.* III, lettre 80. — L. Preller dans Pauly. *Encycloped. réelle* (all.), mot : *libri.* — Lévy Maria Jordao. *De la propriété littéraire chez les anciens.* (*Rev. critiq.* XX. p. 441 et sq.) — Breuller. *Réponse au Mémoire de M. Jordao. Rev. critiq.* XXI. p. 85. — J. F. Eckard. *Exercitatio critica de editione librorum apud veteres,* in-4°, — Schöltgen. *De librariis et bibliopolis,* Leipsig, 1710. — C. G. Schwarz. *De ornamentis librorum et varia rei librariæ veterum supellectile* (éd. Leuschner). Lipsiæ. 1756. — Manso. *Ecrits et Mémoires divers* (all), Breslau, 1821. — Morelli. *Les écrivains dans l'antiquité romaine* (ital.), Milan, 1822. — Nodier. *Questions de littérature légale,* 2ᵉ édit., 1828, — F. A. Pic. *Dissertation sur la propriété littéraire et la librairie des anciens,* Lyon, 1828. — Renouard. *Traité des droits d'au-*

raire, disait E. Despois (1) (à Rome) est presque tout entière réduite à la parole parlée. On lisait peu parce qu'il y avait peu de livres : le livre le plus répandu n'avait toujours qu'un nombre restreint d'exemplaires et chacun d'eux coûtait fort cher ».

Autant d'affirmations dont il faut prendre exactement le contre-pied si l'on veut être près de la vérité.

En lisant les détails donnés par les auteurs romains à ce sujet, on est surpris de se trouver en présence d'une industrie fonctionnant avec une régularité parfaite : dimensions des rouleaux, formats, caractères, types d'écritures, suivant la nature de l'ouvrage, tout jusqu'aux distances interlinéaires et aux espaces marginaux obéit à des règles précises et uniformes. De plus la production est énorme et incessante ; il est difficile d'en donner une idée ; elle a fait

teurs, 1833, I, p. 8 et sq. — H. Giraud. *Essais sur les livres dans l'antiquité et particulièrement chez les Romains.* Paris, 1810. — Martin Hetz. *Ecrivains et public à Rome* (all.), Berlin, 1853. — F. Schmitz. *De Bibliopolis romanorum.* Saarbrucken, 1857, in-4°. — Becker. Gallus, II, 1863, 2ᵉ excursion, p. 452. — Hermann Gœll. *Dissertations sur la librairie chez les Grecs et chez les Romains* (all.), Schliez, 1865. — Clément. *Etude sur le droit des auteurs, précédée d'une dissertation sur la propriété littéraire chez les Grecs et les Romains* (thèse), Grenoble, 1867. — Caillemer. *Etude sur les antiquités juridiques d'Athènes.* 6ᵉ étude. *La propriété littéraire à Athènes,* Paris, 1868. — Riemann. *Etude sur les livres et leur diffusion chez les anciens* (grec) dans 'Εσπ̛x, 1878, n° 11. — Pousonailhe. *La propriété littéraire à Rome,* 1879 (th), Toulouse. — Ancillon de Jouy. *De la propriété littéraire à Rome,* 1880 (thèse), Nancy. — E. Egger. *Histoire du livre depuis ses origines jusqu'à nos jours,* Paris, 1880. — Malapert, *Histoire abrégée de la législation sur la propriété littéraire avant 1789,* Paris, 1881. — Th. Birt. *La librairie antique dans ses rapports avec la littérature.* (all.), Berlin, 1882. — K. Cumpfé. *Si les écrivains romains recevaient une rétribution de leurs libraires.* Voyez *Compte rendu* de Haenny dans le *Journal de philologie* de Berlin, n° 148, 29 nov. 1884. — Haenny. *Les écrivains et les libraires dans l'ancienne Rome* (all.), 2ᵉ édit., Leipsig, 1885. — J. Collin. *Le droit des auteurs et des artistes en droit romain, en droit français et en droit international* (Th.). Rennes, 1894.

1. *Les écrivains à Rome,* R. D. M. août 1859, p. 779.

l'étonnement de tous ceux à qui une étude attentive a permis de comparer l'immensité des résultats avec la faiblesse apparente de l'outillage. « Si l'on réfléchit, dit Giraud, au grand nombre d'auteurs grecs et latins dont les ouvrages quoique mutilés pour la plupart, sont parvenus jusqu'à nous; au nombre bien plus considérable de ceux que nous ne connaissons que de nom et dont les travaux sont entièrement perdus, enfin à la foule innombrable des écrivains de bas étage dont le nom même n'a pas survécu à leurs productions éphémères, on se demande avec surprise comment une littérature si riche a pu subsister avec des moyens de publication nécessairement fort restreints, comment le faible roseau du copiste a pu réaliser une publicité qui ne semble possible qu'à la merveilleuse puissance de la presse (1) ».

Livres. — Il y a deux sortes de livres à Rome : les *rouleaux* et les *livres carrés*. Ou bien on ajoute bout à bout les feuilles de papyrus ou les bandes de parchemin en les enroulant autour d'un bâton (*umbilicus*) — on forme ainsi le *volumen* (rouleau) — ou bien on les superpose en les reliant par un des côtés à la façon des livres modernes (*codex, membrana, tabellæ, etc.*) Cette dernière forme, plus pratique que la première, s'y substitue peu à peu et finit par la remplacer. Omettant les détails de la préparation

1. Veut-on avoir une idée de cette énorme production littéraire dans les deux langues? « Entre le ve siècle avant. J.-C., dit Egger (*op. cit.*, p. 76), et le vi^e siècle après, on compte rien que parmi les Grecs plus de 600 historiens dont 25 ou 30 étaient de premier ordre. » Athenée dans son *Banquet des sophistes* cite plus de 800 auteurs et 1.200 ouvrages. La fécondité de certains écrivains égale ou dépasse même celle des modernes. Marcus Varron avait publié 123, d'autres disent 490 *volumina*, Didyme d'Alexandrie qui vivait au temps d'Auguste plus de 3.500.

matérielle, bornons-nous à la principale opération la copie du manuscrit. Comment s'exécute-t-elle? L'idée qui se présente naturellement à l'esprit est que l'auteur doit faire exécuter lui-même par des scribes un certain nombre de copies de son manuscrit et les distribuer ou les vendre autour de lui; ensuite, chacune d'elles servant de modèle, de copies en copies successives, un chiffre plus ou moins considérable d'exemplaires se trouvera en circulation. C'eut été là un procédé très imparfait et d'une lenteur évidente. On opérait autrement; le scribe n'établissait pas son exemplaire en copiant directement lui-même le manuscrit de l'auteur (plusieurs mains n'auraient pas pu travailler ensemble devant un seul original) mais un lecteur lisait à haute voix et dictait l'ouvrage à des copistes réunis dans une même salle, de sorte qu'il pouvait s'en écrire, en même temps, un nombre considérable d'exemplaires. « Des centaines de scribes écrivant ensemble sous la même dictée, faisaient peut-être, dit Friedlaender, *même en moins de temps*, mais certainement d'une manière beaucoup plus imparfaite, ce qu'une presse exécute aujourd'hui (1) ».

Les tirages devaient être assez forts. Dès l'époque de Cicéron, chez l'éditeur Atticus il ne faut pas moins de trois

---

1. *Op. cit.* IV, p. 67. C'est l'opinion la plus généralement répandue que les livres étaient dictés et non copiés. V. Egger, *op. cit.* p. 20. — Gow et Reinach. *op. cit.* p. 53 et sq. — Mommsen et Marquardt. *op. cit.* XV, p. 502 (en sens contraire V. Haeuny. *op. cit.* p. 139 et sq.). On se fonde sur la nature des erreurs relevées dans les manuscrits par la critique moderne, ce sont des confusions de sons, de lettres, de noms ayant à peu près la même prononciation (*fulmina* pour *flumina, urguere* pour *arguere,* etc.., toutes erreurs de l'oreille plutôt que des yeux et aussi sur le passage de saint Jérôme (*Ep. ad Lucin.*) : « Si donc vous trouvez quelques passages mal copiés, imputez-les non à moi, mais à vos gens et à la sottise de ces copistes qui transcrivent non comme il est écrit, mais comme ils *entendent* ».

copistes pour effacer un seul nom écrit par erreur dans le plaidoyer pour Ligarius. Les éditions à 1.000 exemplaires n'étaient pas rares. « Comme il est fait mention, dit Friedlaender (*op. cit.* IV. 7, 2), d'une édition semblable (à 1.000 exemplaires) pour un écrit de circonstance n'ayant qu'un intérêt purement personnel et tout passager, mis en œuvre par l'auteur à ses propres frais, on peut admettre que les libraires du temps ont dû souvent en faire de bien plus fortes encore d'œuvres de mérite ou en grande faveur. »

Les *volumina* avaient cependant bien moins de texte à dimensions égales que nos livres ordinaires. « Un seul de nos livres imprimés contient huit ou dix fois plus de matière que les volumes manuscrits des anciens; un chant dans les poèmes ou un chapitre dans les livres en prose formait généralement la matière d'un seul volume (1) ». Cependant « aucun des raffinements modernes n'était ignoré de la librairie antique. On exécutait des livres de toute dimension, de tout format, des éditions bijoux, comme nous dirions aujourd'hui, des éditions compactes, des éditions annotées, des éditions illustrées, ou du moins ornées de portraits d'auteurs (2) ».

Le décompte des frais moyens d'une édition est assez difficile à établir (3) on n'a aucune donnée sur les prix respectifs du parchemin et du papyrus, on sait seulement qu'un rouleau de papyrus (un *volumen*) valait 10 as (0 fr.70) à l'époque de Stace et de Martial (4).

---

1. Ménard et Sauvageot *op. cit.* IV, p. 79. **Voy. cependant note à la fin du chapitre, p. 173.**

2. Egger, *op. cit.* p. 31.

3. Sur ce point, voy. : *Lettres d'Egger et Didot* (Revue contemporaine, 15 sept. 1856); Haenny, *op cit*, IV, 4. *Le prix des livres*, p. 110 et 150. A. Schmidt, *op. cit.*, p. 135 et 25. Gœll, *op. cit.*, p. 9.

4. Stace. *Silv.* IV, 9, 9. Il coûtait bien plus cher antérieurement. « En

Le xiiie livre des *Xenia* de Martial se compose de 127 titres de deux mots au plus et de 274 vers ; évidemment pour le contenir un rouleau entier de papyrus n'était pas nécessaire ; aussi chaque exemplaire revenait-il au libraire Tryphon moins de 2 sesterces (0 fr. 15) ; il le vendait 4 sesterces (0 fr. 90), réalisant ainsi un bénéfice de 100 pour 100 (1).

Le premier livre des épigrammes de Martial qui est beaucoup plus long puisqu'il se compose de 119 épigrammes formant ensemble plus de 700 vers, se vendait avec ses ornements 5 deniers (4 fr. 95) ; un gros volume d'une édition à bon marché (*tomus vilis*) allait de 6 sesterces (1 fr. 50) jusqu'à 10 sesterces (2 fr. 20). Observons que Martial trouve ces prix exagérés ; en vendant à moitié prix, suivant lui, Tryphon aurait encore des bénéfices (2).

Librairies. — Originairement la profession de libraire n'est pas distincte de celle de copiste. On appelle ce dernier : *librarius*. C'est lui qui fabrique, copie, et vend les livres. « De même que chez les Grecs, dit Vossius (*Comment. in Catull.*), le scribe (*bibliographus*), le relieur (*bibliopegus*), le marchand (*bibliopola*) n'étaient qu'une seule et même personne, de même à Rome ces trois emplois étaient réunis entre les mains du *librarius* ».

Sous l'Empire apparaît l'éditeur proprement dit. La

valeur actuelle, la feuille de papyrus achetée en 407 av. J.-C., vaut 4 fr. 80, prix d'une feuille de vélin aujourd'hui, et 500 fois le prix d'une feuille de papier couronne (Sal. Reinach. *op. cit.*, p. 42, note 27 ». Le bon marché avait été assuré par les approvisionnements prévoyants de l'administration impériale. (Voy. Vopiscus, *Aurel.* 41).

1. Mart. XIII, 3.

2. Mart. I. 118. On ne saurait donc affirmer avec un auteur, Gastambide, (*Historique et théorie de la propriété des auteurs*, 1862. *Historique*, p. 81), que « le nombre des personnes assez riches pour acheter ces copies devait être excessivement restreint ».

publication comprend trois opérations successives : la copie,
l'affichage ou l'annonce et la mise en vente. Elles sont
toutes trois l'œuvre de l'éditeur.

Atticus fut le premier en date des éditeurs romains.
« Sa fameuse bibliothèque n'était, dit Géraud (*op. cit.* p. 173),
au jugement de tous les commentateurs que sa librairie,
son fonds de magasin. » Cicéron, après quelques tâtonne-
ments, lui confia le soin de publier ses ouvrages (1).

Citons après lui les Sosie, éditeurs d'Horace ; l'affranchi
Secundus ; Tryphon, éditeur de Quintilien et de Martial, le
libraire Dorus, etc.

Il n'y avait pas de libraires qu'à Rome. La province en
était également pourvue. Atticus avait déjà créé des
dépôts en Grèce ; ce commerce avec la province ne fait que
s'étendre, elle recevait non seulement les ouvrages dont
Rome ne voulait plus, mais elle réclamait aussi les livres
en vogue, les nouveautés. Il y a des libraires à Lyon à
Vienne et jusque dans la grande Bretagne.

Dans les bénéfices de cette industrie de la librairie
romaine, née tout entière du travail de l'écrivain, quelle
part lui était faite? Le service qu'il rendait était-il rétribué
et comment ? Telle est la question qu'il reste maintenant à
examiner.

Pour les auteurs dramatiques (2) la réponse ne sau-

1. Voy. G. Boissier : *Atticus, éditeur des œuvres de Cicéron.* Rev. archéo-
logiq. 1863.

2. P. la bibliographie, voy. Daremb. et Saglio, *op. cit.,* V° *comœdia,*
(G. Boissier). E. Hippeau. *Le théâtre à Rome,* 1863. Edelestand du Méril.
Histoire de la comédie, Paris, 1864-69. Ch. Magnin. *De la mise en scène
chez les anciens.* (R. des Deux-Mondes. 1er septembre 1849, 15 avril 1840,
1er avril 1840).

rait être douteuse (1) : la représentation publique de leurs pièces leur a donné droit à une rétribution en Grèce comme à Rome.

Le théâtre a toujours été, dans l'antiquité aussi bien que de nos jours, soumis à l'ingérence de l'Etat.

Chez les Grecs, où le riche a dans l'État en quelque sorte un rôle public, c'était sa fonction de subvenir aux frais des représentations ; en sa qualité de chorège (chef de chœur) il achetait le meilleur poète, comme il achetait la troupe la mieux exercée, afin de gagner le prix sur ses rivaux. Acteurs et poète appartenaient donc ainsi au plus offrant. Plus tard, le système de la chorégie est remplacé en raison de l'élévation croissante des frais par celui de la subvention directe de l'État ; l'archonte choisit les chœurs et le poète, et les paie sur les fonds du Trésor public.

Cette dernière organisation fut adoptée à Rome en même temps qu'apparaissaient sur la scène romaine les imitations de la comédie grecque.

C'est aux jeux seulement, c'est-à-dire d'une manière intermittente, qu'étaient données les représentations dramatiques ; l'ordonnance, la surveillance et la présidence des jeux, la *cura ludiorum* appartenait aux édiles (elle passa sous l'Empire aux préteurs). C'est eux, qui au nom de l'Etat, traitaient avec les troupes d'acteurs et avec les poètes. La caisse des spectacles publics, où ils puisaient, était alimentée par un crédit spécial (*ludiaria pecunia*) et administrée d'abord par les pontifes, plus tard par un délégué de l'empereur (*ab argento scenico magister*). Si le crédit

---

1. Ceux qui nient l'existence d'une sorte de propriété littéraire à Rome, reconnaissent une exception pour le droit de représentation. « Nulle part, dit E. Despois, on ne trouve que les libraires aient acheté leurs ouvrages aux écrivains ; le droit d'auteur n'existait qu'au théâtre (*loc. cit.*, p. 731) ».

ne suffisait pas, les édiles y joignaient leur contribution personnelle. Ils étaient à la fois acheteurs des pièces et censeurs; on les a montrés ailleurs dans leur rôle de censeurs (1); c'est à vrai dire le principal, car les pièces peuvent aussi être achetées par de simples particuliers, candidats aux élections populaires, par des corporations ou même par d'autres magistrats; toute personne a en effet le droit, avec l'autorisation (*rogatores a scena*) et sous la surveillance des édiles, de donner des jeux (*edere*) au peuple romain. Les acteurs eux-mêmes ou le directeur de la troupe (*dominus gregis*) achètent les pièces.

Juvénal (2) nous montre Stace obligé pour ne pas mourir de faim de vendre son *Agave* au mime Pâris. Certains interprètes ont même pensé que les édiles achetaient les pièces mais pour les revendre aux acteurs; il faut plutôt (3) croire, qu'en principe, les acheteurs ordinaires étaient les édiles (4), mais que souvent aussi, soit les acteurs, soit toute autre personne autorisée traitait avec les poètes (5). L'intervention des édiles, soit comme censeurs, soit comme acheteurs se marque dans le titre même de la pièce; voici le début de celui de l'*Andrienne* : « Aux jeux Mégalésiens pendant l'édilité de M. Fulvius et de M. Glabrion, etc. ».

Que l'auteur soit payé par le Trésor public ou par des particuliers, il semble bien qu'il doive toujours présenter

1. V. plus haut, p. 194.
2. *Sat.* VIII, v. 86.
3. Térence (édit. Lemaire, *ad Andrian lit. et Eunuch. prolog*).
4. Térent. *Eunuch. prolog.*, v. 20) « Lorsque les édiles eurent acheté l'*Eunuque*... etc... »
5. Dans le cas cité du poète Stace, il s'agit d'une pantomime que le mime Pâris, lui avait commandée; la pantomime est un genre à part dont l'intérêt réside tout entier dans le jeu de l'acteur; rien de plus naturel s'il achète et paie un livret, qui ne vaut souvent que pour lui et par lui.

sa pièce à l'agrément des édiles. Ceux-ci la lisent eux-mêmes (1) ou confient ce soin à quelque connaisseur éclairé qui donne d'abord son avis comme censeur, puis joue le rôle d'une sorte de comité de lecture en se prononçant sur le succès futur de l'œuvre à représenter (tout au moins quand il s'agit d'une pièce achetée par l'État). Souvent c'est le chef d'une troupe d'acteurs, acteur lui-même, qu'on consulte; intermédiaire naturel entre le poète et les magistrats il répondait vis-à-vis d'eux pécuniairement (2) de l'accueil du public. D'autres fois ce chef de troupe est auteur lui-même, il devient alors son propre fournisseur et traite pour le prix directement avec les édiles ou les éditeurs de jeux (*Plaute, Livius Andronicus,* etc.).

Que vendait exactement l'auteur? Etait-ce le texte même d'une pièce inédite, ou le droit pour l'acheteur à l'exclusion de tout autre, de la représenter soit une seule, soit plusieurs fois, soit encore pendant la durée des jeux, etc? en un mot, s'agissait-il de la vente d'un objet mobilier ou de la cession totale ou partielle de ce que les législations modernes appellent un droit d'auteur? Le plus souvent les pièces sont achetées une fois pour toutes; une des conditions du marché est qu'elles réussissent devant le public; en cas d'insuccès, le prix n'est pas payé ou s'il l'a été, l'auteur doit le rembourser (3). Ces prix sont quelquefois très élevés « peut-être supérieurs en moyenne et toute proportion gardée à ce que reçurent Corneille et Racine

---

1. Ils ordonnent même parfois devant eux une représentation d'essai. (*Terent Eunuch. prolog.,* v. 22).

2. Hecyr. prolog II 4°; « *si abjecta fabula a me pretium quod numeraverint repetant* ».

3. Térence, *Hécyr. prolog.* II, v. 55.

pour leurs chefs-d'œuvres (1) » Térence eut pour une seule représentation de l'*Eunuque* 8.000 sesterces (1.552 fr. 10) (2), le poète tragique Varius, un million de sesterces pour son *Thyeste* joué aux fêtes de la célébration du triomphe d'Actium, etc. Mais on a des exemples de pièces achetées et payées de nouveau à leurs auteurs après une première représentation : l'*Eunuque* de Térence, nous dit le commentateur Donat (3), obtint tant de succès qu'il fut vendu une seconde fois (*ut rursus esset vendita*) et traité comme si il était inédit (*et ageretur iterum pro nova*) ; — c'est là un fait exceptionnel.

A vrai dire, il s'agit plutôt d'un salaire attribué à l'auteur dramatique pour son concours que de la reconnaissance d'un véritable droit. Peut-être l'édit ou règlement que les édiles publiaient comme les autres magistrats romains, contenait-il quelques prescriptions pour sauvegarder les droits des directeurs de troupes et des auteurs et ménager les intérêts de chacun? Nous l'ignorons. Ce qu'il y a de certain, c'est que, si elles existaient, de pareilles dispositions isolées dans la législation générale, n'ont jamais été formulées par les jurisconsultes en une théorie juridique; il n'est pas fait au Digeste même une allusion aux rapports entre eux des édiles, auteurs et directeurs de troupes. Les pièces des écrivains des deux premiers siècles avant notre ère ont été jouées librement pendant longtemps à Rome et dans toutes les villes d'Italie sans que jamais on

<hr>

1. E. Despois, *loc. cit..* L'*Andromaque* de Racine lui fut payée 200 livres.

2. Suet. *Vita Terent.* 2. Ce prix est donné comme exceptionnel; on l'inscrivit sur le titre même de la pièce; pourquoi?

3. Donat. *præf Enuch.* voy. également Térent; *prolog. Hécyr.*

ait parlé d'un privilège de représentation au profit de qui que ce soit.

Quant aux autres écrivains, il est difficile de donner une réponse bien nette, en présence de textes équivoques que des interprétations successives et opposées n'ont pas contribué à éclaircir.

On a reconnu plus haut l'existence des libraires et des éditeurs, montré également l'importance du commerce des livres. Deux faits ne sont plus contestables : 1° le plus ordinairement, plutôt que de copier soi-même ou de faire copier un ouvrage, on s'adressait, pour en avoir des exemplaires, à ceux qui en fabriquaient ; 2° un auteur quelconque portait son manuscrit à un éditeur, et presque jamais, ne s'employait lui-même à en établir les copies destinées soit à la distribution, soit à la vente (1).

L'auteur donnait-il son manuscrit à l'éditeur moyennant argent ?

Pas plus à Rome que chez nous, il n'est possible de répondre uniformément à une pareille question. Elle dépend

---

1. On se place, bien entendu, à l'époque où la librairie romaine est constituée, où fonctionnent les grandes maisons d'édition. Les notions suivantes de M. G. Boissier, d'une justesse parfaite, s'il s'agit de l'époque de Cicéron, ne le sont plus pour celle de Martial : « Aujourd'hui, la publication d'un livre est une opération d'un caractère bien précis et nettement tranché ; pour le public, on l'imprime, chez les anciens, on le copiait un certain nombre de fois. Donner un livre à ses amis ou le répandre dans le public, ne différait que par la quantité des copies qu'on en faisait faire. La limite était indécise, et il était bien difficile de dire à quel moment précis commençait vraiment la publication. Comme il il avait des degrés qui conduisaient insensiblement de cette publicité d'un ouvrage que l'on faisait lire à plusieurs personnes à sa publication véritable, le passage de l'une à l'autre pouvait se faire presque sans qu'on s'en aperçut. Publier un livre était donc chose moins grave qu'aujourd'hui, et à laquelle on se trouvait tout naturellement porté. (*Recherches sur la manière dont furent éditées les lettres de Cicéron.* Paris, 1863, p. 3).

des bénéfices prévus par l'éditeur. En éditant une œuvre médiocre, l'œuvre d'un inconnu, tel ouvrage d'un débit difficile et restreint, l'éditeur rend un service pour lequel il est assez naturel qu'il reçoive une rémunération. Au contraire, la perspective de profits certains le déterminera à payer peut-être fort cher un manuscrit nouveau. Il est possible que des écrivains s'estiment assez heureux si l'éditeur consent à faire copier gratuitement leur ouvrage ou même s'il veut bien qu'ils en supportent tous les frais; est-ce à dire que d'autres n'aient jamais vendu leur manuscrit? De nos jours, tandis que de jeunes auteurs soldent les frais d'impression de leurs erreurs premières, n'en voit-on pas de plus anciens signer de fructueux contrats d'édition?« Si l'auteur devenait célèbre, fait remarquer Egger (*op. cit.* p. 50), alors seulement il pouvait faire la loi à son libraire et, au besoin, le ruiner à son tour, en ne lui livrant de nouveaux écrits que contre argent comptant ou sur contrat en règle, pour s'assurer une large part dans les bénéfices ».

L'existence de pareilles ventes a été niée. « Les libraires, dit Dezobry (*op. cit.* III, p. 455), sont des négociants auxquels les littérateurs offrent gratuitement leurs ouvrages à charge d'en faire et d'en répandre des copies; l'auteur a de la réputation? c'est le libraire qui vient solliciter de lui le don de l'œuvre ». Et aucun auteur n'a jamais pensé à lui faire payer ce « don »? cela parait peu vraisemblable. « Les éditeurs, dit E. Géraud, étaient en thèse générale des gens qui recevaient gratuitement des auteurs les ouvrages inédits, qui les faisaient transcrire à leurs risques et périls et qui s'indemnisaient des frais de publication en percevant seuls tous les bénéfices de la vente ».·Et cependant les prix de vente dépassaient en général de beaucoup les frais de publication : « Cinq deniers ou 4 francs de notre monnaie pour l'achat de 117 épigrammes de Martial, dont plusieurs ne sont que des distiques, eussent été un prix exorbitant, s'il n'eut fallu qu'indemniser le bibliopole du travail des copistes... Il fallait que l'éditeur retrouvât dans les bénéfices de la vente, une compensation des sommes payées pour l'achat du manuscrit (1) ».

Mais, au lieu de relever les opinions opposées des auteurs qui étudièrent cette question, on suivra une plus sûre méthode en consultant les textes mêmes sur lesquels porte le débat.

1° — Cicéron écrit à son éditeur Atticus :

« *Ligarianam præclare vendidisti. Posthac quidquid scripsero, tibi præconium deferam* (ad. Attic. XIII, 12, 2). »

« Vous avez admirablement *vendu* mon plaidoyer pour *Ligarius*. Dorénavant tout ce que j'écrirai, je vous en confierai la publication ».

La seconde phrase semble bien une conséquence de la première. Je n'aurai pas, dit Cicéron, d'autre éditeur que vous désormais, pourquoi ? parce que vous avez bien *vendu* mon dernier livre. Il était donc intéressé à la vente et recevait un tant pour cent sur les bénéfices d'Atticus. Il s'agit bien d'un intérêt pécuniaire ici et non d'un intérêt purement moral. Cicéron ne dit pas en effet : Vous avez répandu mon livre dans le public, on m'a beaucoup lu, etc... C'est donc à vous

1. F. A. Pic. *op. cit.* Voy. l'opinion contraire à celles de Dezobry et de Géraud, dans Gow et Salom. Reinach, *op. cit.*, p. 23. « L'auteur vendait son livre à un éditeur, qui tantôt lui payait un droit pour chaque exemplaire vendu (ce qui paraît avoir été le cas pour Cicéron), tantôt une somme fixe pour l'édition entière (ce qui paraît avoir été le cas pour Martial). » Dans le même sens : Schmidt et Birt ; en sens contraire : Becker, Gœll, Haenny.

que je donnerai la préférence pour mes autres ouvrages…, mais : Vous avez bien *vendu* mon *pro Ligario*. Et il sait distinguer pourtant les deux intérêts; ailleurs, parlant d'un écrit qui a un caractère de pure propagande, une de ces sortes d'ouvrages qui sont une des formes de l'action politique (1), l'apologie personnelle intitulée : *De consulatu meo*, Cicéron demande à Atticus de s'employer à le répandre le plus possible : « Faites en sorte, dit-il, (*ad. Att.*II,1, 2) qu'on le *trouve* à Athènes et dans les autres cités de la Grèce (…*curabis ut et in Athenis sit et in ceteris oppidis Græciæ*) ».

L'interprétation donnée est très littérale; elle a pour elle l'autorité de Th. Birt (*op. cit.* p. 353) et ceux qui ne l'adoptent pas reconnaissent volontiers sa vraisemblance. Que lui oppose-t-on ?

D'abord, dans toute la correspondance — et elle est considérable — échangée entre Cicéron et Atticus, c'est la seule allusion à des rapports contractuels qui auraient existé entre eux, la seule préoccupation qu'on puisse saisir chez l'auteur de bénéfices pécuniaires produits par la vente de ses écrits. Cependant s'il y avait jamais eu attribution à l'auteur d'un tant pour cent sur le prix de chaque exemplaire vendu, dans les nombreuses conférences entre Cicéron et Atticus, la question aurait été traitée; on aurait fixé l'importance des éditions et le nombre des exemplaires. Maint passage a trait à la publication des œuvres de Cicéron (voy. notamment : *Ep.* I, 16, 16 et VIII, 16, 1); on ne le voit jamais préoccupé de leur succès matériel et il y

---

1. L'intérêt en est moins général; de plus, pour l'homme public qui l'écrit, il s'agit bien moins d'en retirer un bénéfice pécuniaire que de lui gagner un grand nombre de lecteurs.

songerait précisément à propos d'une courte plaidoirie
d'un intérêt passager! « L'isolement de ce renseignement »
dit Haenny (*op. cit.* p. 53), paraît déjà très singulier; ce
qui l'est davantage, c'est cette déclaration de Cicéron (« Désormais je prends Atticus comme unique éditeur ») alors
que jusque-là, il ne s'est pas adressé à d'autres qu'à lui !
Qu'on essaie de traduire autrement le mot *vendidisti* et le
texte va s'éclairer; *vendere* ne signifie pas seulement vendre, mais aussi (comme *venditare*) recommander, appuyer...
(d'où l'origine étymologique de notre mot *vanter*); il a
certainement ce sens dans deux passages de Cicéron (1) et
dans un autre d'Horace (2); de plus, Cicéron écrit ailleurs
(*ad Atticum*, XIII, 9, 2) parlant toujours de son *pro Ligario* :
« *Ligarianam ut video præclare auctoritas tua commendavit.
Scripsit enim ad me Balbus mirifice se probare ob eamque
causam ad Cæsarem jam se oratiunculam misisse. Hoc igitur idem tu mihi antea scripseras.* » — « Votre protection a
très bien recommandé, comme je le vois, mon plaidoyer
pour Ligarius. Balbus m'a écrit qu'il se fait merveilleuse-
ment apprécier. Aussi Balbus a-t-il déjà envoyé ce petit
discours à César. Vous m'en aviez déjà parlé antérieurement ».

Cicéron avait composé pour Ligarius qui était du parti
de Pompée, une sorte de défense. Il fallait qu'elle remplît
son but. Atticus s'était chargé de la *recommander*, il y
avait réussi, puisqu'elle fut goûtée même de César dont la
sympathie ne devait pas être grande pour un Pompéien.
Cicéron, heureux du succès, remercie l'ami qui l'a préparé. On a remarqué le mot *præclare* employé également

1. *Ep.* I, 16 et VIII, 16, 1.
2. *Ep.* II, 1, 75.

dans notre texte : *præclare vendidisti, præclare commen-davit*; il y a là plus qu'une simple rencontre; l'adverbe *præclare* « accompagne à merveille l'idée de recommander tandis que *præclare vendere* signifiant : vendre supérieure-ment, parait bien étrange (1) ». Enfin le mot *præconium* n'a pas le sens de publication (quand ce mot est synonyme d'édition) mais il éveille l'idée d'éloge public; vous avez supérieurement recommandé mon *Pro Ligario*, dit Cicéron à Atticus ; dorénavant je vous prierai de prôner tous mes ouvrages.

Telles sont les deux interprétations proposées ; pourquoi ne pas avouer qu'il est difficile de choisir entre elles?

2°. — Suétone (*de gramm. ill.* 8) parlant du grammairien Pompilius Andronicus dit qu'il était à ce point misérable (*adeo inops atque egens*) qu'il se vit forcer de vendre son *Commentaire des Annales d'Ennius*, 16.000 serterces (3.200 fr.).

Pline le Jeune (*Ep.* III, 5, 17) raconte que son oncle Pline l'Ancien « procurateur en Espagne, avait pu vendre ses *Commentaires* à Largius Licinus 400.000 sesterces et cependant c'était un ouvrage peu étendu ».

Il ne s'agit pas ici d'une vente faite à des éditeurs, mais de manuscrits achetés par des amateurs : Largius Licinus était un amateur; quant à l'acquéreur inconnu des *Annales Commentées* de Pompilius Andronicus, il ne publia pas le manuscrit qu'il avait payé puisque Suétone indique plus loin quel en fut le premier éditeur.

3°. — Sénèque (VIII. 6. 1) parlant du libraire éditeur de Tite-Live et de Cicéron, écrit:

« *Libros dicimus esse Ciceronis. Eosdem Dorus librarius*

<hr>

1. Haenny, *loc. cit.*

*suos vocat et utrumque verum est. Alter illos tanquam
auctor sibi, alter tanquam emptor asserit* ».

« Nous disons les livres de Cicéron. Le libraire Dorus les
tient également pour siens et il y a vérité des deux parts.
L'un les appelle siens comme auteur ; l'autre comme
acquéreur ».

Ainsi Dorus a bien acheté certaines œuvres de Cicéron.
Lesquelles ? Peut-être cet exemplaire original *ne varietur*
dressé par les soins de Cicéron (*ad famil.* XVI. 22) pour
servir de type aux reproductions ultérieures et de référence aux correcteurs. Il ne les tient pas à coup sûr de
l'auteur lui-même mort depuis longtemps (1) mais peut-
être de quelque descendant, soit de l'auteur, soit du premier éditeur, on ne sait. Quant au sens du texte, il ne peut,
semble-t-il, laisse place à aucune interprétation, on est
réduit si l'on veut rejeter la conclusion qui s'en dégage, à
proposer avec Géraud (*op. cit.* p. 175) l'explication suivante : « Ces deux mots (*tanquam emptor*) semblent
prouver que les libraires de Rome ne se contentaient pas
de faire transcrire chez eux les livres qu'ils vendaient,
mais encore qu'ils achetaient pour les revendre les
ouvrages transcrits par ceux que nous appellerions
aujourd'hui les ouvriers en chambre, » et le même auteur
écrit plus loin (p. 196) imaginant une autre explication, à
propos du même passage : « Il faudra convenir qu'il y a
ici une altération du texte qui ne permet pas d'en tirer
une conjecture possible ».

4°. — Martial dit à un de ses protecteurs Labullus
(XI, 24) :

1. 43 av. J.-C. ; le fait dont parle Sénèque date probablement des premières années de notre ère.

« Pendant que je vous poursuis et que je vous accompagne à votre maison, pendant que je prête à votre bavardage une oreille complaisante et que je loue tout ce que vous faites, tout ce que vous dites, puis-je écrire des vers, Labullus? Cela ne vous porte pas *préjudice* à vous (*hoc damnum tibi non videtur esse*), n'est-ce pas, Labullus? Si les « porteurs de toge » étaient plus nombreux, mes livres le seraient moins encore. Voilà plus de trente jours que j'ai à peine écrit une page. C'est ainsi toutes les fois que le poète ne veut pas rester chez lui pour souper ».

On voit le raisonnement (1); Martial uniquement préoccupé du gain pécuniaire déplore le temps perdu, ce temps qui est pour lui aussi « de l'argent »; les libraires lui payaient donc ses ouvrages.

Cette induction paraît fort aventureuse. Qui prouve en effet que le mot *damnum* signifie dommage pécuniaire et non pas préjudice moral ?

Ailleurs (X, 74), toujours à court d'argent, Martial se montre fort inquiet de ne pas trouver chez eux la plupart de ses protecteurs pour le moment absents de Rome; il confie à ce propos qu'il n'a pas touché le prix de ses livres (2); l'éditeur ne l'a pas encore payé. (*Non ego meorum præmium libellorum*).

5°. — Un dernier argument est tiré d'une autre épigramme de Martial (XI, 108, 1). S'adressant au lecteur : « Quoique vous en ayez peut-être assez avec un long ouvrage, dit-il, vous exigez encore de moi, lecteur, quel-

1. Voy. Schmitz, *op. cit.*, p. 10, 12.
2. Contre cette interprétation de Schmitz, *op. cit.*, p. 138 et sq. qui paraît évidente, voy. Haenny. *op. cit.*, p. 79; il s'agirait de pièces de vers commandées au poète par de riches particuliers (v. p. loin p. 158); le mot *præmium* le ferait croire, si le mot *libelli* en fait douter.

ques distiques ; mais le loup (l'usurier) réclame ses inté-
rêts, les esclaves veulent leur ration. *Payez, lecteur !* —
Comment ? vous vous taisez, vous vous dérobez ! Adieu.
(*Lector, solve. Taces dissimulasque ? Vale*) ».

Ici l'intérêt pécuniaire apparaît très manifestement. Si
Martial donnait gratis ses manuscrits aux éditeurs, il lui
serait indifférent que ceux-ci fussent aussi généreux envers
les lecteurs qu'il l'aurait été lui-même à leur égard. On ne
le verrait point, s'il ne lui en revenait pas quelque chose,
s'inquiéter des prix payés par la clientèle de ces lecteurs
qu'il considère ailleurs comme une sorte de patrimoine
(*lector opes nostræ* X, 2, 5). Suivant certains interprètes, le
poète voudrait non pas indiquer l'intérêt qu'il attache à
une bonne vente de ses livres, mais, par manière de badi-
nage, il tendrait son escarcelle au public. Le mot *solve*
paraît si gênant à d'autres qu'ils s'évertuent à lire *salve*.
L'épigramme tout entière devient peu compréhensible et
son dernier vers, cité plus haut, passe à l'état de véritable
énigme « Il n'est pas aisé (avoue lui-même Haenny (*op. cit.*
p. 72) partisan de la nouvelle leçon) de savoir ce que
signifie exactement cette salutation *solve* »; — même si on
lui trouve un sens, il faut reconnaître qu'elle fait double
emploi avec celle qui termine le vers (*vale*). Martial, poète
d'un art élégant et précis, eut peut-être noté cette répétition
comme une faute poétique de l'espèce appelée « cheville ».

Quoi qu'il en soit de cette controverse sur un mot ou
plutôt sur une lettre (un examen minutieux des manuscrits
de Martial pourrait seul trancher le débat), si on accepte
l'interprétation proposée, il faut en conclure que Martial
a touché quelquefois un tant pour cent sur le prix des
exemplaires vendus par son éditeur ; sans une conven-

tion semblable entre eux on ne saisirait pas la raison qui le fait s'intéresser à la vente (1). Ordinairement, cependant, il cédait l'édition tout entière pour une somme fixe; d'un de ses livres (*charta*) il dit (*Ep.* XIII, 1, 8) : *Alea nec damnum nec facit ista lucrum*; — c'est-à-dire qu'il se désintéresse du succès matériel, des bénéfices ou des pertes éventuelles. A propos d'un autre (*Ep.* XIII, 3 *in fine*) il nous apprend que le gain sera pour Tryphon son éditeur : *Et faciet lucrum bibliopola Tryphon*, (2). — « On raconte, dit-il encore, que mes vers sont chantés en Bretagne? Que m'importe! Ma bourse l'ignore (*nescit sacculus ista meus*) »; c'est-à-dire : ce succès-là ne me rapporte rien (*Ep.* XI, 3, 5 et 6).

A côté des textes on fait valoir pour ou contre la thèse certaines considérations de nature très diverse et de sources variées.

A. — Une objection volontiers présentée contre la possibilité même d'une rétribution quelconque touchée par les gens de lettres à propos de leurs écrits vient de ce que l'on sait de la médiocrité de leur fortune(3) « Un honoraire régulier, dit Haenny,(*op. cit.*, p. 86), ne parait pas en harmonie avec la situation économique du poète... »

1. Il indique l'adresse de son libraire,(IV,72) : « Vous me demandez de vous donner mes livres; je ne les ai pas; mais vous les trouverez chez le bibliopole Tryphon. » (Voy. également I, 1, 118); le prix des exemplaires (XIII, 3) : ses *Xénies* valent 4 sesterces; il se plaint amèrement d'un certain Ubicus qui, récitant ses vers, tenait lieu du volume et en épargnait l'achat, etc.

2. « La connaissance parfaite que Martial a du prix auquel ses livres sont vendus, dit fort judicieusement Géraud, peut faire supposer que les auteurs romains avaient plus qu'un intérêt d'amour-propre à voir le public acheter leurs œuvres ».

3. Voyez Martial et Juvénal, surtout ce dernier, *Sat.* VII, sur la misère des gens de lettres.

Sur ce sujet, les auteurs anciens sont intarissables, il n'y a pas, à les entendre, de condition qui soit moins dorée que la leur; c'est un véritable lieu commun, que cette incompatibilité d'humeur des lettres et de la fortune. Il ne faut pas tenir pour l'expression exacte d'un état social les développements variés d'un thème littéraire. La réalité était bien moins noire qu'on ne nous l'a montrée. Prendre à la lettre les traits dont est remplie la fameuse satire de Juvénal serait une erreur aussi forte que si l'on prétendait trouver dans Mathurin Regnier ou Boileau, une appréciation mesurée des mœurs de la société du xvii° siècle. D'ailleurs à la croire vraiment telle qu'ils la peignent, que prouverait-elle cette condition des gens de lettres? On n'a pas prétendu que, pour eux, comme pour les modernes, l'élément essentiel du budget domestique fut les produits de leur plume; on sait assez que les libéralités du prince et des grands en constituaient la plus grande part. Martial a bien raison de dire en parlant de César (I, 107) :

Musarum pretium dedit mearum,
Solus qui poterat...

« Il est le seul qui puisse payer ma muse »; et ailleurs (V. 16,) : « Les anciens poètes attendaient le prix de leur gloire de la générosité des grands. » On n'a pas prétendu non plus que les prix des libraires fussent suffisants ni qu'ils aient jamais empêché un auteur de tomber dans la misère ou d'y rester, mais simplement qu'ils existaient, maigres ou forts. — « Plaute, nous dit Suétone (*Vit. Plaut.* 29), fut contraint pour vivre d'entrer en condition chez un meunier où il tournait la meule; c'est là que, profitant de ses heures de loisir, il commença d'écrire ses pièces et de les vendre. » On voit que la libéralité des acheteurs de comédies ne l'empêcha pas d'être assez pauvre pour qu'il lui fût nécessaire de se créer des ressources au moyen d'une deuxième profession. Niera-t-on pour cela que les comédies étaient vendues aux édiles ou aux éditeurs de jeux?

Ce qui peut éveiller le doute, c'est plutôt que, parmi ces plaintes universelles, aucune ne vise un éditeur ni un libraire. Martial n'accuse jamais que les grands. Martial toujours en invective contre les dieux et la fortune, laisse en repos Tryphon; il ne réclame pas un éditeur plus libéral. C'est un Mécène qu'il veut. Ses épigrammes contre la lésinerie des riches et de l'empereur épargnaient le libraire. N'est-on pas tenté d'en conclure qu'il n'avait rien à en attendre?

B. — « Les reproductions lentes et coûteuses des livres par des copies manuscrites différaient trop de la multiplication facile qu'en donne l'imprimerie pour que les auteurs pussent tirer de leurs ouvrages les profits pécuniaires qu'ils en ont recueillis par la suite (1).

On a vu ce qu'il faut penser de cette prétendue lenteur et cherté... Les exemplaires étaient « établis aussi vite que le permet aujourd'hui l'imprimerie elle-même, dit Marquardt (*op.cit.*, XV, p. 502), à un prix de revient modéré ». Il ne faut pas confondre à cet égard l'antiquité et le moyen âge. Autant la librairie ancienne était prospère, autant celle du moyen âge l'était peu. C'est à cette époque que les manuscrits étaient rares et coûteux, que le public cultivé

1. Renouard. *Traité des droits d'auteurs*, 1838, I, p. 8 et sq. L'argument de M. Pouillet ne vaut pas mieux (*Traité de la prop. litt. et art.*, p. 2) : « Le nombre des personnes assez riches ou même assez lettrées pour acheter les copies manuscrites était trop restreint pour qu'il y eut là matière à réglementation ».

existait à peine et que les personnes en état de lire et copier ne se trouvaient qu'en petit nombre parmi les moines de certains ordres.

C. — « Si Plaute et Térence, a-t-on dit (1), vendent leurs pièces aux édiles, on ne voit pas pourquoi les autres écrivains ne retireraient pas un bénéfice de leur travail », pourquoi d'autres auteurs que des auteurs dramatiques n'auraient pas eu également l'idée de faire payer leurs manuscrits aux libraires tandis que ceux-ci, imitant les édiles, les eussent achetés pour les avoir. — On répond que la rétribution accordée à Plaute et à Térence n'avait pas le caractère d'une vente (2), mais plutôt d'une sorte de salaire ou récompense officielle, d'où il est difficile de conclure à des rapports contractuels entre les auteurs de tous genres et leurs éditeurs pour la cession des manuscrits.

D. — S'il n'y a pas une *part d'auteur* dans la somme payée pour chaque exemplaire, comment expliquer que les livres se vendent si cher et que leur prix dépasse si largement (3) le coût de la fabrication ?

On a fort bien répondu (Dezobry, *op. cit.*, III, p. 167) que si les livres se vendent avec un bénéfice de cent pour cent au moins sur leur prix de revient... cependant les libraires ne gagnent pas plus que les autres marchands. C'est que les livres ne sont pas chose dont on ne puisse se passer ; que leur débit est lent, restreint, chanceux, que beaucoup ne rendent pas les frais qu'ils ont coûtés : il faut que les bons

1. Becker. *op. cit.*, p. 452 et sq.
2. Haenny, *op. cit.*, p. 76 et sq.
3. Voy. Mart., XIII, 3, et pl. haut, p. 174.

indemnisent des mauvais. D'un autre côté la valeur intrinsèque des livres était minime relativement à la valeur qu'on leur donne, ils ne peuvent avoir qu'un prix d'opinion ».

Le public accepte toujours ce prix, si l'ouvrage lui plaît, et dans le cas contraire se borne à ne pas acheter. C'est alors que le libraire est doublement en perte; car la *carta* ou le *perganum* ont une valeur réelle, un cours d'échange comme toute marchandise utile et indispensable; cette valeur augmente beaucoup par la transcription d'un bon ouvrage, mais elle perd considérablement par celle d'un mauvais, de sorte que dans ce dernier cas le libraire ne retrouve ni ses frais de transcription, ni même ceux d'acquisition de la matière première, qui ne vaut plus alors à beaucoup près ce qu'elle valait dans son état primitif ».

E. — Les éditeurs se tiennent au courant des caprices du public, assistent aux récitations, circonviennent les écrivains en vogue, etc. (1). N'en peut-on conclure qu'il y avait entre auteurs et auditeurs des relations d'intérêt ? Il est vrai qu'on raisonne parfois singulièrement (2) : Pline le Jeune à la veille de publier un ouvrage parle des flatteries dont le bercent les éditeurs; il faut en conclure qu'il ne leur vendait pas ses manuscrits ! Des compliments sur la marchandise, alors qu'on veut acheter, en effet ne sont pas de mise ; ils coûteraient cher en inspirant au vendeur une trop haute idée de son produit !

F. — On fait intervenir les solutions données des diffé-

1. Voy. Pline le J. I, 2, 16..Quintil *Inst. oral. præf. ad. Tryph.*
2. Haerny, *op. cit.*, p. 59.

rends entre le propriétaire du papyrus ou de la *tabula* et l'écrivain ou le peintre.

Le législateur romain, dit-on (1), « méconnaissait ce qu'il y a d'immatériel dans les travaux de l'intelligence pour ne voir dans un livre que la valeur matérielle de travail du scribe. » Il « considérait l'œuvre comme l'accessoire de la substance sur laquelle l'écrivain avait tracé sa pensée »; dès lors comment aurait-on admis que cette œuvre eut une valeur quelconque, fut l'objet d'un droit de publication ? Au contraire s'il s'agissait d'un tableau, la toile ou la planche n'en était pas tenue pour le principal; c'est qu'alors la supériorité du travail artistique sur la matière dont il est fait ou qui le porte était reconnue. La propriété du manuscrit ou du tableau appartenait en principe à celui qui possédait déjà la partie « prévalente » c'est-à-dire le papier dans le manuscrit et, dans le tableau, la peinture. Pourquoi cette différence entre les deux espèces ? La vraie raison n'est pas dans cette conception peu vraisemblable d'une infériorité de la *chose pensée et écrite* sur le papier qui la reçoit. La différence des solutions se justifie autrement. « Les jurisconsultes, dit Breulier (*op. cit.*) furent ici guidés par des considérations intelligentes d'amour de l'art et d'économie politique. Ils cherchaient à réduire l'extinction, la destruction qui semble inévitable (en présence du conflit des deux droits de propriété) aux proportions les plus minimes possibles et surtout à éviter la disparition irrémédiable d'un chef-d'œuvre. » Pourquoi le papier dans un manuscrit ne serait-il pas la chose principale ? à l'aide de la copie on

1. M. L. Jordao, *op. cit.*

peut transporter le texte sur un autre papyrus, sans rien y changer. Virgile, Horace, Tite-Live transcrits sur tel papyrus ne sont pas différents de Virgile, Horace, Tite-Live transcrits sur un autre. Cette opération n'est plus indifférente, s'il s'agit d'un dessin ou d'une peinture ; la copie ne vaudra jamais l'original.

G. — De la vente du manuscrit en vue de l'éditer, il faut distinguer la *commande*. Celle-ci était pour les auteurs une source très appréciable de revenus, qu'elle fut faite par l'Etat, le prince ou les particuliers. Citons en exemple *l'Hymne à Junon reine* que Livius Andronicus avait été chargé de composer, le *Carmen Seculare* commandé par Auguste à Horace pour les jeux séculaires de l'an 17. Martial vendait des dédicaces ; il était pour les petits vers et les pièces de circonstance le fournisseur attitré de la société polie de son temps, les *Xénies* ont été à l'origine des devises pour les étiquettes des étrennes que l'on envoyait à l'époque des Saturnales. Martial a des concurrents pour ce singulier commerce ; *vendunt carmina* Gallus et Lupercus, (XII, 46,) dit-il, Gallus et Lupercus vendent des poèmes.

On conçoit aisément, sans y insister autrement, de quel secours peut être cette idée d'une commande venue d'un tiers quelconque pour interpréter les textes de Martial dans un sens contraire à la thèse de l'achat par un éditeur.

On adopterait volontiers pour mettre fin aux nexactitudes de cette trop longue discussion les opinions peu différentes de Schmitz et de Marquardt dans les termes mêmes où ils les ont exprimées. « Je suis persuadé, écrit

Fr. Schmitz (1), que la plupart des auteurs romains, dans un intérêt unique de réputation et de gloire, ont fait publier leurs livres par les bibliopoles, ce qui ne les a pas empêchés d'accepter des salaires de ces mêmes bibliopoles et certainement de les toucher. » — « Ce qu'on peut concéder, dit Marquardt (*op. cit.* XV. p. 500 et sq.), c'est que la personne qui voulait faire copier était obligée d'acheter ou d'emprunter l'original (moyennant rétribution), usage qui s'est maintenu dans tout le moyen âge,.. L'auteur pouvait donc à ce titre se faire payer par son éditeur ».

Qu'achetait exactement cet éditeur? Un objet mobilier, le manuscrit. — Rien de plus? N'achetait-il pas aussi la possibilité de faire paraître le livre avant tout le monde? un droit exclusif de reproduction? C'est ce qu'il nous reste maintenant à examiner.

Le manuscrit est en la possession de l'éditeur qui publie une première édition, dont les exemplaires circulent dans le public. Ces exemplaires peuvent-ils être librement multipliés : 1° par l'auteur lui-même (peut-être aidé d'une copie du manuscrit primitif) — 2° par toute personne — 3° par d'autres éditeurs.

1° Par l'auteur lui-même.

L'écrivain vend ou remet gratuitement son manuscrit à un éditeur qu'il a choisi entre plusieurs (Martial en eut quatre : Quintus Valerianus Polius, Secundus Lucensis, Atrectus et Tryphon). Cet éditeur s'engage à publier l'ouvrage à l'époque fixée de concert avec lui (2); on souscrit

---

1. Cité par Haenny, *op. cit.*, p. 71.

2. Cicer. XIII, 21, 4. Cicéron écrit encore à Atticus : *Placet ne tibi primum edere injussu meo.* Ne publie rien sans mon assentiment.

de part et d'autre à certaines conventions accessoires et pendant que l'éditeur se met en devoir de satisfaire à ses obligations, l'auteur vend à un concurrent le double du manuscrit primitif ou bien fait lui-même établir des copies qu'il répand dans le public, enlevant ainsi à son éditeur tous les bénéfices qu'il était en droit d'attendre, et lui causant même un certain dommage, si, par la vente, il ne peut ensuite rentrer dans ses débours. Contre une malhonnêteté semblable, l'éditeur ne trouvera-t-il pas une protection dans la loi? S'il y a eu contrat — vente sous condition, contrat innommé, — on trouvera dans le droit commun les moyens de le faire respecter; s'il n'y en a pas eu, ne peut-on pas comprendre le dommage causé dans ceux visés par la loi Aquilia? On accorde à l'éditeur lésé pour demander réparation soit l'*actio legis Aquiliæ utilis*, soit une action *in factum*. Aucun texte, il est vrai, ne permet d'appuyer de pareilles conjectures: mais on ne voit pas bien pourquoi les principes généraux ne recevraient pas ici leur application. Le Digeste et le Code, les auteurs ne contiennent pas toutes les espèces possibles; des vides peuvent être légitimement comblés çà et là en s'aidant des connaissances déjà acquises.

En fait jamais l'auteur ne semble avoir gardé pour lui des copies de ses œuvres. A un lecteur qui lui demande son livre, Martial (IV, 72) répond en l'adressant à l'éditeur Tryphon; « Je ne l'ai pas, dit-il, mais vous le trouverez chez Tryphon (*non habeo sed habet bibliopola Tryphon*). » Pourquoi, s'il l'avait pu légitimement, n'aurait-il fait établir lui-même et gardé des copies de son manuscrit pour les revendre ensuite à son profit personnel?

Bien mieux, on pourrait conclure de la même épigramme que si Martial voulait un exemplaire de son livre, il était obligé de l'acheter à Tryphon. Voici le passage : « Moi (répond le lecteur interpellé), moi donner de l'argent en échange de ces babioles ! moi, homme de sens, acheter vos vers ! non, dites-vous, je n'en ferai pas la folie — *Eh ! ni moi non plus* ! (dit Martial) ».

2° Par toute personne.

Il semble bien qu'il était licite de copier ou faire copier l'exemplaire qu'on avait entre les mains ; — c'était là une opération, aisée sans doute, mais peut-être moins qu'on ne serait tenté de le croire ; elle n'offrait d'ailleurs de bénéfices appréciables que pour l'éditeur de profession pourvu de l'outillage indispensable et seul en mesure de produire et d'écouler des exemplaires marchands.

En effet que signifie cette habitude qui s'établit peu à peu chez la grande généralité des auteurs romains? ils confient leur manuscrit à un éditeur au lieu de le faire copier eux-mêmes ! C'est qu'il y a des difficultés sérieuses pour la plume du copiste amateur à rivaliser avec les procédés de fabrication et de copie des habiles spécialistes employés par les maisons d'édition ; de plus ce copiste amateur n'est pas, comme l'éditeur, en relations avec le public de Rome, il n'a pas comme lui des correspondants en province et dans les grandes villes.

Sans doute, de telles copies sont possibles; on en a des exemples. Galien nous dit que certaines gens copient ses livres et s'en font honneur et profits (*Galen.* XIX, p. 10 (Kühn). « J'ai reçu, dit Cicéron à Atticus (*ad. Att.* II, 20), le livre que vous m'avez envoyé par Vibrius; l'auteur est un mauvais poète, mais il sait quelque chose, et n'est pas tout à fait inutile; je *le fais copier* (*describo*), et je vous le renvoie aussitôt ». Pline le Jeune (*Ep.* VII, 4, 9), parlant d'un petit volume de vers qu'il vient d'écrire : « Je ne regrette pas ma peine, dit-il, car on lit mes vers, on les copie (*describitur*), on les chante même. » — Artémidore (*Artem. ad fil.*, cité par Géraud (*op. cit.* p. 178), adressant à son fils un livre qui vient de paraître, lui recommande de le réserver pour son usage personnel, et de ne pas le communiquer à des étrangers qui pourraient le copier. « Une fois que le livre était publié, dit M. Boissier (*Promenad archeol.* p. 43), il appartenait à tout le monde. Rien n'empêchait ceux qui se l'étaient procuré, de le faire copier autant de fois qu'ils le voulaient, et de mettre en vente les exemplaires dont ils ne se servaient pas... » Mais ces faits ne semblent pas très fréquents; dans tous les cas, ils ne présentent certainement pas d'intérêt, puisqu'ils n'ont pas empêché l'existence du monopole de fait des éditeurs.

De ce qui précède, il ressort qu'on n'a jamais eu à Rome la conception d'une propriété de l'écrit distincte de la propriété du manuscrit considéré comme objet mobilier; qui possède l'une est maître de l'autre; celui qui détient le manuscrit, à n'importe quel titre, comme propriétaire, ou même pour l'avoir volé, peut l'éditer sans que l'auteur ait le droit de réclamer. Cicéron envoie à Atticus (*ad Attic.* XII, 40), l'ouvrage d'un tiers, l'*Anti-Caton* de Hirtius, en le priant de l'éditer. Au IVᵉ siècle, « les libraires romains s'emparent de l'ouvrage (une *Vie de Saint-Martin*) de Sulpice Sévère, et le publient sans se mettre en peine du consentement de l'auteur (1). » Diodore de Sicile (*Bibl. hist.* XL. *in fine*) se plaint qu'on lui ait dérobé plusieurs parties de son abrégé qui circulent dans le public en copies incor-

____

1. Mommsen et Marquardt, *op. cit.*, p. 500, nᵒ 1.

rectes. Nombre d'auteurs se plaignent de voir leurs œuvres rendues publiques à leur insu et quelquefois malgré eux. Quintilien déplore (*Inst. orat. præm.*) que ses leçons soient recueillies par la tachygraphie et livrées au public avant d'avoir pu subir une revision sévère (1). Saint Jérôme ne peut se préserver des indiscrétions : à peine ai-je composé quelque chose, dit-il (*Ep. ad Pamm.*), que mes amis ou mes envieux s'empressent de le faire copier.

Pour l'éditeur comme pour le public, l'auteur, c'est le possesseur du manuscrit. Martial le constate ironiquement ; s'adressant à Fidentinus (*Ep.* I 29) : « J'apprends que vous récitez mes vers, comme s'ils étaient à vous, dit-il. Si vous consentez à dire qu'ils sont à moi, je vous les donnerai pour rien ; mais si vous voulez qu'ils vous appartiennent, achetez-les, autrement, ils resteront ma propriété », et ailleurs encore (*Epig.* II, 20) : « Paulus achète des vers ; il les récite comme s'ils étaient de lui ; en effet, ce qu'on a payé, on peut le dire sien. » Il ne faut pas, cependant, interpréter trop sérieusement les boutades d'un poète, autrement, on arriverait, ainsi qu'on l'a fait remarquer (Breulier, *op. cit.*), à cette conséquence qu'un « ouvrage aurait légalement autant d'auteurs à un moment donné, qu'il se serait trouvé d'acheteurs d'exemplaires, de posses- seurs de copies de cette œuvre ». C'est une absurdité mani- feste, Martial dit lui-même, ailleurs. (V. 9) : « *Mutare dominium non potest liber notus,* un livre connu ne peut pas changer d'auteur ».

1. Des professeurs modernes ne sont-ils pas exposés à se voir offrir à eux-mêmes, presque au pied de leur chaire, la notation souvent fantaisiste de leur enseignement, sous le nom de « cours autographiés ? » « Les édi- tions anticipées, remarque finement Egger, (*op. cit.*, p. 105) et presque frauduleuses ne sont donc pas chez nous des nouveautés ».

Concluons : si la reproduction par toute personne est possible, si la propriété littéraire, c'est-à-dire la faculté de copier, est à la disposition de quiconque à la possibilité de l'exercer, c'est que l'éditeur n'a lui-même reçu de l'auteur qu'un simple objet mobilier ; il n'a pas pu lui être fait cession d'un droit d'auteur que l'auteur n'avait pas lui-même : *nemo plus juris ad alium transferre potest quam ipse habet.* Renouard a donc raison d'écrire (*Traité des droits d'auteurs*, 1838, I. p. 8) : « Quelques passages de plusieurs écrivains de l'antiquité attestent que souvent les productions littéraires étaient payées à leurs auteurs, de même qu'à un artiste ses travaux ; mais nulle part on ne trouve de trace d'un *droit exclusif*, qui ait primitivement attribué aux auteurs la faculté de *reproduire seuls* des copies de leurs ouvrages ».

De cette contrefaçon licite, on peut rapprocher le *plagiat.* L'une est la reproduction de tout ou partie de l'œuvre malgré l'auteur, mais sans qu'on lui en enlève l'attribution, l'autre est un vol plus complet qui ne laisse rien à la victime. La contrefaçon n'est concevable que sous un régime qui reconnait le droit d'auteur ; le plagiat est de tous les temps. Les plaintes des écrivains n'ont jamais cessé contre les plagiaires ; elles n'était pas plus fréquentes à Rome que de nos jours ; on connait la fable d'Ésope, le *sic vos non vobis* de Virgile, les protestations de Martial, etc.

Il serait oiseux d'énumérer des exemples de plagiat. Recherchons plutôt si le plagiat n'était pas punissable.

Tenu sans doute à Rome pour une action blâmable, le plagiat échappait cependant à toute répression. Des érudits, quedes travaux de ce genre ont fait surnommer les *plagiaristes*, ont fouillé en tous sens le Code, le Digeste pour y trouver une disposition quelconque à l'égard des plagiaires. Recherches vaines! Duarez, Thomasius aussi bien que Reinelius, Scellier ou Salden, etc., n'ont pu découvrir dans le vaste corps du droit autre chose que des analogies assez vagues (1), prétextes à de laborieuses dissertations. Un auteur (2) admire que dans une épigramme de Martial (I. 54) où le plagiat d'un confrère est qualifié de *furtum manifestum* le poète emploie « des termes qui pourraient parfaitement servir à caractériser aujourd'hui un délit de cette nature. » On n'en peut rien conclure pas plus que d'une autre pièce du même Martial (I, 53) où le mot plagiat serait employé pour la première fois dans le sens de vol littéraire qu'il a gardé depuis. Les jurisconsultes désignaient sous le nom *plagium* les crimes punis par une loi Fabia (3); pour en donner une idée plus claire, le *plagium* c'est, d'une manière générale, la disposition par vente ou autrement d'une personne libre. Comparant ses livres à ses enfants (enfants de son esprit) Martial prétend que, si on les lui dérobe, on commet une sorte de *plagium*, on est un plagiaire, et il poursuit la comparaison en employant les termes juridiques (4) dont on aurait usé s'il était agi d'un vrai *plagium*. On a cru longtemps, n'ayant pas l'intelligence de cette métaphore ingénieuse et hardie du poète, que le mot avait été pour la première fois détourné par lui de son sens technique. C'est même à cette méprise des érudits de la Renaissance que

---

1. Voy. Nodier, *Quest. de litt. légale.* 1828, p. 224.
2. Henriot. *Mœurs juridiques et judiciaires de l'ancienne Rome*, d'après les poètes latins, 1865. II, p. 169.
3. Voy. Dig. XLVIII, 15. Cod. IX, 20.
4. Par exemple : *de servilio gravi., assertor... dominium., manumissosque*, etc.

nous devons la signification (1) actuelle; ils l'ont introduite dans les lexiques, d'où elle a passé dans le langage
courant. Par une transformation, dont les exemples abôn-
dent (2), le mot a pris le sens imprévu qu'une métaphore
heureuse lui avait un instant donné et le sens primitif s'est
si bien perdu qu'il n'est plus même un souvenir.

Faut-il rapporter une anecdote de Vitruve où certains (3)
ont cru voir un essai de législation ancienne sur le plagiat, dont Rome aurait pu s'inspirer? Aux jeux d'Alexandrie, raconte Vitruve (*de architect.* VII, prol.), il y eut un
concours de poètes; un critique, Aristophane, prouva que
la plupart des compositions présentées avaient été pillées
aux bibliothèques. Le roi récompensa l'érudition d'Aristophane en le nommant conservateur de la Bibliothèque
d'Alexandrie et punit de la peine réservée aux *voleurs*, la
mauvaise foi des plagiaires. « Il me paraît absolument
insensé, remarque un auteur (Malapert. *op. cit.* p, 14), de
voir là quelque chose concernant la propriété littéraire »,
pas plus dirions-nous que l'application d'une disposition
législative visant le plagiat. C'est un fait isolé et sans portée; en admettant même qu'il ait été suivi d'autres analogues, on doit y voir seulement l'acte arbitraire d'un souverain, sans doute inspiré par un louable sentiment de
justice, — mais non les conséquences d'une coutume ou
d'une loi. Que penserait-on de la prétention, si on l'avait,
de retrouver une législation positive dans les contes des *Mille
et une nuits*, en réunissant toutes les décisions rendues par
le bon khalife quand il se décide à trahir son incognito

1. Hommel. *Littorat. juris*, Leipsig, 1761, p. 322 et sq.
2. Voy. A. Darmesteter. *La vie des mots*, 1889, p. 63.
3. Ponsonailhe, Ancillon de Jouy, etc., *op. cit.*

pour mieux récompenser la vertu et châtier le vice ?

3° Par d'autres éditeurs.

Un éditeur autre que l'éditeur primitif peut-il fabriquer et vendre des copies d'après un des exemplaires en circulation de l'œuvre déjà éditée par un de ses confrères? S'il en était empêché par la loi, c'est qu'il existerait en faveur du premier éditeur un privilège de reproduction analogue à ceux que concédait le Roi dans l'ancienne France.

On a vu qu'il n'y avait certainement pas à Rome un privilège général des éditeurs pour la publication des livres, c'est-à-dire un droit exclusif reconnu aux gens de la profession de copier des manuscrits et de vendre les copies au public. Outre qu'un privilège aussi exorbitant ne se suppose pas sans un texte formel, il est tout à fait contraire à l'esprit de la législation romaine. A Rome le travail était libre; l'accès de toute profession, de toute industrie n'était fermé à personne. Ce principe n'avait pas été entamé par suite du développement des associations de métiers sous l'Empire. Sans doute toute association de métiers tend à s'assurer le monopole du travail et de la vente. C'est une loi très générale que l'histoire des corporations de l'ancien régime a vérifiée et que les premières « revendications » des modernes syndicats ne paraissent pas démentir. Les corporations romaines ont été préservées de cette tendance fatale, par l'action continue du pouvoir central. Intervenant pour réglementer, protéger et encourager, s'il a voulu quelquefois des corporations *forcées* (*Zwangsvereine* (1)), il n'a jamais essayé la corporation fermée. « Sans doute, dit Mommsen, les corpora-

1. Liebenam, *op. cit.* p. 49. V. plus haut, p. 73 et sq.

tions de métiers cherchaient à écarter quiconque n'était pas du métier, toutefois on ne constate chez les Romains ni *tendance marquée au monopole*, ni garantie organisée contre la fabrication de produits défectueux (1). » Il faut arriver à Zénon en 483 pour que l'autorité soit forcée d'intervenir par une défense expresse et précise. Des coalitions s'étaient formées entre des corporations, qui cherchaient à s'assurer le monopole de la vente, à un taux fixe, des objets de première nécessité (vêtements, denrées alimentaires, etc...) Ces coalitions portant atteinte à la liberté commerciale furent interdites et les tentatives de ce genre, pour l'avenir, sévèrement réprimées (2). Il paraît donc très certain que personne n'a jamais eu l'idée d'un monopole de fabrication et de vente en faveur des libraires réunis ou non en corporations. Copiait des livres, en vendait qui voulait, réserve faite peut-être, ainsi qu'on l'a vu plus haut, des engagements personnels ou des obligations de bonne foi des auteurs à l'égard des éditeurs, avec lesquels ils avaient traité. Insistons encore cependant sur ce fait, déjà observé, que le développement merveilleux de l'industrie du livre à Rome avait eu cette conséquence de créer au profit de ceux qui exerçaient la profession d'éditeur une sorte de *monopole de fait*, si bien que la production du copiste isolé était une quantité négligeable et ne pouvait jamais leur causer qu'un préjudice insignifiant.

Enfin nulle part non plus, on ne trouve de privilèges

1. *Hist. rom.* (trad. Alexandre) 1863, p. 262. Cette garantie est une des justifications théoriques du monopole industriel ou commercial.

2. *Cod. Const. univ.* IV, 59. Voy. également dans le même ordre d'idées au Code (VIII, 1º Const. 12, § 8) la prohibition de toute convention par laquelle des ouvriers ou entrepreneurs se promettraient mutuellement de ne pas achever l'ouvrage que l'un d'eux aurait commencé.

spéciaux accordés à des éditeurs pour la reproduction exclusive de tel livre déterminé (1).

Que faut-il en conclure ? Que l'éditeur, peut-être protégé contre la mauvaise foi de l'auteur, mais désarmé vis-à-vis du copiste-amateur, rival d'ailleurs peu redoutable, restait aussi sans défense contre ses confrères ?

Comment procédera-t-il pour souffrir le moins possible du danger de cette situation ?

Propriétaire du manuscrit inédit qu'il vient d'acheter, l'éditeur établit d'abord « un chiffre de vente probable (2) » ; puis, dans le plus grand secret, il fait copier le livre par ses scribes écrivant tous à la fois sous la dictée ; ensuite il écoule l'édition tout entière le plus rapidement possible, pour compenser les risques divers qu'il a courus et aussi le prix d'achat payé à l'auteur. Dès que la vente a commencé, dès qu'un seul exemplaire a été débité, le livre est en quelque sorte tombé dans le domaine public. Il ne peut être questions d'éditions successives. Tout éditeur, qui aura des demandes à satisfaire, ou quelque perspective de gain, établira au moyen d'un exemplaire en circulation le nombre de copies qu'il lui paraîtra possible d'écouler à un prix rémunérateur. Cette opération se répétera un plus ou moins grand nombre de fois, selon les exigences du public, sans que jamais l'éditeur primitif puisse

1. Cependant l'idée d'un privilège (le reproduction ou de fabrication) accordé à l'inventeur n'est pas nouvelle ; la Grèce l'a eue, cette idée avec bien d'autres qu'on croit volontiers modernes : « A Sybaris les cuisiniers qui créaient un nouveau plat se recommandant par des qualités éminentes obtenaient une sorte de brevet d'invention ; il était défendu à leurs collègues de préparer le même plat pendant une période d'une année. » (Aristote *Æconom.* II. c. 2, 3, cité par Caillemer. *Dictionn. des antiq. gr. et rom.* V° *Artifices*, p. 115, col. 1.)

2. Mommsen et Marq. *op. cit.* XV, p. 502.

se considérer comme lésé dans son droit en élevant une réclamation. C'est ainsi que nous voyons au ve siècle le livre du moine Sulpice Sévère, introduit à Rome par un de ses admirateurs, Paulin, publié à l'envi par tous les libraires; « J'ai vu les libraires ravis de voir qu'il n'y avait rien pour eux de plus avantageux, rien qui fut d'un débit plus rapide et plus élevé (1) ».

On a risqué une conjecture d'une vraisemblance très séduisante et qui d'ailleurs ne contredit aucun principe général, aucune notion déjà acquise. La voici : On sait qu'à partir d'une certaine époque, (à peu près vers le milieu du siècle des Antonins) le régime corporatif s'applique à la plupart des professions industrielles et commerciales. Lampride, biographe d'Alexandre Sévère, nous dit qu'il organisa tous les métiers en corporations (2). Les libraires ou éditeurs ne dùrent pas échapper à cet état très général. On ne voit pas comment la multitude des scribes, libraires, tachygraphes, etc., seraient restés en dehors d'associations qui, en fait, renfermaient tous les artisans.

Dans l'*Index* de Liebenam (3), il n'est fait aucune mention des *bibliopolæ* ou *librarii*. Peut-être leur collège portait-il, au lieu d'une indication professionnelle, le nom de quelque patron, une épithète peu caractéristique, la dénomination banale (*socii*) ou peut-être encore faut-il les comprendre dans la confrérie des marchands (*collegia mercatorum*) (4) qui devait embrasser sans doute, comme le corps des mar-

---

1. Sulp. Sever. Dial. I, 23, 3 Halm.

2. Lamp. *Alex. Sev.* 33 : Corpora... constituit... *omnino omnium artium.* Liebenam. *op. cit.* p. 49. — Mommsen. *De coll. et sodal.,* cap. IV, § 11.

3. Op. cit. in fine. Voyez également *Index des Rec. d'inscr.* d'Orelli, Henzen, p. 170 et sq. Wilmanns, II, p. 631.

4. Liebenam. *loc. cit.* p. 130 et 136.

chands de Paris au moyen âge, sous une désignation commune, les diverses professions commerciales (1).

Un texte mêle bien certaines catégories de *librarii* à une liste d'immunitaires qui ne le sont qu'*à titre d'incorporés* (2), mais peut-on voir des libraires dans ces *librarii quoque qui docere possint* (copistes enseignant? maîtres copistes?), *librarii horreorum* (libraires vendant en boutique?), *librarii depositorum* (libraires tenant un magasin de dépôt?), *librarii caducorum* (libraires vendant des livres de rebut? bouquinistes?) ?

Si l'on admet ce fait très vraisemblable que les libraires formaient des confréries, il n'est pas douteux qu'à titre d'associés ils ont été soumis non seulement au régime légal de droit commun, mais aussi à une sorte de régime intérieur formé du règlement statutaire joint aux coutumes professionnelles. Toute espèce d'association, quels que soient sa composition, son but ou sa durée, se donne à elle-même un gouvernement et des lois. C'est là un droit qui lui est reconnu par l'Etat : « La loi, dit Gaius (3), autorise les collèges à s'imposer la réglementation (*pactionem*). qu'elles désirent, pourvu que l'ordre public n'en soit pas troublé... » — Dans une certaine mesure indiquée par le même jurisconsulte, cette réglementation interne paraît même sanctionnée par l'Etat ; elle s'applique dans les rapports entre *collegiati*, comme une loi ordinaire entre les

1. Remarquons d'ailleurs que ces listes, formées au hasard des inventions épigraphiques, présentent certainement d'énormes lacunes ; les corporations qui y sont mentionnées devaient être et les plus anciennes et les plus nombreuses et les plus considérables par le chiffre de leurs adhérents, etc. autant de caractères qui certainement manquaient aux corporations des libraires.

2. D. L, 6. fg. 6.

3. Dig. XLVII, 22. fg. 4.

citoyens. « Tout ce que les associés décideront entre eux aura force de loi (*firmum sit*) à moins qu'il ne s'agisse de dispositions interdites par les lois de l'Etat (*leges publicæ*) ».

Ces statuts ou coutumes obligatoires, comme celles des maîtrises et jurandes de l'ancien régime avaient trait vraisemblablement, pour la plus grande part, à des questions professionnelles ; par exemple, on posait quelques règles destinées à prévenir les différends, à maintenir la concorde entre associés, etc. L'existence de cette législation interne et professionnelle est confirmée par celle des magistrats chargés de la faire respecter. Parmi les fonctionnaires des corporations, à côté des *décuriones*, des *magistri, duumviri, curatores,* etc... nous voyons apparaître les — *judices.* Sinon créée, du moins universalisée par Alexandre Sévère (1), cette institution des *judices* a laissé peu de traces dans les monuments épigraphiques ; elle dura cependant jusqu'au Bas-Empire. L'empereur Anastase (2) défend aux marchands et aux gens de métier de décliner la juridiction professionnelle des *judices* auxquels il appartient de connaître de leurs différends (*ad quos eorum professionum seu negotiationum pertinet*). Ces *judices* jouaient, comme on le voit, un rôle analogue à celui des maîtres jurés, des prud'hommes, etc., dans les corporations modernes.

On se demande si, parmi ces règles professionnelles inconnues, il n'y en avait pas une, la première de toutes, qui interdit la concurrence déloyale (3) ? si devant ces

---

1. Lamprid. *Alex. Sev. loc. cit.*
2. Code III, 3. Const. 7.
3. « Or ; pour un corps restreint et privilégié, la déloyauté la plus évidente consistait dans la reproduction d'un ouvrage qu'un autre avait précédemment édité (Malapert, *op. cit.,* p. 10 et 11). » On emprunte à cet auteur sinon les arguments du moins l'idée première de la présente conjecture.

judices, comme devant les libraires-jurés du siècle dernier, un éditeur qui aurait causé à un de ses confrères un réel préjudice ou lui aurait enlevé les bénéfices que des sacrifices antérieurs et son travail le mettaient en droit d'espérer, ne serait pas poursuivi et condamné en toute équité (1) ?

Dans l'état présent de notre connaissance de l'antiquité romaine, la question ne peut recevoir aucune réponse.

En résumé : — achat par les libraires du manuscrit pour avoir la possibilité de le publier le premier; — libre reproduction pour tous, sauf l'observation des contrats, l'obligation de la bonne foi et le respect d'un règlement professionnel d'équité, — à cela se réduisent les relations juridiques réciproques des libraires et des écrivains.

1. Remarquez d'ailleurs qu'une pareille protection eut été restreinte : sans effet en dehors de la corporation, elle n'eut pas dépassé l'enceinte de la ville où cette corporation était formée. à moins de supposer des *ghilde* (Haudelsgilden, Kaufmannsgilden... Liebeman *op. cit..* p. 89) à la façon du moyen age, comprenant un grand nombre d'associations de même métier reliées entre elles. D'ailleurs, étant données les distances et la centralisation, le seul intérêt pouvait bien être dans la concurrence urbaine à Rome seulement, où se trouvaient, comme aujourd'hui à Paris, les maisons d'édition.

Note relative à la page 136 :
Note I. — Les livres contenaient cependant souvent plus de matières. En éditions compactes on peut citer une *Iliade,* c'est-à-dire plus de 15.000 vers transcrits sur un volume qui aurait tenu dans une coquille de noix (Pline. *Hist. nat.* VII, 21). Au temps de Martial (XIV, 130) les 127 livres de Tite Live se vendaient en un seul volume. Il en était de même pour les classiques tels qu' Horace, Virgile, Homère (Voy. Ulpien D. XXXII, 3 fg. 52, § 1), etc. Sous cette forme se publiaient ces abrégés, recueils d'extraits, compilations, etc. qui pullulent à compter du ve siècle, après J.-C.

CHAPITRE III

VENTE DE L'ŒUVRE D'ART ET LOUAGE DE SERVICES OU LOUAGE D'OUVRAGE.

L'artiste, peintre, sculpteur, architecte, a le choix entre deux partis: il peut soit réaliser son œuvre à ses frais et l'offrir ensuite au public, moyennant un prix, soit mettre son talent au service d'un entrepreneur ou d'un particulier, pour exécuter des travaux quelconques relevant de sa profession ou encore un ouvrage déterminé.

I. — Vente de l'œuvre d'art.

La vente d'une œuvre d'art, statue, tableau, etc, quelle qu'en soit la matière n'est pas différente de celle d'un « corps certain » quelconque ; il y a donc lieu, pour en déterminer les conditions et les effets, les rapports entre le vendeur et l'acheteur, à se référer simplement aux principes généraux de la matière.

Quant aux prix payés aux artistes, on comprendra sans peine qu'ils ont dû varier beaucoup selon les temps, les lieux et aussi les hommes. On a relevé sur des socles de statues, des prix de 3.000 à 10.000 sesterces (815 fr. à 2.720 fr.); plus tard d'autres de 3.600 à 16.000 sesterces (815 fr., 62 à 4.350). Dion Chrysostome parle de statues de bronze en pied, de la taille d'un homme moyen qui valaient de 500 à 1.000 drachmes (930 fr.). Un tableau avait peut-être une valeur supérieure ; très anciennement on les payait jusqu'à 3.000 drachmes (2.917 fr.). Arcésilas vendit à Octave le modèle sur plâtre d'un cratère 5.894 fr., Diogène de Laerce dit qu'on payait volontiers 3.000 drachmes pour une statue (1), etc.

Outre la vente directe, les artistes modernes ont le droit exclusif de reproduction de leurs œuvres qui est souvent, pour eux, la meilleure source de profits. Les anciens ne l'ont pas connue. « Comment auraient-ils songé à revendiquer pour eux, dit Pouillet (1), le droit de reproduction de leurs ouvrages, alors que grâce à l'état restreint des connaissances du temps le moyen d'opérer cette reproduction faisait défaut (2) ». En fait de procédé pour la reproduction des tableaux ou statues, les anciens n'ont jamais connu et pratiqué que l'imitation directe. La fresque était le grand moyen de vulgarisation ; par elle on multipliait sur les murailles des édifices publics ou privés des copies très libres des œuvres les plus appréciées. Le moulage et la gravure peuvent seuls donner quelque intérêt au droit de reproduction. Or les procédés de moulage étaient coûteux et très imparfaits ; quant à la gravure, c'est une question très débattue de savoir si les anciens l'ont connue. Varron avait pu, grâce à un procédé de son invention (*benignissimo invento*) publier, nous dit Pline (*Hist nat.* XXXV, 11), un livre contenant 700 portraits d'hommes célèbres. Mar—

1. Il est quelquefois difficile de savoir parmi les renseignements recueillis, s'il s'agit de ventes faites par les artistes eux-mêmes de leur vivant, ou d'œuvres des maîtres anciens qui avaient acquis une très haute valeur à raison de leur réputation universelle. L'engouement pour les œuvres d'art venues de la Grèce, fut un moment extraordinaire. Pline donne quelques prix ; certains s'élèvent jusqu'à 80 talents attiques (417.332 fr.). Voy. *Hist. nat.*, XXXV, 4, 10 et 11 et VII, 7, 38.

2. Pouillet, *Traité de la propriété littér. et art.* p 2 et 3.

tial (XIV, 156) parle d'une édition courante de Virgile avec portrait de l'auteur. Quel était ce procédé imaginé par Varron? Les dessins étaient-ils reproduits à l'aide d'un patron en découpage ou par le moyen plus grossier du calque? ou bien la glyptique ancienne — d'une si merveilleuse adresse — avait-elle produit à côté de ces nielles aux creux délicatement ouvrés, dans lesquels on répandait l'émail(1), la planche gravée qui peut servir à tirer des épreuves?

II. — Louage de services et louage d'ouvrage.

L'artiste peut, au lieu de vendre son œuvre, vendre ses services, c'est-à-dire passer avec un entrepreneur de travaux artistiques ou quelque amateur, le contrat de louage d'ouvrage.

Ces services pourront être fournis, d'une manière générale, à des conditions diverses de durée, d'importance, etc... mais sans en spécialiser l'objet ou bien ils auront en vue une œuvre précise et déterminée.

Un peintre de fresques par exemple mettra son pinceau à la disposition d'un entrepreneur pendant un an, moyennant tel salaire par journée de travail, ou bien le même artiste s'engagera à decorer l'atrium de quelque riche bourgeois, pour un prix fixé à l'avance. Les jurisconsultes

1. Voy. Léon Delaborde. *Rev. Archéol.* 1848-49. V. p. 122. Egger. *Hist. du Livre*, p. 42. Letronne. *Revue des Deux-Mondes*, 1837, X, p. 657 et sq : Les anciens ont-ils connu l'art d'imprimer les dessins? Letronne répond non ; Quatremère de Quincy est d'un avis contraire. Il est certain que s'ils ont ignoré la gravure ce n'est pas sans avoir été fort près de réaliser cette invention comme d'ailleurs celle de l'imprimerie : les planches avec des lettres, taillées en relief, servant de sceaux étaient connues dès la plus haute antiquité, — quant aux caractères indépendants on en fabriquait des alphabets pour apprendre à lire aux enfants. Indépendance des caractères et planche gravée, n'est-ce pas toute l'invention de Gutemberg?

romains ont distingué ces deux formes du louage : le premier est la *locatio conductio operarum* qui correspond à notre contrat de louage « des gens de travail » (*Cod. civ.* art. 1779, 1°); la seconde est la *locatio conductio operis faciendi* qui se rapproche de notre entreprise d'ouvrage à la tâche ou à forfait (*Civ.* art. 1787-1799).

Les services du peintre, du sculpteur, de l'architecte, des ouvriers d'art peuvent certainement faire l'objet d'un louage. Ils réunissent les conditions exigées. Les services du peintre sont même cités dans un texte comme exemple de louage (1) et ailleurs les ouvriers d'art (*opifices artium*) sont distingués des médecins, avocats, professeurs, etc., dont les services n'en constituent pas un (2):

A cet égard, la législation romaine a une conception très juste de la nature des services de certaines personnes dont la condition fait l'objet de notre étude. On veut parler de l'acteur et du professeur.

Les textes ne prévoient pas l'engagement théâtral. Les services de l'acteur ont été cependant une des premières applications du louage de services. Dès les premiers temps de Rome, on louait des musiciens pour les funérailles (*siticines, tibicines*) !(3). Souvent, il est vrai, c'est à titre d'*operæ servi* ou d'*operæ liberti* (4) que ces services étaient la matière d'un contrat : il s'agissait certainement alors d'un louage de choses (*locatio rei*). Le locateur, on dirait aujourd'hui, l'impresario (*locator scenicorum*) (5) traite

---

1. Dig. XIX, 5 — fg. 5 § 2.
2. Dig. L, 13, fg 1 § 7.
3. Voy. E. Cuq. *Institutions juridiques des Romains. L'ancien droit* 1891. p. 616, n. 6.
4. D. XXXIII, 2, fg. 2.
5. Liebenam, *op. cit.*, p. 124, n. 1.

avec les particuliers ou l'État, comme s'il s'agissait de leur fournir pour un emploi déterminé, des bêtes de somme. Quant aux salaires extraordinaires payés à certains acteurs (1), il faut y voir plutôt des aumônes très larges jetées à des gens d'une profession méprisée, que le paiement d'un véritable service. — Le scandale fut si grand à une certaine époque de ces libéralités inconsidérées que Tibère (2) essaya d'en fixer le maximum qu'il serait interdit de dépasser. Plus tard Marc-Aurèle (3) prit une mesure analogue. Ces dispositions et d'autres semblables, trop faciles à éluder, restèrent sans effet.

Quant au professeur, quelle est la nature du contrat qui intervient entre lui et la personne qui emploie ses services d'une manière générale ou qui le charge de tel enseignement déterminé ? On penserait volontiers, soit à un louage de services, soit à un mandat.

Mais le louage de services ne s'applique guère qu'aux services qui portent sur un objet matériel et — caractère lié au précédent — qu'aux faits susceptibles d'une évaluation pécuniaire. La notion du louage de services s'est lentement dégagée de la théorie plus ancienne du louage de choses. Ce dernier ne se conçoit pas sans une chose louée ; s'il s'agit de transformer cette chose on comprend encore que l'opération soit toujours un louage (*locatio operis faciendi*), mais non que les services eux-mêmes, isolés de l'objet auxquels ils s'appliquent, puissent être la matière

___

1. Suivant Cicéron (*pro Roscio.* -8). Roscius gagnait 500 à 600 mille sesterces par an. Vespasien, pourtant si parcimonieux, donne d'après Suétone, (*Vesp.* 19) à un tragédien 400 mille, sesterces lors des jeux pour l'inauguration du théâtre de Marcellus.

2. Tacite, *Ann.* I, 77.

3. *Vit. Marc. Anton.* II.

d'un contrat. Plus tard les *operæ* eux-mêmes, indépendamment de leur emploi, sont *loués* sans difficulté (1). Paul a posé le principe très général que l'homme libre, maître de son *status*, peut disposer de lui-même comme il lui plaît (*Sent.* II, 18, § 1). Mais il reste quelque chose des origines du contrat dans cette impossibilité de concevoir que les services qui en sont devenus l'objet ne portent pas sur une chose matérielle.

Quant au mandat, on sait qu'il n'est pas une profession ; de plus il ne s'applique qu'aux choses du patrimoine ; il est, enfin, essentiellement gratuit, puisqu'il tire son origine, dit Paul (2), des bons offices de l'amitié et que les bons offices ne se paient pas. Aucun de ces caractères, sauf peut-être le dernier, ne convient ici. Cependant il faut reconnaître que les services du professeur se rapprochent assez de ceux qui sont l'objet d'un mandat. Le mandataire, quoique remplissant son office sans rétribution, peut recevoir, plutôt à titre reconnaissant que comme loyer de ses services, une rémunération. Elle porte le nom d'*honoraires* (*honor, honorarium*). Il faut pour qu'elle soit due et exigible, qu'elle ait été convenue d'avance entre le mandant et le mandataire. « *Si remunerandi gratia honor intervenit, erit mandati actio,* » dit Ulpien (3). On fait l'application de ce principe à l'espèce suivante (4) : un industriel, sur le

1. Il est vrai que depuis longtemps certains services étaient loués, par analogie avec la pratique des magistrats de Rome à l'égard de leurs employés, il en était ainsi des *operæ* qui ressemblaient aux services des appariteurs des magistrats... (En ce sens on peut dire que certains contrats privés doivent leur origine à des contrats similaires du droit public) ; pour le paiement de ces services, on s'adressait directement au magistrat.

2. D. XVII, 1, fg. 1, § 4.

3. Dig. XXII, 1, fg. 6, pr.

4. *Eod. oc.* fg. 26, § 3.

mandat de son ami, achète un esclave et lui apprend son métier (*fabricam docuit*); s'il a instruit l'esclave sur l'ordre de son ami (à moins qu'il ne soit chargé de le faire gratis), il lui est dû quelque chose et il l'obtiendra par l'action *mandati*. L'industriel a bien joué ici le rôle de professeur, mais son enseignement s'adressait à un esclave, c'est-à-dire à une chose comprise dans le patrimoine; de plus, c'est par suite de circonstances spéciales, qu'il est amené à initier quelqu'un à sa profession; il ne fait pas métier d'instruire ou du moins l'enseignement n'est pas son occupation principale et unique. Aussi, n'y a-t-il pas d'objection à considérer comme un véritable mandat, le contrat intervenu entre le maître de l'esclave et lui (1).

Ni louage, ni mandat, ni contrat quelconque, telle est la doctrine définitive. Elle ressort d'un texte célèbre (2); Ulpien y traite des demandes en justice directement adressées au préteur ou au proconsul de la province et sur lesquelles ce dernier doit statuer lui-même sans les renvoyer à un *judex*. « Du *præses provinciæ*, dit-il, relève le jugement des contestations relatives aux honoraires » de certaines personnes. Il les énumère. Ce sont d'abord les « professeurs d'études libérales » c'est-à-dire les rhéteurs, les grammairiens, les géomètres. A côté d'eux, il faut placer les médecins « qui n'ont en vue que la santé des hommes »

---

1. L'enseignement donné à un esclave peut aussi faire l'objet d'un louage; les services portent alors, en effet, sur une chose matérielle; ils sont susceptibles d'une évaluation pécuniaire (plus-value obtenue par l'esclave). Voy. D. fg. 13 § 3. *local. conduct.* (texte d'Ulpien). De même encore les soins donnés à un esclave par un médecin. (D. IX, 2. fg. 7, § 8). On sait que le *pro Roscio comœdo* de Cicéron a pour sujet la contestation entre un propriétaire d'esclaves et l'acteur chargé de l'instruire.

2. D. L. 13, fg. 1.

tandis que les premiers ne visent que leur instruction (*curam studiorum*) ; l'accoucheuse parce que sa profession est une sorte de spécialité médicale : mais il faut exclure de la liste les charlatans qui pratiquent l'incantation et l'exorcisme, ce ne sont pas de véritables médecins. Pour d'autres raisons, les philosophes ne sauraient être compris dans la catégorie visée, non pas que la philosophie ne soit chose infiniment respectable, mais parce que les philosophes doivent déclarer d'abord hautement qu'ils méprisent tout travail mercenaire (1). Les professeurs de droit ne peuvent réclamer non plus un salaire quelconque, ce serait dégrader leur enseignement que d'admettre que le prix en soit évalué. Enfin la liste se complète par les maîtres d'école (*ludi litterarii*) qui ne sont pourtant pas des professeurs, mais que l'usage assimile aux professeurs (2) ; par les *notarii*, les *librarii*, les *calculatores*, les *tabularii*, c'est-à-dire les scribes, secrétaires, comptables, archivistes ou greffiers, d'une manière générale tous ceux qui sont employés à des écritures (*litteras vel notas*). Elle comprend encore les avocats et s'achève, d'une manière très inattendue, par les nourrices (*nutrices*).

Il semble très difficile de trouver un lien entre des professions si variées, et d'indiquer la raison de cette sorte de faveur qui semble les envelopper toutes.

Pour certaines qui forment une catégorie spéciale dans le texte, et que le jurisconsulte semble placer bien au-des-

1. Ce n'est pas sans protester que les philosophes se voyaient, sur ce point, refuser l'assimilation aux rhéteurs et aux grammairiens. On était obligé parfois de leur rappeler le désintéressement obligatoire dans leur profession (*Cod.* X, 41, fg. 6). — La même idée, exprimée ici par Ulpien, se retrouve dans un rescrit d'Antonin le Pieux. Voy. plus haut, p. 36.

2. A côté du maître d'école publique, le texte place également le précepteur (*pædagogus, comes*) chargé d'une éducation particulière.

sus des autres, en refusant à ceux qui les exercent le droit
de réclamer un salaire, même par une *cognitio extraordinaria* devant le *præses* (on veut parler des philosophes et
des professeurs de droit), la très haute idée que l'opinion s'en
faisait est la seule raison d'être d'une classification à part (1).

D'autres (rhéteurs, géomètres, grammairiens, médecins,
avocats et professions assimilées) ont en commun ce
qu'on appellerait aujourd'hui leur caractère *libéral*. Il est
entendu que les services qu'elles rendent ne se peuvent
évaluer en argent, qu'on n'est pas quitte envers son professeur, son médecin ou son avocat, parce qu'on les a payés, etc.
Il semble bien que les Romains se sont élevés à une conception semblable. Ulpien, à propos d'un géomètre, dit
expressément (2) : « Nos anciens n'ont jamais pensé que
son ministère put faire l'objet d'un louage, mais qu'il était
rempli surtout *comme un bienfait (magis operam beneficii
loco)*: ce qu'on lui doit est donné à titre de reconnaissance
et c'est pourquoi on l'appelle *honorarium*. » Ainsi les professions libérales sont rétribuées par l'*honorarium*, c'est-
à-dire par le présent offert pour reconnaître un bienfait
que l'on a reçu; on le réclame sans doute s'il est refusé ou
contesté, mais en s'adressant par une *cognitio extraordinaria* au préteur ou, en province, au proconsul. Les
règles seront les mêmes que pour les honoraires de l'avocat. On aura égard par conséquent à la nature de l'enseignement, au talent du maître, aux usages scolaires, etc...
N'y aura-t-il pas aussi pour la taxation des honoraires un

---

1. Philosophes et professeurs de droit ne devaient rien demander, sans
doute, mais il leur était permis de recevoir: « Certaines choses, en effet,
dit Ulpien, peuvent être acceptées honnêtement, qu'on ne saurait réclamer sans malhonnêteté »

2. D. XI, 6, fg. 1 pr.

modus legitimus qui ne devra pas être dépassé? Non, il ne faut pas pousser plus loin l'assimilation à laquelle invite le texte, mais, selon nous, l'arrêter au principe seul.

Reste à expliquer la place singulière parmi les professions libérales des *notarii, librarii, calculatores, tabulari* et surtout des *nutrices*... Il semble bien qu'ils n'y peuvent figurer en raison du caractère libéral de leurs services. — Si les scribes ne peuvent obtenir paiement de leurs salaires que par une *cognitio extraordinaria*, c'est en souvenir des anciens appariteurs des magistrats. A l'origine, l'Etat seul utilisait ce genre de services, le magistrat seul les payait : plus tard, quoique aux gages des particuliers, ils relèvent encore de la juridiction de leur premier maitre pour les contestations relatives à leurs salaires. — Quant aux nourrices Ulpien nous dit expressément que seules s'adressent au magistrat par une *cognitio extraordinaria*, celles qui nourrissent réellement les enfants de leur lait (*infantes uberibus aluntur*). Qui sait, si on n'a pas voulu voir dans le fait de donner cette première alimentation, un service analogue à ceux des professions libérales, c'est-à-dire fort au-dessus de tout contrat de louage?

Pour en revenir au louage de l'artiste, on n'a pas dessein d'en exposer ici les principes. Rien dans les textes n'indique que la qualité d'artiste ait modifié les règles ordinaires de ce contrat La forme la plus fréquente, dans ce cas, est le louage en vue d'un travail déterminé (*locatio operis faciendi*) dont les matériaux essentiels sont fournis par l'artiste lui-même (1). Tantôt c'est une statue dont le marbre

1. Cod. I, 21 const. 4. Dig. XLVIII, 1, fg. 20.

appartient à celui qui le taille, tantôt un objet d'art où
« l'orfèvre emploie son or (1) », tantôt un travail de construction quelconque dont l'architecte fournit les matériaux (2).

Cette variété du contrat de louage est-il un louage ou ne
constitue-t il pas plutôt une vente, (vente de la matière, ou
plus exactement vente d'une chose future (statue, maison, etc) (3).? — La question est controversée. Certains
jurisconsultes (4) voient dans l'espèce les deux contrats
mêlés l'un à l'autre, mais l'opinion qui prévaut (5) — à
tort ou à raison — conçoit l'engagement comme une vente.
Quant au service ou travail, il s'absorbe et disparait dans la
matière fournie ou plutôt dans l'objet final qu'elle sert à
créer. Le plus souvent donc. le contrat qui intervient entre
un artiste et celui qui lui fait une commande est non pas
un louage, mais une vente de chose future, obéissant
aux règles ordinaires, c'est-à-dire affectée d'une condition
tacite et dont l'existence reste en suspens jusqu'au moment
où le travail de l'artiste est achevé et où la remise peut en
être faite.

On conçoit aisément que les rapports nés de la vente ou
du louage se modifient quand au lieu des simples particuliers, ses clients ordinaires, c'est avec l'Etat que traite
l'artiste.

A Rome, l'Etat est rarement acheteur direct des œuvres

1. Gaius III, 147. Inst. III, 24-31. Dig. XIX, 2 fg. 2. § 1.
2. Dig. XVIII, 1 fg. 20 *in fine*; XIX, 2. fg. 22. § 1.
3. Voy. Ermann. *Mélanges de droit romain. Les théories romaines sur
l'entreprise avec les matériaux de l'entrepreneur.* (Rev. générale de
droit 1892).
4. C'était la doctrine de Cassius (Gaius III, 147).
5. Elle a pour elle l'autorité de Pomponius. D. XVIII, 1, fg. 20.

d'art, il fait surtout des commandes ; *locare, locatio* sont les termes usités pour en parler (1). Comme exemple, on peut citer l'érection d'une statue à quelque citoyen illustre (2). Elle est ordonnée par un sénatus consulte, qui alloue un crédit ; les questeurs du Trésor en surveillent l'emploi et désignent l'artiste qui sera chargé de l'exécution, sous leur surveillance et suivant leurs indications (3). Quelquefois aussi, la statue est élevée en exécution d'un plébiscite ou sur l'ordre d'un magistrat quelconque ou même par les soins d'un simple particulier à la suite d'une sorte de souscription populaire (4). Souvent enfin la dépense est couverte par celui qui en prend l'initiative ou à qui l'honneur en revient ; la *merces* n'était payable, d'après l'usage général, qu'une fois l'ouvrage reçu et approuvé (5).

Mais l'artiste auquel l'État fait le plus fréquemment appel est l'architecte. Leurs rapports constituent le régime des travaux publics. On n'a pas dessein de l'exposer entièrement ; les notions qui suivent ont trait seulement aux deux parties contractantes dans les marchés de travaux publics (6) : autorités compétentes pour représenter l'État, — mode de désignation des personnes à qui les entreprises seront confiées.

La surveillance des édifices publics aussi bien que la direction des travaux d'utilité générale appartenaient aux

1. Perse VI, 47. Suet. Claud. 9.

2. Dig. XLIII, 9. fg. 2.

3. Cic. Philipp. IX, 7.

4. Pline. *Hist. Nat.* XXXIV. ch. 9., 4 *in fine* et chap. 11. Il y avait abus ; on était obligé quelquefois de prendre des mesures contre l'envahissement de la voie publique par les piédestaux dressés à des popularités d'un jour. (Pline, idem. ch. 14.)

5. Dig. XIX, 2 fg. 24 pr.

6. Pascalis. *Du régime des travaux publics à Rome* (1884). Daremb. et Saglio. *op. cit.* V° censoria locatio.

censeurs. « *Censores*, dit Cicéron, *tecta, templa, vias, aquas...
tuento* (1) » Toutes les fois qu'une construction ou réparation était nécessaire, les censeurs après avoir obtenu du
sénat un crédit (2), l'ordonnaient souverainement. L'ouvrage achevé portait le nom du censeur qui avait prescrit de
l'entreprendre. Sous l'empire ce pouvoir des censeurs passe
théoriquement à l'empereur; en fait il est exercé par le préfet du prétoire et le préfet de la ville ; dans les provinces, il
appartient au gouverneur qui tient à cet égard les administrations locales dans les liens d'une sorte de tutelle plus
ou moins étroite. Dans les municipes un *curator operum*,
pris ordinairement parmi les décurions et désigné par la
curie, mais souvent aussi nommé d'office par le gouverneur, a la charge des entreprises. Ces diverses autorités
étaient assistées et remplacées par des délégués ou commissaires (*duumviri, triumviri, etc., curatores*) dont le concours présentait quelque utilité en raison peut-être de leurs
connaissances spéciales pour la surveillance effective, la
critique des travaux et la réception après leur achèvement.

Les modes d'exécution des travaux publics étaient probablement à l'origine la régie et la corvée; mais de très
bonne heure, on eut recours à l'adjudication aux enchères
publiques. Autorisée par un sénatus-consulte, elle avait
lieu au Forum devant les questeurs du Trésor. L'adjudicataire (*manceps* (3)) devait fournir des cautions et affecter

1. *De legib.* III. 4. 7.
2. Les frais étaient quelquefois fournis soit par le prince, soit par un
magistrat (édile, etc.), soit par des contributions volontaires des particuliers. « Quand Rome eut accompli ses principales conquêtes, dit
M. Dezobry (*op. cit.* IV. p. 76), et vit ses grands citoyens aussi opulents
que des rois, la République ne fit presque plus faire de travaux; elle
laissa ce soin aux riches ».
3. Ainsi appelé parce qu'il élevait la main (*manus*), pour avertir qu'il
se chargeait de l'entreprise au prix proclamé.

aussi par écrit des gages immobilier (*prædia subsignata*) à la sûreté des créances de l'Etat. Les clauses du cahier des charges étaient déterminées par l'édit censorial (*leges censoriæ*). Outre ces clauses l'architecte devait respecter : 1° les règlements ou lois relatifs aux bâtiments (1), ceux qui déterminaient par exemple la hauteur maximum et l'épaisseur minimum des murs donnant sur la voie publique (2), les conditions imposées à certains ouvrages (3), tels que galeries en avant ou en saillie, qui interdisaient l'emploi de certains matériaux (4), etc., 2° les coutumes des lieux pour la construction des murs mitoyens, des égouts, des toits, des cloaques, pour les vues des bâtiments, l'écoulement des eaux, etc. (5). Les censeurs devaient conclure le marché avec l'adjudicataire au prix proclamé; mais ils restaient maîtres de le refuser, s'ils l'estimaient incapable et le Sénat, qui conservait la haute surveillance des opérations pouvait, plus tard encore, résilier le contrat (*locationes inducere*). Les travaux achevés, le magistrat qui les avait ordonnés les recevait, après les avoir vérifiés et approuvés (*probatio*) (6).

Le paiement de la somme attribuée à l'entrepreneur était réglé moitié à l'ouverture des travaux, moitié après leur

1. Voy. le discours d'Auguste au Sénat : *oratio de modo ædificiorum* (Suét. Aug. 89).

2. La hauteur ne devait pas excéder 70 pieds (S.rab. V. 210), c'est-à-dire 20 m. 75. Néron réduisit ce chiffre, et Trajan l'abaissa à 60 pieds (17 m. 7.) (Aurel. Victor. *Epitom.* XIII).

3. Voy. une interdiction du préfet de la ville Prætextatus en 368 av. J.-C. (Ammien Marcell. XXVII, 9, 10. Dig. XLIII, 8. fg. 2 § 6).

4. Il fallait, par exemple, employer une chaux éteinte depuis 3 ans. (Pline, *Hist. nat.* XXXVI, 23).

5. Vitruve, *de architect.* VI. præf.

6. *Probare* (Tit. Liv. IV, 22, Orelli 3270); *acceptum referre* (Cic. *in Verr.* I, 54 à 57).

achèvement dans un délai fixé et leur réception. Il semble que souvent les frais ayant dépassé les prévisions on se livrait à une estimation nouvelle : pas plus que leurs modernes successeurs, les architectes romains ne restaient fidèles à leurs devis. Vitruve pardonne volontiers à ceux qui ne les dépassent que d'un quart (1); il déplore qu'on n'ait pas adopté à Rome une vieille et célèbre loi d'Ephèse qui accorde aux architectes dont les dépenses n'excèdent pas les devis « des récompenses et des honneurs; si elles ne dépassent l'estimation que du quart, on a recours aux deniers publics... Mais si elles s'élèvent au delà du quart on prend l'excédent sur les biens de l'architecte (2) ». Excellente mesure sans doute! mais le système des adjudications maintenu en principe ne la rendait-il pas superflue?

1. *De arch.* X, præf.
2. Idem. *loc. cit*

NOTES SUPPLÉMENTAIRES

Note I, sur la page 30, ligne 15.

Le *Musée d'Alexandrie* (1), création d'un Ptolémée du Ier siècle, fut, après l'annexion de l'Egypte, administré par les Romains, qui laissèrent intacte l'organisation primitive.

On sait que le personnel des pensionnés du Musée était distribué en sections suivant les spécialités. Les directeurs de ces sections choisissaient les membres perpétuels ou temporaires et étaient eux-mêmes nommés par le roi ; l'administrateur général également désigné par le roi faisait fonction de grand-prêtre d'Egypte. Sous les Romains, les directeurs furent au choix du préteur de la province ; quant au grand prêtre, c'était une charge trop considérable, l'empereur se réservait d'en désigner le titulaire ; ainsi Caius Julius Vestinus, ancien précepteur d'Hadrien et directeur général des bibliothèques de Rome, fut promu grand-prêtre d'Egyte et, en cette qualité, administrateur du Musée d'Alexandrie.

Note II sur la page 85.

Martial est le type de ces hommes de lettres, clients du prince ou des grands. Il touche la *sportule* qui est une sorte de rémunération quotidienne, de pension alimentaire, quelquefois en nature, le plus souvent en argent ; elle consistait en une somme de 25 as (1 fr. 62 1/2) qui à certains jours (anniversaires, cérémonies, fêtes de famille, etc.) pouvait bien s'élever un peu mais sans atteindre au bout de l'an un chiffre très haut ; Friedlaender (*op. cit.* I, Supp. p. 101) évalue la *sportule* annuelle moyenne à 618 fr. 75. Pour la recevoir, il fallait chaque matin se présenter au domicile du patron où elle était même très irrégulièrement payée si l'on en juge par les réclamations des intéressés ; tous les prétextes sont bons pour la suspendre ; aussi Martial (III, 7) aurait-il de beaucoup préféré à cette aumône incertaine un traitement fixe (*salarium*). On pouvait, il est vrai, se rattraper sur le casuel ; il y avait les bonnes aubaines, une gratification plus large en remerciement de l'envoi ou de la dédicace d'une œuvre, parfois simplement une invitation à dîner, un vêtement, etc. A force de solliciter il arrive que le client obtienne un présent plus sérieux, quelques arpents de terre à la campagne, une métairie comme Stace, une petite villa comme Martial (à qui Dioclétien avait déjà conféré le tribunat honoraire, l'inscription dans l'ordre des chevaliers et pour prix de ses vers le *jus trium liberorum*). C'est là le rêve de tous depuis qu'Horace reçut de Mécène cette maison de campagne qui tient une si grande place dans sa vie et dans son œuvre et que Virgile obtint d'Auguste la restitution de son petit domaine du Mincio. Le premier devait (2) à la générosité

_____

1. Voy. Parthey, *Le Musée d'Alexandrie* (all.). Berlin, 1838.
2. Il le dit expressément, lui-même à Mécène : *Tu me fecisti locupletem* (*Ep.* I, VII, 15).

d'Auguste et de Mécène cette médiocrité dorée où se bornaient ses désirs; le second, suivant une tradition assez sûre (Virgile, édit. Ribbeck, XXX) aurait laissé une fortune considérable qui n'avait pas d'autre source. On n'en finirait pas d'énumérer les traits de bienfaisance dont les auteurs sont remplis; l'escarcelle des Muses est toujours tendue sans que jamais s'épuise la libéralité de leurs protecteurs. Aux yeux des intéressés les Césars et les grands n'ont pas d'autre raison d'être que d'ouvrir largement les mains. « Donnez-nous des Mécènes, dit bravement Martial (V, 56), et vous aurez des Virgiles ». Ailleurs, reprenant l'expression même de Virgile parlant d'Auguste (*Deus nobis hæc otia fecit* (*Ecl.* I), il somme Domitien (I, 107, 3) de lui faire aussi ces loisirs que Mécène assurait aux poètes de son temps.

Au regard des bénéfices, il faut mettre les charges. C'est pour beaucoup l'obligation de la visite matinale dans une sorte de tenue réglementaire, une lourde *toga* (*sudatrix toga*, dit Martial (XII, 57, 4) qui fait donner aux clients le nom de *togati* ou *salutatores*; spécialement pour l'homme de lettres, c'est la nécessité de tenir l'emploi d'amuseur, de panégyriste, d'historiographe, etc., auprès de ses protecteurs, rôle ingrat, s'il en fût. Properce, Horace, Martial parlent souvent des importunités qui ne leur sont point ménagées; on les voit embarrassés, pris entre le désir du client qui ne voudrait pas indisposer un patron dont il dépend, — et l'écrivain qui tient à garder sa liberté, à rester maître de choisir son heure et son sujet. Il faut faire des pièces de circonstance sur la naissance d'un enfant, le mariage d'un fils, un anniversaire, etc.; on demande une consolation pour la mort d'un parent, une épitaphe pour sa tombe; à Martial un de ses patrons commande un jour des vers sur une chienne (I, 110) il est de mode de lui acheter des épigraphes pour des présents à offrir; son emploi de poète de cour auprès de Domitien consiste à décrire les jeux sanglants du cirque où se complaisait la férocité du maître; tout un livre (*De spectaculis*) est consacré à ce beau sujet.

Note III sur le chapitre Iᵉʳ, de la 2ᵉ partie.

Au *patronage*, se rattache l'institution des *concours littéraires*.

Très florissante en Grèce, où elle était née au milieu des fêtes publiques, de la noble émulation qui emportait tout un peuple d'artistes, elle fut à Rome une création des empereurs destinée à compléter le système de protection inauguré par Auguste.

Le premier, César, tenta de créer des concours littéraires, mais l'essai n'eut pas de suite. — Auguste, l'an 2 après Jésus-Christ joignait aux *ludi Augustales* fondés en son honneur et célébrés tous les quatre ans à Naples, un concours de poésie grecque. L'institution fut de longue durée, mais sans grand éclat : on voit Claude y présenter une œuvre de son frère Germanicus qui obtint le prix : en 90, Stace s'y fait couronner. — Caligula fonda à Lyon, toujours en l'honneur d'Auguste, des concours littéraires dont il édicta une réglementation bizarre et folle qui ne pouvait pas être prise au sérieux. — Après lui, Néron imagine les jeux Néroniens à l'imitation des jeux grecs; ils revenaient tous les cinq ans; le programme très varié comprenait des concours d'éloquence, de poésie et de musique. Sous la surveillance d'intendants choisis parmi les personnages consulaires, les gens de lettres ou les artistes qui se disputaient les prix s'exposaient souvent à la concurrence très redoutable de l'empereur lui-même. Ces jeux ayant trop spécialement pour but de mettre en lumière les talents de Néron, après lui tombèrent vite en défaveur et disparurent.

Domitien renouvela plus heureusement cette tentative : il créa l'*Agon capitolinus* (1) en l'honneur de Jupiter Capitolin. Ce concours revenait tous les quatre ans (le premier eut lieu en 86 après Jésus-Christ). Le prix d'éloquence était accordé au rhéteur qui prononcerait le plus bel éloge de Jupiter Capitolin : il y avait également un prix de musique et un autre de poésie. Le jury se composait du flamine de Jupiter (*flamen Dialis*) et du collège sacerdotal de la maison flamine (les autres collèges obtinrent dans la suite d'en faire partie à tour de rôle) ; l'empereur le présidait et décernait lui-même les récompenses dans une cérémonie solennelle au Capitole. Ces récompenses consistaient en simples couronnes de chêne et d'olivier ; quoique purement honorifiques, elles étaient ardemment disputées: tandis que Stace brigue vainement le prix de poésie, d'autres l'obtiennent dont les noms sont aujourd'hui tombés dans l'oubli le plus profond (Savus Memor, Collinus, L. Sulpicius, Maximus qui triompha de 52 rivaux et fit graver sur son tombeau sa composition de concours, etc.). Le succès du lauréat avait un grand retentissement; son talent recevait une sorte de consécration officielle. On venait des municipes, des provinces les plus reculées, disputer des prix dans ce concours. Le provincial qui pouvait remporter chez lui la guirlande de chêne était l'orgueil de son pays natal, un homme extraordinaire, à qui on élevait plus tard une statue (Orelli 2603).

Le concours d'éloquence disparut très vite; on n'en trouve plus dans les textes de mention certaine après Domitien ; mais le concours de poésie dura jusqu'à la fin de l'Empire. Peut-on dire même qu'il ait alors disparu ? Dans les grandes cités, à l'imitation de Rome, on avait fondé des concours municipaux dont la tradition s'est conservée dans tout le pays latin. Le souvenir de ce couronnement du poète par les mains impériales a traversé tout le moyen âge : Pétrarque invité par le Sénat, héritiers des *patres*, vient recevoir à Rome la couronne de chêne ; le 8 avril 1341 la fête imaginée par Domitien se donne au Capitole pour la dernière fois.

1. *Agon*, c'est-à-dire lutte, concours. — Voy. Morcelli. *L'agon capitolin* (ital.) Milan, 1816.

TABLE

DROIT FRANÇAIS

DE LA COLLABORATION

CONTRIBUTION A L'ÉTUDE

DE LA PROPRIÉTÉ LITTÉRAIRE

ET ARTISTIQUE

BIBLIOGRAPHIE

Pour la bibliographie, on renvoie à l'ouvrage de :

E. Pouillet. — Traité théorique et pratique de la propriété littéraire et artistique et du droit de représentation, 2ᵉ édition (1894),
qui donne une bibliographie très étendue.

Pour les documents de jurisprudence, on a consulté, outre les
recueils ordinaires :

Les Annales de la propriété artistique et littéraire, publiées depuis
1855, ou recueil Pataille (1).

Avec une table publiée sous ce titre :

Dictionnaire de la propriété industrielle, littéraire et artistique (1887),
2 vol.

Les lois étrangères sont extraites des :

Lois françaises et étrangères sur la propriété littéraire et artistique
suivies des conventions internationales par MM. Lyon Caen et
Delalain, 2 vol., 1889. Ouvrage complété par les publications
périodiques suivantes :

Annuaire de législation étrangère, publié par la Société de législa-
lation comparée.
Le droit d'auteur. Organe officiel de l'Union internationale, pour la
protection des œuvres littéraires et artistiques.
Journal de l'Imprimerie et de la librairie.

Et, récemment, par un :

Supplément (1890-1896).

---

1. Les Annales sont indiquées par l'abréviation *Ann.* suivie de deux
numéros : le premier est celui de l'année du Recueil, l'autre celui de
la page.

DROIT FRANÇAIS

NOTIONS PRÉLIMINAIRES

IDÉE GÉNÉRALE DE LA COLLABORATION

La collaboration, dans sa notion la plus large et la plus commune, « c'est la participation à un travail littéraire » (Littré). L'étymologie l'indique (*collaborare*, travailler ensemble). Étendant un peu le sens ordinaire, on désignera par là tout fait d'association ayant pour but la production d'une œuvre de littérature et D'ART, aussi bien que cette association elle-même.

Ainsi, des gens de lettres ou des artistes apportent leur concours à une œuvre commune : ils sont des collaborateurs, le lien qui les unit est une collaboration.

Malgré l'observation de La Bruyère que « l'on n'a guère vu jusques à présent un chef-d'œuvre d'esprit qui soit l'ouvrage de plusieurs (1) » le fait de s'associer dans la production, n'est pas rare chez les gens

1. *Les Caractères* — des ouvrages de l'esprit, 9.

de lettres et les artistes. Il l'est peut-être moins pour les gens de lettres, depuis un siècle, qu'autrefois. La reconnaissance du droit d'auteur a ouvert la voie à toute une industrie inconnue de nos pères. Le noble souci de la perfection qui motivait le jugement de La Bruyère, chez de trop nombreux modernes est remplacé par des visées plus positives. « A genoux devant le veau d'or, dit Proudhon (1), l'homme de lettres n'a qu'un souci, celui de faire valoir au mieux de ses intérêts, son capital littéraire ». Par la collaboration, ce capital, ainsi que les capitaux ordinaires par l'association, augmente sa puissance et multiplie ses produits. Sous une même signature, on dirait volontiers sous le timbre d'une même marque, on peut achalander un nombre plus considérable d'œuvres marchandes. Des efforts isolés, pareils aux petits capitaux, peuvent faiblir et se perdre; par leur réunion les entreprises incessantes ou immenses, les œuvres multiples ou démesurées deviennent réalisables (2).

1. *Les majorats littéraires*, p. 83 « Dans le cours du xviie et du xviiie siècle, dit Sainte-Beuve (*La littérature industrielle*, R. D. M. 1er sept. 1839), des idées de libéralité et de désintéressement s'étaient, à bon droit, attachées aux belles œuvres :

> Je sais qu'un noble esprit peut sans honte et sans crime
> Tirer de son travail un tribut légitime,

disait Boileau en faveur de Racine, et c'était une concession... (De nos jours) le démon de la propriété littéraire monte la tête..... chacun exagérant son importance se met à évaluer son génie en sommes rondes; le jet de chaque orgueil retombe en pluie d'or. »

2. Voy. E. de Mirecourt. *Fabrique de romans maison A. Dumas et Cie*, (1845.)

On n'a pas dessein de raconter l'histoire de la collaboration dans les arts et les lettres. A moins d'un développement considérable cette histoire ne saurait être qu'une nomenclature fort sèche d'écrivains et de titres d'ouvrages. Il faut se borner à quelques notions.

C'est le théâtre qui fournit les exemples de collaboration les plus nombreux et les plus mémorables (1). On cite la fameuse collaboration de Molière, Corneille, Quinault et Lulli pour la tragédie-ballet de Psyché en 1671, à la même époque celles de Quinault et Lulli, de Molière et Lulli; au xviiie siècle, de Brueys et Palaprat. De nos jours, il faudrait citer à peu près tous les écrivains dramatiques. Rappelons les célèbres collaborations de Scribe (notamment avec Meyerbeer), de A. Dumas père, Duvert et Lausanne, Meilhac et Halévy, etc... Un des chefs-d'œuvre de la comédie moderne *Le Gendre de Monsieur Poirier* est dû à une collaboration (2).

La collaboration artistique, assez fréquente autrefois, est aujourd'hui plus rare.

Si l'on néglige les travaux des ateliers de peinture, de sculpture, exécutés sous la direction et au nom d'un maître par ses élèves, on aura peine à citer, parmi les modernes, des œuvres portant la signature de deux artistes comme les frères Dosio, les frères Orcagna en

1. Voy. Goizet, *Histoire anecdotique de la collaboration au théâtre,* 1868, in-8°.
2. E. Augier et J. Sandeau.

Italie (1). Dans les annales de la musique les curieux relèveront à grand peine quelques collaborations accidentelles, celles de Boïeldieu et Hérold, de Boïeldieu et Cherubini, de Méhul et Cherubini pour quelque opéra oublié ; plus récemment une autre, celle-ci permanente, la collaboration des frères Hillemacher.

Certains genres littéraires paraissent admettre ou nécessiter même la collaboration.

1° Toute une catégorie de productions de la littérature dramatique : vaudevilles, drames, revues, féeries, etc. On cite une revue la *Tour de Babel* représentée aux Variétés, le 24 juin 1834, et qui n'avait pas moins de trente collaborateurs. Des écrivains comme Alexandre Dumas père, Scribe, etc., ont dirigé de véritables usines où se fabriquait sous leur nom et même avec leur concours, un nombre considérable de ces sortes d'ouvrages.

2° Les œuvres dramatico-musicales (opéra, drame lyrique, opéra-comique, etc.), composées de paroles et de musique ; il semble qu'un seul auteur ne puisse être capable d'écrire à la fois l'une et les autres, malgré l'ordinaire médiocrité de ces dernières. La collabora-

---

1. On connaît d'assez nombreuses associations de même genre dans les écoles hollandaises et flamandes; entre paysagistes et peintres de figures, par exemple, l'un se chargeant du fond, l'autre des premiers plans de la scène et des personnages. Aujourd'hui même certaines œuvres monumentales réclament le concours de sculpteurs, de décorateurs et d'architectes.

tion du musicien et du librettiste (1) est un fait presque
sans exception (2).

3° Les grandes entreprises de librairie (collections,
manuels, encyclopédies, dictionnaires, compilations, etc.), et les publications périodiques (journaux,
revues); par leur étendue des œuvres semblables
dépassent l'effort individuel : elles exigent la coopération d'un nombre considérable de personnes, le plus
souvent réunies sous une direction unique qui inspire
et coordonne leurs travaux.

L'existence de la collaboration ainsi rappelée, il
resterait à se demander ce qu'il en faut penser au point
de vue de l'art et aussi au point de vue des hommes.
Peut-il jamais naître d'elle autre chose que des œuvres d'un jour, et La Bruyère a-t-il raison ? Ou bien
le talent trouve-t-il un emploi plus heureux et
plus fécond de lui-même à se doubler d'un talent
étranger? A-t-on raison de voir, dans nombre de collaborations, quelque chose qui choque le sens du juste
et ce genre d'association ne devient-il pas souvent,
comme d'autres, une sorte de marché de dupe, où le
producteur fournit, tandis que l'intermédiaire prélève?
Le mystère dont elle s'entoure n'a-t-il pas caché parfois le règne brutal de la force et dissimulé des par-

----

1. Le librettiste, c'est-à-dire l'auteur du livret (de l'italien *libretto*) :
on appelle ainsi le canevas, rédigé en prose ou en vers, sur lequel écrit
le musicien.

2. On sait que Richard Wagner et Berlioz (pour ne citer que les plus
illustres) ont écrit le premier tous et le second la plupart des poèmes
de leurs œuvres musicales.

tages léonins? Ou bien la collaboration réaliserait-
elle une sorte de société idéale dans la République
des lettres (cessant d'être alors « celle des loups (1) »),
où la seule équité présiderait à de paisibles réparti-
tions de la gloire et des profits, où règnerait dans les
efforts de talents égalisés, une harmonie si parfaite
que les succès aussi bien que les revers seraient im-
puissants à la rompre?

Récemment encore ces questions étaient discutées (2);
il a paru bon de les formuler en passant, mais elles
n'ont pas ici leur place.

L'objet qu'on se propose est d'étudier comment la
pluralité d'auteurs, la présence de plusieurs titulaires
d'un même droit, modifiera les règles ordinaires de la
propriété littéraire et artistique.

On sait que cette propriété reconnue en France par
la loi du 17 juillet 1793, l'a été depuis dans la plupart
des pays civilisés et même dans quelques autres.

Notre législation, insoucieuse de régler toutes les
questions soulevées par le droit nouveau, est restée
muette, malgré des textes nombreux, sur le point qui
nous occupe.

Une proposition de loi présentée par M. Philippon
le 19 mai 1886 (3) contient la plupart des solutions que
la doctrine et la jurisprudence avaient déjà indiquées.

---

1. Beaumarchais, *le Mariage de Figaro* (act. 1., sc. 2.)
2. Voy. Alexandre Dumas fils, *Théâtre des autres*, préface. Enquête du journal *le Gaulois*, avril 1894.
3. *Journal officiel*. Doc. parlement. Chambre, décembre 1886 p. 1795 et sq.

Quant aux législations étrangères, plusieurs s'inspirant de nos critiques et de nos travaux, mais devançant la lenteur de notre marche, ont posé les principales règles.

La orvège, notam ment, présente dans sa loi récente du 4 juillet 1893 une série de dispositions sur la collaboration, qui constituent un traité complet de la matière, aussi remarquable par la justesse des solutions que par la précision des formules.

Enfin dans le programme du « Congrès de la propriété littéraire et artistique » tenu à Anvers du 18 au 25 août 1894 figurait pour la première fois la collaboration : elle a fait l'objet d'un rapport de M. Harmand.

PREMIÈRE PARTIE

DE LA COLLABORATION

CHAPITRE PREMIER

NOTION JURIDIQUE DE LA COLLABORATION

« Une œuvre littéraire ou artistique, dit M. Pouillet (1), peut être la création commune de plusieurs personnes : on dit alors qu'elle est le produit d'une collaboration ». Cette définition peut suffire, si l'on veut simplement rappeler ce qu'on entend par collaboration dans le langage courant et donner une idée générale, mais elle est insuffisante à exprimer la notion juridique de la collaboration, telle que la doctrine l'a précisée.

La notion commune est à la fois trop large et trop étroite.

1° Elle est applicable à certaines pluralités d'auteurs qui ne sont pas des collaborations, au sens technique du mot.

2° Le titre de collaborateur peut être reconnu à une personne qui n'a pris aucune part à l'œuvre commune, qui n'y a pas, au sens ordinaire, collaboré.

---

1. *Traité théorique et pratique de la propriété littéraire et artistique,* 2ᵉ édition 1892, p. 106.

Nous proposons la définition suivante :

La collaboration est le fait, par plusieurs personnes, de concourir directement à la production d'une œuvre de littérature ou d'art, dans une mesure certaine, suffisante, mais impossible à déterminer ou le contrat par lequel un auteur convient qu'une personne étrangère a contribué à la production de son œuvre dans la même mesure que lui-même.

Il faut mettre à part des œuvres produites par la collaboration telle qu'elle vient d'être définie :

1° Les œuvres produites au moyen de travaux de *commande*. — Le droit d'auteur, à moins de convention contraire, appartient seulement à celui qui a fait la commande.

2° Les œuvres *collectives*, c'est-à-dire, celles qui sont composées de la réunion d'œuvres parfaitement distinctes et séparées, telles que chaque auteur peut montrer sa part dans l'œuvre commune et par conséquent exercer son droit isolément sans préjudice de l'exercice du droit collectif.

Prenons pour type les dictionnaires, encyclopédies, répertoires, compilations, etc. Ces sortes d'ouvrages sont rarement entrepris et menés à bonne fin par une seule personne quoique publiés ordinairement sous un seul nom. Le plus souvent, celui qui a la conception d'une œuvre semblable s'adjoint de nombreux travailleurs, il distribue à chacun sa besogne, inspire et dirige chaque travail isolé, lui assigne sa place et règle son importance ; enfin, réunissant et reliant le tout, il tâche de former avec ces morceaux épars (produits d'esprits différents, mais obéissant à une inspiration commune) un ensemble harmonieux.

De ces collaborateurs (au sens vulgaire du mot), les uns restent anonymes (1). Ils vendent au directeur leur contribution moyennant un prix; une fois le manuscrit livré et le prix payé, auteurs et directeur n'ont plus rien à se réclamer l'un à l'autre, ils ne sont en effet liés, à moins de conventions contraires, que par le simple contrat de louage d'industrie. Le directeur de l'encyclopédie ou du dictionnaire a fait des commandes, il les règle à la livraison, restant, même pour toutes ces contributions étrangères, seul titulaire du droit d'auteur. Ce droit porte sur l'œuvre totale comme sur chacun des matériaux dont elle est faite. La pierre qu'on apporte de tous côtés, une fois utilisée pour la construction, perd son existence individuelle pour se fondre dans l'ensemble et l'édifice ne porte que le nom de l'architecte.

Mais il se peut que tout en concourant ainsi en sous-ordre, les collaborateurs aient signé leur contribution. Dans ce cas, le directeur est bien réputé auteur de l'œuvre collective considérée dans son ensemble, mais chaque collaborateur, à moins de conventions différentes, garde intact le droit d'auteur sur sa contribution *envisagée isolément*; en d'autres termes : le directeur d'une encyclopédie aurait le droit d'en autoriser la réimpression sans consulter ses collaborateurs signataires des différents articles qui la composent, mais le même pouvoir lui serait refusé sur un article isolé signé d'un nom qui n'est pas le sien,

---

1. Il y a encore aujourd'hui, il y aura toujours, d'obscurs ouvriers littéraires, travaillant à forfait, et tenant moins à la gloire qu'à l'argent. Ceux-là louent leur industrie et ne peuvent réclamer sur l'œuvre conçue et écrite par eux sur commande, et pour le compte d'un tiers, aucun droit de propriété; le droit appartient à celui dont ils ont accepté la commande (Pouillet, *op. cit.* N° 121, p. 140).

tandis que l'auteur de cet article pourrait librement, soit l'insérer dans ses œuvres complètes, soit le publier à part, sans avoir à solliciter de permission préalable.

Par le même motif, la durée de la protection pour l'œuvre collective, se règle sur la vie *de son auteur*, c'est-à-dire du directeur, et non, pour chaque partie, sur la vie de celui qui l'a signée ; en d'autres termes, l'œuvre ne peut tomber par morceaux dans le domaine public, mais d'un seul coup et tout entière. Quant aux contributions *considérées isolément* et *publiées à part*, la durée de la protection dépendra pour elles de la vie de ceux qui les auront signées.

Ainsi, bien que plusieurs personnes aient en fait contribué à la création de l'œuvre, il n'y a qu'un seul droit d'auteur ou bien il y a deux droits en présence, qui ne portent pas en réalité sur le même objet, indépendants l'un de l'autre et dont les destinées sont différentes.

On a pris une espèce très simple d'œuvre collective ou formée de travaux sur commande, mais cette espèce pourrait être aisément compliquée.

La personne qui fait la commande (il s'agit par exemple d'un discours public dont un orateur novice a dû confier la rédaction à des mains plus expertes) (1) n'a pas écrit une seule ligne du manuscrit. A celle qui a exécuté la commande, ne sera pas, pour cela, reconnue la qualité d'auteur, ni même celle de collaborateur. L'auteur légal c'est celui qui signe l'œuvre et qui la publie; on ne saurait lui

---

1. C'était le cas de l'abbé Roquette raillé par Boileau :

> On dit que l'abbé Roquette
> Prêche les sermons d'autrui.
> Moi qui sais qu'il les achète
> Je soutiens qu'ils sont à lui.

demander compte des concours qu'il a sollicités; même s'il est certain que la part dans l'œuvre de son travail personnel est nulle, il faut toujours le tenir pour l'auteur (1) unique. La prétention des véritables ouvriers à jouir seuls ou de concert avec l'auteur légal des droits attachés à la propriété littéraire ne saurait être admise; ils ne sont pas plus collaborateurs qu'ils ne sont auteurs.

Pour l'œuvre collective, qu'à la place du directeur, unique auteur, on suppose un comité composé de plusieurs personnes, où les décisions seront prises à la majorité des voix, une société, une personne morale quelconque, (état, académie, institut, université, société savante, etc.); qu'on réduise même l'œuvre collective à une simple série d'œuvres individuelles ajoutées bout à bout, dans tous ces cas, et d'autres analogues, les mêmes règles sont applicables. Il y a un propriétaire de l'œuvre totale. C'est le directeur du recueil, du journal, de la revue, une société d'actionnaires, une académie, l'ensemble des collaborateurs. Il y a également un propriétaire pour chacune de ces parties : c'est celui qui est l'auteur de cette partie. Leurs droits sont différents; ils ne peuvent ni se gêner, ni se confondre. Voici un ouvrage composé de deux morceaux juxtaposés qui ne portent pas la même signature : les deux auteurs co propriétaires de l'ouvrage donneront ensemble l'autorisation d'imprimer; s'ils cessent d'être d'accord, sans licitation, puisque les deux portions sont aisément séparables, chacune retrouvera une indépendance qu'en droit, sinon en fait, elles n'avaient jamais perdue (2).

---

1. *Contrà*. Renouard. *Traité des droits d'auteur*, 1838, II, p. 232.

2. Des conventions particulières interviennent parfois pour limiter le droit qu'a l'auteur de disposer séparément de sa contribution dans l'œu-

Les œuvres d'art produites en collaboration rentrent toujours dans la catégorie des œuvres collectives. Sans doute il y a une influence réciproque, une inspiration commune entre tous les collaborateurs. Mais l'apport de chacun peut être isolé, il est visible dans l'œuvre commune, on peut l'en détacher aisément. Prenons pour exemple un monument dû à la coopération d'un architecte et d'un sculpteur; la masse générale, la disposition et l'agencement des parties sont l'œuvre du premier; les statues, bas-reliefs, hauts-reliefs, le ciseau du second les a taillés. Œuvre commune d'une part sans doute, mais aussi œuvres individuelles qui, matériellement, se peuvent séparer ou joindre.

La législation française est muette sur ce sujet.

La proposition de loi (1) contient à l'égard des œuvres collectives la disposition suivante :

ART. 10. — Les ouvrages qui consistent en une collection d'œuvres ou de fragments émanés de différents auteurs sont la propriété de celui qui édite l'œuvre collective, sous la réserve des droits de chaque auteur pour la publication séparée de ses œuvres ou fragments.

La jurisprudence est en ce sens (2).

Beaucoup de lois étrangères ont prévu les œuvres collectives. Avec des formules plus ou moins heureuses, elles

vre collective. Il ne pourra en user qu'à l'expiration d'un ʳtain temps écoulé depuis la première publication de l'œuvre collecti, ou bien on lui impose d'indiquer dans la publication séparée, de quelʳ œuvre elle est extraite. Enfin, s'il offrait cette contribution, pour l'y insérer, à l'entrepreneur d'une œuvre collective similaire et concurrente, il se rendrait complice de la contrefaçon opérée au préjudice de l'auteur de l'œuvre collective primitive.

1. Voir plus haut, [p. 10.
2. Pouillet, *op. cit.*, n° 121, 123, 124.

ont posé les mêmes règles. Certaines cependant (lois suédoise, danoise, anglaise, allemande, autrichienne, russe, du grand-duché de Finlande et japonaise) ont subordonné l'exercice du droit de publication séparée pour les collaborateurs, à l'expiration d'un certain délai à compter de la publication de l'œuvre collective : la loi autrichienne et la loi italienne ont imposé aux collaborateurs l'indication, en tête de la publication séparée, du titre de l'œuvre collective où leur contribution avait été d'abord insérée.

Voici les dispositions des lois étrangères (on a rapproché les formules analogues) :

Loi norvégienne du 4 juillet 1893 (art. 3.) :

« Les éditeurs de journaux ou d'autres publications périodiques ou d'œuvres qui se composent de contributions indépendantes provenant de divers collaborateurs, ont le même droit exclusif de publication, par rapport à l'ensemble de l'œuvre, que celui qui appartient aux auteurs.

« Sous réserve des stipulations contraires, l'auteur de la contribution distincte garde son droit d'auteur sur cette contribution (1) ».

Loi danoise du 29 décembre 1857 (art. 7) :

« L'éditeur d'un écrit périodique ou d'un ouvrage formé de contributions indépendantes de divers collaborateurs,

---

1. D'après la loi précédente du 8 juin 1876 (art. 4), que celle-ci a abrogée, l'auteur devait attendre *un an* après la publication de l'œuvre collective pour exercer son droit sur la contribution indépendante.

C'est encore la solution de la loi suédoise du 10 août 1877, art. 5 : L'éditeur d'un écrit périodique ou d'un écrit composé d'articles indépendants, de collaborateurs différents, est considéré comme auteur de l'écrit mais sans avoir le droit de publier séparément chacun des articles. *Un an* après la publication de chaque travail, l'auteur est autorisé à le publier lui-même.

qu'il soit un institut scientifique, une société, ou un particulier, jouira du même droit exclusif qu'un auteur, pendant trente ans à dater de l'expiration de l'année où a paru
la première édition de l'ouvrage dont il s'agit.

« Toutefois, à moins de stipulations contraires, les auteurs
des contributions particulières auront le droit de publier
autrement leur ouvrage, au bout d'*un an après* la première
publication, et seront en pareil cas investis de l'intégralité
des droits d'auteurs, dans les termes de la présente loi ».

Loi du 28 juin 1881 pour les Pays-Bas (art. 2) (1) :
« Sont assimilés aux auteurs :
« *a*) Ceux qui entreprennent....., des œuvres formées par
des contributions de collaborateurs différents ;....
« Pour les œuvres formées par des contributions de collaborateurs différents, chaque collaborateur conserve en
outre le droit d'auteur sur la contribution qu'il a fournie,
sauf stipulation contraire ».

Loi anglaise du 1er juillet 1842 (art. 18).
Elle attribue au directeur, éditeur ou propriétaire d'une
encyclopédie, revue, *magazine* ou livre quelconque, le droit
de copie (*copyright*) sur l'*ensemble* de l'œuvre collective,
pendant la durée normale de la protection, à moins de convention contraire ; après un *délai de* 28 *ans* seulement, les
collaborateurs auront le droit de publication séparée.

Loi allemande du 11 juin 1870 (art. 2, 9, al. 2, et 10).
Art. 2. — Il faut assimiler à l'auteur, quant aux droits
conférés par la présente loi, l'éditeur d'un ouvrage com-

1. La loi du 23 mai 1887 (art. 2) pour la République Sud-Africaine,
adopte une formule semblable.

posé de morceaux d'auteurs divers, si les morceaux se complètent et forment un tout.

Le droit d'auteur, pour chaque morceau en particulier, appartient à l'auteur de ce morceau.

Art. 9 al. 2 (1). — Pour un ouvrage formé de morceaux de divers auteurs, il y aura un délai spécial pour chaque morceau portant le nom de son auteur.

Art. 10. — Pour les articles, dissertations, etc... insérés dans des publications périodiques telles que journaux, revues, almanachs, etc., l'auteur a le droit, sauf convention contraire, de les reproduire ailleurs, même sans le consentement de l'éditeur littéraire (2) du recueil où ils ont paru, pourvu qu'un délai de deux ans se soit écoulé depuis l'expiration de l'année de leur publication.

Règlement russe sur la Censure et la Presse (art. 9 et 10).

Art. 9. — Les éditeurs de journaux et autres publications périodiques et en général de livres consistant en une réunion de compositions ou articles peu étendus, ont le droit de réimprimer ces productions dans la même forme.

Art. 10. — S'il n'y a convention contraire, l'insertion d'un article ou d'une traduction, dans un journal ou tout autre recueil, n'enlève pas à l'auteur ou au traducteur le droit de faire imprimer séparément cet article.

Loi russe du 15 mai 1880 pour le grand-duché de Finlande (art. 4 al. 1, et 5).

Art. 4 al. 1. — Lorsque plusieurs auteurs ont collaboré à

---

1. L'article 9 règle la durée du délai de la protection.
2. *Heranusgeber*, par opposition à l'éditeur commercial *Verleger*.

un ouvrage, chacun pour une portion déterminée, celui qui publie l'ouvrage a le droit exclusif d'en faire une nouvelle publication.

ART. 5. — Le droit accordé au publicateur par l'article 4, sur l'ensemble d'un ouvrage composé par plusieurs collaborateurs, ne fait pas obstacle au droit exclusif qui appartient à chaque auteur, à moins de conventions contraires, de publier séparément ou sous une autre forme, la partie de l'ouvrage dont il est l'auteur, lorsque deux ans se seront écoulés depuis que cette partie a paru pour la première fois, jointe aux autres, comme il est dit ci-dessus.

Loi autrichienne du 26 décembre 1895 (art. 8 et 9) :

ART. 8. — Sur les œuvres qui, composées de travaux distincts de différents collaborateurs, forment pourtant un tout, il y a un double droit d'auteur ; sur l'ensemble le droit appartient à celui qui édite l'ouvrage ; sur les travaux distincts aux auteurs de ceux-ci. Toutefois dans le cas où il en est fait des publications séparées les auteurs sont obligés d'indiquer l'ouvrage dans lequel a paru d'abord le travail publié à part.

ART. 9. — L'auteur de travaux jouissant de la protection légale et parus dans des ouvrages périodiques, tels que *revues, annuaires, almanachs*, ne peut à moins de convention contraire, en disposer autrement sans le consentement de la personne qui a édité l'ouvrage ou à défaut de mention d'une personne ayant joué ce rôle, du libraire-éditeur que *deux ans* après la publication.

Loi hongroise du 4 mai 1844. (Art. 1er, al. 4, et 2. al 1 et 2).

ART. 1. al. 4. — Quand la part de chacun des auteurs peut

être distinguée, le consentement de chaque auteur est nécessaire pour la reproduction, la publication et la mise en vente des parties distinctes de l'œuvre afférentes à chacun.

ART. 2. — Pour les œuvres littéraires composées d'articles de plusieurs personnes et considérées comme formant un seul tout, le rédacteur en chef bénéficie comme les auteurs de la protection légale.

Le droit d'auteur appartient pour chaque article séparé à chaque collaborateur.

Décret du 9 septembre 1882 pour l'Italie (art. 7) :

« La publication d'un travail composé de parties distinctes mais coordonnées de telle façon que leur ensemble forme une œuvre unique, ou un recueil ayant un but déterminé, confère à celui qui l'a conçu le droit exclusif de le reproduire et de le vendre.

« Néanmoins chacun des auteurs d'une des parties qui composent des publications de ce genre conserve ses droits respectifs sur son travail et peut le reproduire séparément en *indiquant* l'ouvrage ou le recueil duquel il est extrait (1) ».

Loi espagnole du 10 janvier 1879 (art. 30) :

« L'auteur ou le traducteur des écrits qui ont été insérés ou qui seront à l'avenir insérés dans les publications périodiques, ainsi que leurs ayants droit, pourront publier ces

---

1. Le même droit est reconnu par l'article 11 aux auteurs des écrits ou autres œuvres insérés « dans les recueils ou publications » des « académies ou autres sociétés analogues, scientifiques, littéraires ou artistiques ».

écrits sous forme de collection choisie ou complète s'il n'en a pas été autrement convenu avec le propriétaire du journal (1) ».

Code civil portugais de 1867 (art. 561 § unique et 576 § 2.)

Art. 561 § unique. — Si l'œuvre collective à la composition de laquelle ont concouru plusieurs écrivains a été entreprise, rédigée et publiée par un seul, c'est seulement à la mort de celui-ci que commencera à courir la deuxième période à laquelle se réfère le présent article.

Art. 576. § 2. — Les articles insérés primitivement dans des périodiques ou faisant partie d'un ouvrage d'ensemble ou d'une collection peuvent être réimprimés par les auteurs s'il n'y a pas de stipulation contraire (2).

Code civil mexicain de 1871 (art. 1265-1267.) (3).

Art. 1265. — Si les auteurs d'un ouvrage du genre de ceux qui sont désignés dans l'article 1263 (4) sont connus ou bien s'il est possible de déterminer quel est l'auteur de chaque article, chacun des collaborateurs jouit de la propriété conformément à la loi : mais la publication de l'ou-

---

1. Le même droit est reconnu aux académiciens ou aux membres « de toute autre corporation » pour leurs écrits insérés dans des publications faites par les compagnies auxquelles ils appartiennent (art. 52, al. 2 et 3). La formule de la loi de 1887 pour le Vénézuela est la même, (art. 27). La loi nouvelle du 17 mai 1894, plus brève et moins fidèlement calquée sur la loi espagnole, ne contient aucune disposition à cet égard.

2. Même formule dans le décret du 13 août 1879 pour la Bolivie (art. 7, al. 3 et art. 12, al. 2.)

3. La revision du Code civil mexicain en 1884, n'a rien changé aux dispositions concernant notre sujet ; le numérotage seul diffère.

4. L'art 1263 vise le cas d'une encyclopédie, d'un dictionnaire, d'un journal, etc., dont les auteurs sont connus sans toutefois qu'il soit possible de distinguer leur part de travail dans la composition et il renvoie aux articles traitant de la collaboration.

vrage entier ne peut avoir lieu sans le consentement de la majorité (1).

Art. 1266. — Si l'ouvrage composé par différents auteurs a été entrepris ou publié par un seul individu ou par une corporation, cet individu ou cette corporation aura la propriété de l'ouvrage entier, sauf le droit pour chacun des auteurs de publier à nouveau ses articles soit détachés, soit en collection.

Art. 1267. — Dans le cas prévu par l'article précédent, l'éditeur ne pourra publier séparément les articles sans le consentement de leurs auteurs (2).

Ordonnance pour le Japon du 28 décembre 1887 (art. 7, al. 2 et art. 15).

Art. 7, al. 2 : — Les droits de propriété sur les œuvres de littérature, dessins ou images qui sont des compilations d'ouvrages ou de conférences ou de discours de plusieurs personnes appartiennent aux compilateurs, ou après leur mort à leurs héritiers. Toutefois, les intérêts des auteurs, des conférenciers, des orateurs ou de leurs héritiers à l'égard du compilateur, sont réglés par des arrangements mutuels.

Art. 15. — Les articles, rapports ou romans, qui auront paru en continuation dans deux numéros au moins du

1. Le droit commun exigerait le consentement de tous les collaborateurs, l'unanimité au lieu de la simple majorité.

En effet, on sait que pour exercer leurs droits, les copropriétaires doivent s'entendre, l'opposition d'un seul paralyse tous les autres ; ils n'ont chacun qu'une seule faculté indépendante, celle de demander le partage.

La loi mexicaine constitue une sorte de société propriétaire du droit d'auteur sur l'œuvre collective, cette société est formée de tous les collaborateurs et ses décisions sont prises à la majorité des voix.

2. Le décret du 29 octobre 1879 (art. 14, 15, et 16) pour le Guatémala est calqué sur la loi mexicaine.

journal ou d'une revue ne pourront pas être dans les deux ans qui suivront leur publication, compilés, réunis en volume et publiés sans le consentement du gérant du journal ou de la revue.

De ces deux textes, le premier dans sa partie finale semble bien renvoyer aux conventions particulières, tandis que le second suppose le droit de publication séparée pour les collaborateurs d'une œuvre collective, puisqu'il ne donne ouverture à ce droit qu'après un certain délai.

Loi du 3 août 1887 pour l'Equateur(art. 30) :

« L'auteur qui s'est chargé, en vertu d'un contrat, de la rédaction d'une publication périodique, n'est pas admis à se réserver la propriété des travaux qu'il y insère, dans le but d'en empêcher la reproduction ; ce droit appartient à l'entrepreneur.

« Toutefois, l'auteur conserve le droit de propriété sur la publication à part qu'il ferait de ses articles ».

Loi du 26 octobre 1886 pour la Colombie (art. 51) :

« Les éditeurs ou entrepreneurs de journaux, sauf convention contraire, n'ont le droit que de publier une seule fois les articles des écrivains par eux rémunérés, Les écrivains conservent la propriété de leurs œuvres et le droit de les publier dans la forme qui leur convient ».

Mais dans son article 50 (1) cette loi semble avoir con-

---

1. « Les œuvres faites en collaboration constituent un travail indivisible, tant qu'elles sont maintenues en commun, comme elles ont été élaborées, et la durée de la propriété, dans sa seconde période, commence à courir du jour du décès de l'auteur qui survit aux autres.

« Mais chacun des collaborateurs peut disposer librement de sa part contributive, quand une stipulation en ce sens a été faite au moment où l'œuvre commune a été entreprise. » .

fondu l'œuvre collective et l'œuvre née d'une collaboration. Indistinctement le caractère d'indivisibilité, qui est propre aux œuvres nées d'une collaboration, leur est attribué avec toutes ses conséquences, comme aux œuvres collectives « tant qu'elles sont maintenues en commun comme elles ont été élaborées » et pour que chaque collaborateur puisse échapper à cette sorte d'indivisibilité légale et forcée, il faut « qu'une stipulation en ce sens ait été faite au moment où l'œuvre commune a été entreprise ».

Dans les pays dont la législation ne contient sur les œuvres collectives aucune disposition les mêmes principes ont cours (1).

Peu de lois étrangères ont prévu les œuvres de commande. Ici encore il a paru inutile de formuler un principe évident, citons cependant :

La loi autrichienne du 19 octobre 1879, qui s'exprimait ainsi (art. 17, al. 2) :

« A l'auteur, en tant que des conventions particulières, ne s'y opposent pas, doivent être assimilés au point de vue de la protection accordée par la présente loi :

a) Celui qui ayant commandé un livre l'a fait composer et exécuter par un autre d'après un plan donné par lui-même et à ses frais... »

La loi nouvelle du 16 décembre 1895 ne contient pas de disposition analogue : dans son article 17, elle vise autrement le même cas :

1. Ainsi le projet préparatoire de la loi belge du 22 mars 1886 prévoyant l'œuvre collective, la chambre des Représentants a fait disparaître l'article. On a dit qu'il était superflu de donner la solution d'une hypothèse aussi simple. (Lyon Caen et Delalain, *op. cit.* I, p. 172, n° 2.)

« La cession à titre onéreux d'une œuvre de littérature ou de musique vaut comme transmission du droit d'auteur à moins que le contraire ne résulte des circonstances ».

La loi suisse du 23 avril 1883 (art. 1, al. 2) :

« L'écrivain ou l'artiste qui travaille pour le compte d'un autre écrivain ou artiste est censé avoir cédé à celui-ci son droit d'auteur à moins de convention contraire ».

La loi du 3 août 1887 pour l'Équateur (art. 26) :

« Lorsqu'une œuvre aura été élaborée par son auteur, moyennant une rétribution accordée à celui-ci pour son travail, le droit de propriété appartiendra à la personne ou à la corporation qui aura fait faire le travail, sauf les stipulations contraires qui auraient pu être conclues entre celui-ci et l'auteur ».

La loi colombienne du 16 octobre 1886 (art. 17 et 49).

ART. 17. — L'auteur chargé, moyennant une rémunération convenue, de la préparation d'une œuvre littéraire ou artistique n'acquiert sur elle aucun droit de propriété.

En pareil cas la propriété appartient à celui qui commande l'œuvre et celui qui l'exécute a seulement le droit d'obtenir la rémunération promise.

ART. 49 — L'auteur ou le directeur d'une compilation en est le propriétaire et il n'a pas, à l'égard de ses collaborateurs, d'autres obligations que celles qui lui sont imposées par le contrat de louage d'industrie ; ce contrat peut renfermer des conditions diverses.

Le collaborateur qui ne s'est réservé par stipulation

expresse (1) aucun droit de propriété ne pourra réclamer que le prix convenu, et le directeur de la compilation à laquelle il donne son nom sera considéré comme l'auteur aux yeux de la loi.

La notion de la collaboration ainsi dégagée, revenons à la définition qui en a été proposée plus haut (2).

Cette définition met en lumière le caractère essentiel de l'œuvre produite en collaboration : l'*indivisibilité* (3). On entend exprimer par là l'impossibilité de déterminer l'apport de chaque collaborateur dans l'œuvre commune, par suite de le mesurer et de l'évaluer.

L'œuvre se présente portant la signature de deux ou plusieurs auteurs, mais aucun signe extérieur ne révèle l'origine de chacune de ses parties; rien ne permet d'en attribuer certaines à l'un plutôt qu'à l'autre des collaborateurs. Est-ce à dire que toute recherche en ce sens soit interdite? A coup sûr, les efforts des collaborateurs égaux ou inégaux sont distincts; malgré la réelle unité de l'œuvre, on peut, en s'aidant de leurs déclarations, des travaux préparatoires ou conventions préliminaires, de la correspondance échangée, des détails d'exécution ou des circonstances de fait, de ce que l'on sait de la personnalité ou du talent littéraire des auteurs, déterminer dans quelle mesure chacun a contribué à la production commune. Mais c'est là une tâche très délicate, qui peut être entreprise en cas seulement

---

1. N'est-il pas excessif d'exiger une *stipulation expresse* du collaborateur pour la réserve de son droit de propriété? cette réserve pourrait résulter d'une intention non douteuse manifestée par certains faits, celui-ci par exemple, que chaque contribution reçoit une attribution et porte une signature.

2. P. 14.

3. V. p. 59 *bis*.

d'absolue nécessité (1). Le plus ordinairement, la nature même des choses doit être respectée; la fusion d'éléments étrangers est l'œuvre réfléchie des producteurs eux-mêmes; on irait contre leur volonté si on tentait de démêler ce qu'ils ont uni, alors que leur effort s'est précisément employé à effacer toute trace de différences ou de distinctions.

On essaiera en vain, pour opérer une séparation, de se fonder sur certaines présomptions, exemples :

a) L'*écriture du manuscrit*. — A chaque auteur reviendrait la partie de l'œuvre qui est de sa main. Rien de plus faux qu'une semblable attribution (2). Qui peut dire si la main ne copiait pas un texte antérieur? si elle n'était pas guidée dans sa tâche par un canevas, un plan, des idées brièvement notées, une sorte de rédaction hâtive et de premier jet que l'autre collaborateur a fournis? Qu'importerait même, pour prouver son droit, une rédaction complète et définitive de l'œuvre à qui n'en a pas eu la conception, les idées essentielles ou simplement décisives?

b) L'*idée première, la conception, le plan*. — Celui qui pourrait prouver que l'idée première d'un ouvrage, sa conception, son plan viennent exclusivement de lui, serait tenu pour l'auteur, tandis qu'on refuserait ce titre, ou bien on l'accorderait dans une moindre mesure, au collaborateur qui aurait travaillé seulement à la mise en œuvre, à l'exécution.

Cette présomption ne vaut pas mieux que la précédente.

1. V. plus loin, p. 95 et sq.
2. La production par un écrivain d'un manuscrit d'ouvrage entièrement écrit de sa main ne saurait faire écarter toute idée de collaboration (Trib. civ. Seine 22 juin 1887, aff. Noellet contre Mahalin), *Ann.* 89. 127.

Souvent le sujet, les idées mêmes, n'ont qu'une importance très secondaire. L'exécution, seule, peut faire toute la valeur d'une œuvre ; en art, l'intention ne suffit pas, c'est la réalisation qui compte ; d'un thème usé et banal, par le seul charme du style ou l'invention de détails imprévus, un auteur peut tirer une œuvre originale. Faire quelque chose avec rien a toujours été, sinon le seul but, tout au moins une des prétentions de l'art (1).

c) La diversité des talents des collaborateurs. — L'un est musicien, l'autre est poète ; il s'agit d'un opéra ou d'une œuvre composée de musique et de paroles. Il semblerait que le texte musical et le texte parlé reliés ensemble soient cependant aisés à séparer. Les deux auteurs pourraient conserver leurs droits distincts ; à l'un serait attribué tout ce qui est texte parlé, à l'autre tout ce qui est musique. Il

1. « A un jeune homme qui soutenait, un jour, cette théorie devant moi, dit M. Alexandre Dumas fils (*Enquête sur la collaboration*, lettre au *Gaulois*) que le droit et la propriété morale de l'œuvre appartiennent et restent à celui qui en a eu la première idée, quelques modifications qu'un auteur y ait apportées, à ce jeune homme je répondais : Je vais vous donner une idée. Un honnête homme, dans l'acceptation très étendue où l'on prenait ce mot au xviiᵉ siècle, jeté au milieu d'une société futile et corrompue, est pris d'un tel dégoût pour tout ce qu'il voit et entend qu'il en contracte une misanthropie insurmontable. Et cependant par une de ces anomalies étranges, familières au cœur humain, cet homme droit, clairvoyant, austère, s'éprend d'une coquette sur laquelle il ne s'aveugle pas plus que sur les autres humains, et lui, qui ne pardonne pas à un sot d'avoir écrit un mauvais sonnet, il va pardonner à cette femme d'avoir eu quatre galants et de l'avoir tourné en ridicule auprès de l'un d'eux. Alors... — Mais, interrompit mon jeune homme, c'est l'idée du *Misanthrope*, de Molière que vous me donnez là ?

— Parfaitement, et puisque vous prétendez que l'idée est tout, je vous propose cette idée bien connue. Je vais vous enfermer dans un appartement très confortable, où vous serez bien nourri, bien chauffé, bien couché, où il y aura du papier et des plumes à discrétion, mais où il n'y aura pas un seul livre. Je vous autorise à vous servir de tout ce que votre mémoire vous rappellera de la comédie de Molière et je vous défie d'en faire une pièce jouable, même en prose. S'il y a loin de la coupe aux lèvres il y a encore plus loin de l'idée à l'expression. »

y aurait là, en quelque sorte, la juxtaposition de deux parties indépendantes formant par leur réunion une œuvre collective. C'est là une vue très fausse(1). A qui revient la conception, l'idée première de l'œuvre, son plan originel? Est-ce au musicien? est-ce au poète? qui pourrait prétendre que les paroles n'ont pas éveillé des idées musicales? que certains développements du scénario ne sont pas suggérés par le musicien? qu'il n'y a pas enfin de l'un à l'autre un va-et-vient, un commerce incessant d'idées, une influence réciproque, qu'ils n'obéissent pas pendant la durée de sa gestation à une sorte d'inspiration commune permanente (2). Tout départ est impossible. L'œuvre, malgré la nature différente des concours dont elle est le produit, reste indivisible.

La notion de l'indivisibilité ne se confond pas avec celle de l'indivision.

L'indivision est créée par la coexistence sur une même œuvre de plusieurs droits d'auteurs, résultant, non d'une création commune de leurs titulaires, mais d'une transmission ou d'une acquisition indivises. Elle existe :

1° Entre les héritiers de l'auteur, ou de son cessionnaire. Comme tout autre bien le droit d'auteur entre dans le pa-

1. Un opéra, composé de paroles et de musique, constitue une œuvre indivisible entre le musicien et l'écrivain. (Trib. civ. Seine 29 nov. 1865, Choudens, *Ann.* 66. 12), à la condition que cette œuvre, quelle qu'en soit d'ailleurs l'importance, ait été produite en commun et sous une inspiration commune et qu'elle constitue ainsi un tout indivisible. Cass. 4 fév. 1881 (Société des auteurs et compositeurs) *Ann.* 81, 210.

2. « Il me dit un jour (Offenbach) que pendant qu'il travaillait à un opéra il ne pouvait se passer de la société de l'auteur du livret. « Je me considère, disait-il, comme moralement marié avec lui et, quand même nous n'avons rien à nous dire, je suis malheureux s'il reste un jour sans venir me voir. » (Edward Hanslick, *Souvenirs d'un critique musical viennois.*)

trimoine et passe aux héritiers ; tant que le partage n'a pas eu lieu, les héritiers restent dans l'indivision ; ils sont copropriétaires de tous les biens du *de cujus*, y compris le droit d'auteur.

2° Entre les cessionnaires qui ont acquis le droit d'auteur à frais communs. Il peut y avoir alors, soit simple copropriété, soit société ; dans ce dernier cas le statut social réglera l'accord des cessionnaires associés, aussi bien que la liquidation finale.

Cette indivision du droit d'auteur, conformément au droit commun de l'article 815 du code civil ne peut aboutir qu'au partage ordinaire. « Le principe général, dit Renouard (1), en vertu duquel nul ne peut être retenu malgré lui dans l'indivision, reprend son empire non seulement entre les cohéritiers après la mort de l'auteur, mais même du vivant de l'auteur entre les cessionnaires du privilège. Chacun des propriétaires pourra, comme à l'égard des autres natures de biens, contraindre les copropriétaires à une licitation ou à un partage. » Sans doute les collaborateurs sont également copropriétaires du droit d'auteur, mais, en eux, ce droit n'a pas le même caractère que chez les cohéritiers ou les cessionnaires ; il n'est plus exclusivement pécuniaire. Indissolublement uni à la personnalité même de l'écrivain ou de l'artiste, le droit d'auteur est, avant tout, la sanction d'intérêts d'ordre moral et intellectuel. On ne peut enlever à un auteur par une licitation, la disposition de ce qui fait, en quelque sorte, partie de sa personne, de ce qui est en l'émanation directe, *sa pensée*, bien qu'il l'ait exprimée et traduite dans une formule désormais publique.

1. Renouard, *op. cit.* n° 147.

Au contraire, aux mains des héritiers du cessionnaire, le droit d'auteur n'a qu'une valeur pécuniaire. L'œuvre est publiée, l'auteur n'y change plus rien, il est mort ou bien il a renoncé à son droit de se rétracter et d'introduire des corrections, des additions nouvelles, le lien est définitivement rompu qui reliait le créateur à son œuvre; source de profits, elle n'est plus autre chose pour les héritiers ou les cessionnaires, il faut la traiter comme telle.

Ainsi — droits indivis résultant de la copropriété, indivisibilité de l'œuvre née de la collaboration, — il faut distinguer les deux notions. Collaboration implique sans doute copropriété mais copropriété d'une nature spéciale, soustraite aux règles ordinaires.

Cette indivisibilité de l'œuvre qui résulte d'une collaboration a été quelquefois exprimée dans les textes de lois.

Ainsi la proposition de loi présentée à la Chambre des députés parle de l'œuvre « formant un tout indivisible (1) » (art. 7).

Il est question dans le code civil portugais de 1867 (art. 581) de l'œuvre ayant « plus d'un auteur et où chacun aura collaboré sous les mêmes conditions et en son nom propre (2) ».

La loi du 29 octobre 1873 pour le Guatémala (art. 12) vise l'œuvre « composée par plusieurs personnes dont on connait les noms » en sorte que « il est impossible de déterminer les parts dont chacune d'elles est l'auteur ».

La loi suédoise du 10 avril 1877 (art. 7) s'exprime ainsi : « Lorsque deux ou plusieurs personnes ont fait en com-

1. Même formule dans la loi monégasque du 27 fév. 1885 (art. 7).
2. Même formule dans la loi bolivienne du 13 août 1873 (art. 12).

mun un ouvrage, qui d'ailleurs n'est pas composé d'articles indépendants de collaborateurs différents... »

La loi norvégienne du 4 juillet 1893 (art. 6, 11, 21) parle de « l'œuvre composée par plusieurs auteurs sans que la contribution de chacun d'eux constitue une partie distincte ».

La formule est la même dans la loi hongroise du 4 mai 1844, qui parle de l'œuvre où « la part de chacun ne peut être distinguée » (art. 1, al. 2).

Il est question dans la loi danoise du 29 décembre 1857 (art. 4) d'un écrit ayant « pour auteur plusieurs personnes qui y sont nommées sans qu'aucune d'elles soit désignée comme l'auteur d'une partie distincte et reconnaissable ».

La loi colombienne du 26 octobre 1886 (art. 50) s'exprime ainsi : « Les œuvres faites en collaboration constituent un travail indivisible tant qu'elles sont maintenues en commun telles qu'elles ont été élaborées (1) ».

La collaboration, d'après la définition proposée, est un fait ou un contrat.

Le droit du collaborateur peut résulter :

1° D'une coopération réelle et c'est alors au juge à apprécier quelles sortes de coopérations donneront droit à être traité en collaborateur.

2° D'un contrat librement intervenu entre différentes personnes pour s'attribuer réciproquement la qualité de collaborateur.

On examinera successivement ces deux hypothèses.

1. On a vu plus haut p. 27 que la loi colombienne avait confondu les œuvres en collaboration et les œuvres collectives; d'où la disposition finale de cet article.

CHAPITRE II

FAITS CONSTITUTIFS D'UNE COLLABORATION

Le fait de collaborer implique une participation réelle au travail commun.

Pour mériter le nom de collaboration en l'absence de toute convention, le concours prêté doit réunir certaines conditions difficiles à préciser. Les rôles sont, en effet, très variés que peuvent jouer les collaborateurs dans l'association ; ajoutez qu'en raison de l'indivisibilité de l'œuvre, l'importance relative de ces rôles ne peut être mesurée.

Il est impossible de poser des règles : autant d'espèces autant de solutions différentes. Tout ce qu'on peut dire, sans dissimuler combien l'indication est imprécise et vague, c'est que le concours prêté devra être à la fois *direct, certain* et *suffisant*;

Direct : Il a en vue l'œuvre à réaliser.

Certain : L'existence n'en est pas contestable.

Suffisant : Il peut être l'équivalent de l'un quelconque des autres.

A un autre point de vue il faut :

1° que l'apport soit d'ordre littéraire ou artistique;

2° qu'il ait été accepté par les autres collaborateurs.

En un mot où commence la collaboration? où finit-elle? Telle est la question qu'il faut résoudre, en se gardant également de deux excès : le premier consisterait à tenir pour collaboration tout concours, même accessoire et secondaire, apporté à l'exécution d'une œuvre : l'autre à refuser de la voir dans un service qui n'aurait pas pour but la production matérielle de l'œuvre, qui ne se rattacherait pas intimement à son élaboration.

Les espèces fournies par la jurisprudence ont trait à la collaboration théâtrale, c'est elle que Lachand tenait pour « un fait insaisissable .. Celui-ci a une idée, une intrigue, « disait-il (1), il la communique, c'est un collaborateur; « celui-là n'a pas d'idée, mais il a un plan, il met l'idée en « mouvement, il fait naître les péripéties, celui-là est un « collaborateur; un troisième n'a ni idée ni plan, mais « il a le style, il a le mot brillant, celui-là est un collabo-« rateur. Mais ce n'est pas tout. Il y a une scène mauvaise « dans une pièce, les auteurs le sentent, ils veulent la « changer, ils ne peuvent en venir à bout; ils vont voir « un homme habile qui leur refait cette scène : voilà un « collaborateur. Les auteurs ne peuvent trouver un dé-« nouement, ou ils en ont trouvé un qui rend la pièce « impossible; ils vont trouver un des maîtres de l'art qui « leur donne ce dénouement : voilà un collaborateur. La « collaboration c'est une péripétie indiquée, une scène, un « vers, un mot indiqué (2). Croyez-vous que parce que « l'un aura moins écrit que l'autre, il sera moins collabo-

1. Cité par Marcel Gay. *De la propriété littéraire*, 1876, p. 213.
2. « Supposez un jeune homme ayant en l'idée d'*Antony*, dit M. Alexandre Dumas fils (*loc. cit.*), ayant exécuté quatre actes trois quarts tels qu'ils sont dans la pièce que vous connaissez; mais il n'a pas le dénouement. Il apporte ces quatre actes trois quarts à Alexandre Dumas et lui demande comment on peut terminer un pareil drame. Alexandre Dumas trouve : « Elle me résistait, je l'ai assassinée ». La pièce est de lui. Il ne faut que du talent pour exécuter Antony jusqu'à la dernière phrase. Il faut le génie de l'art dramatique et de la passion humaine pour trouver cette phrase. »

« rateur? Est-ce que le succès se mesure à la toise? Est-ce
« que lorsque Scribe aura fait deux scènes dans une pièce
« qui aura cent scènes, par exemple, est-ce qu'il sera moins
« collaborateur que l'autre? Dans les *Mémoires du Dia-*
« *ble*, une pièce qui a eu un énorme succès, les auteurs,
« qui avaient fait une pièce charmante, avaient un dénoue-
« ment impossible, ils étaient fort embarrassés; ils vont
« trouver un homme habile; or, dans le cours de la pièce,
« on entendait à différentes reprises tinter une sonnette.
« — Faites tinter votre sonnette au dénouement, dit
« l'homme habile. On suivit son conseil et la pièce fut
« non seulement sauvée mais encore elle eut un succès
« énorme. Ce n'est donc pas au manuscrit qu'il faut se
« rapporter quand on veut savoir quelle a été la part de
« collaboration d'un auteur dans une pièce ».

Le concours, avons-nous dit, doit être *certain, direct* et
suffisant, d'ordre littéraire, accepté par les autres collaborateurs.

1° Certain. — Il est inutile d'insister sur cette condition,
elle se comprend d'elle-même, « Il n'y a pas de collaboration sans apport, a-t-on dit (1). » Il faut montrer cet
apport si l'existence en est contestée.

Une pièce est tirée d'un roman par l'auteur lui-même,
un écrivain dramatique prétend avoir fourni une partie de
la rédaction de la pièce ou des idées personnelles non con-
tenues dans le roman; il est nécessaire qu'il prouve sa prétention (2).

1. Voy. Signorino. Le collaborateur imposé (la *France judiciaire,*
avril 1883, p. 106.)
2. Trib. civil Seine, 22 juin 1887 (Noullet contre Mahalin) *Ann.* 89, 127.

Une correspondance entre des auteurs dramatiques et un directeur de théâtre, dans laquelle ce dernier est traité de collaborateur, ne suffit pas pour établir la réalité de cette collaboration (1).

2° Direct. — Un auteur dramatique s'inspire d'une nouvelle ou d'un roman déjà publié, il lui emprunte le sujet, l'idée, les personnages de la pièce; à l'égard de l'auteur du roman de la nouvelle, c'est là un emprunt illicite s'il est fait sans son autorisation (2); mais cet auteur pourra-t-il, renonçant à son droit de poursuivre en contrefaçon, émettre les prétentions suivantes : « La pièce est également mon œuvre, sans moi elle n'existerait pas, l'apport essentiel c'est moi qui l'ai fourni, je dois donc être traité en collaborateur. — Non, faudrait-il lui répondre, car vous n'avez aucunement participé au travail qui a donné naissance à la pièce. Sans doute cette pièce est la reproduction, sous forme dramatique, de votre roman ou de votre nouvelle, peut-être en beaucoup d'endroits l'auteur vous a-t-il copié littéralement ; plaignez-vous du pillage, agissez en contrefaçon, mais ne vous prétendez pas collaborateur, car vous ne justifiez d'aucun *concours direct* à la production de l'œuvre dramatique (3) ».

Un écrivain a travaillé autrefois à des drames d'un titre et d'un sujet analogues à ceux de l'œuvre aujourd'hui représentée, il n'a certainement pas le droit de se prétendre

---

1. Trib. civ. Seine, 7 juillet 1869 (Labiche), *Ann.* 68, 392.

2. Dans la plupart des législations, la *dramatisation* opérée sans l'assentiment de l'auteur, est une contrefaçon, de même que la *romanisation* (beaucoup plus rare). On entend par *dramatisation*, la transformation, pour la scène, d'un roman et par *romanisation*, le développement d'une pièce sous forme de roman.

3. C. de Paris, 27 janvier 1840 (P. de Musset contre Lefranc), Dall. V. Prop. litt. n° 187.

collaborateur de l'œuvre nouvelle, il n'a pas prêté un *concours direct* à sa production (1).

3° **Suffisant.** — Un travail secondaire, l'appropriation à une scène déterminée d'une œuvre déjà représentée peut donner lieu à une rémunération mais ne constitue pas une collaboration (2).

Le directeur du théâtre qui a donné quelques conseils relativement au plan d'une pièce, ne saurait se permettre de revendiquer la qualité de collaborateur, alors que la pièce a été écrite et faite sans son concours (3).

Le régisseur d'un théâtre qui a fourni à l'auteur certaines indications, proposé des corrections ou des changements, n'est pas un collaborateur alors même que l'auteur a profité des conseils qui lui étaient donnés (4).

Le peintre de décors d'une pièce de théâtre n'est pas un collaborateur (5) à moins qu'il ne s'agisse d'ouvrages dont la décoration n'est plus un accessoire, mais constitue le principal attrait, comme une féerie; alors le machiniste, le décorateur, l'inventeur de trucs sont des collaborateurs au même titre que l'auteur du texte, puisque trucs, décors et machines sont la partie essentielle de l'œuvre (6).

1. Trib. civil Seine, 2 avril 1879 (Avenel contre Dumas et Garand) *Gazette des Tribunaux*, 3 avril 1879.

2. Trib. civ. Seine, 29 mars 1861 (Lordereau contre Royer et Petipa), *Ann.* 6, 233.

Voy. également Trib. civil Seine, 12 fév. 1879 (Justament contre Castellano et Vizentini) le *Droit*, 14 fév. 1879.

3. Trib. civ. Seine, 7 juillet 1860 (Labiche et Delacour contre Hostein) le *Droit*, 9 juillet 1860.

4. C. de Paris, 12 janvier 1883 (aff. Haymé contre Février), *Ann.* 84, 334.

5. Trib. civ. Seine (Chéret contre Laurencin) la *Loi*, 17 juillet 1881.

6. Trib. civ. Seine, 21 août 1859, C. de Paris, 28 janvier 1860. (Raignard contre Borsat et autres), *Ann.* 69, 353, 60, 66.

Le fait d'avoir indiqué à un éditeur l'idée d'un recueil, d'une compilation ne constitue pas, à lui seul, une collaboration (1), mais s'il s'agit d'une de ces sortes d'ouvrages où l'idée première, le canevas est tout, par exemple un ballet, une pantomime, dans ce cas, la prétention de celui qui a donné l'idée ou fourni le canevas à être traité en collaborateur paraît pleinement justifiée (2).

Le fait de s'être livré à certaines recherches et d'avoir réuni et coordonné des documents et des extraits pour le compte d'un auteur ne constitue pas une collaboration ; de même, le concours prêté à la correction des épreuves, à la revision du texte, à la surveillance des détails matériels de la publication (3).

Le fait d'avoir coopéré à la traduction d'un livret d'opéra ne donne pas droit à être traité en collaborateur, mais simplement à une rémunération (4).

Lorsque l'auteur d'un vaudeville, après avoir écrit en entier le dialogue et les couplets de sa pièce, s'est borné à indiquer en tête de ces derniers les airs sur lesquels chacun d'eux peut être chanté, l'auteur de ces airs ne pourra être traité en collaborateur (5).

Il en est de même pour les comédies ou vaudevilles aux-

1. Trib. civ. Seine, 22 août 1873 (Lachelin Dagullion contre Frey et Lachand), *Ann.* 74, 551.

2. Cont. Paris, 29 juillet 1857 (d'Hainault contre Arnault), *Ann.* 57, 285, le jugement est d'autant plus critiquable que l'indication avait été donnée dans l'espèce en exécution d'un projet arrêté de collaboration.

3. Trib. civil Seine, 7 fév 1890 (Prat contre Alphand) le *Droit*, 11 fév. 1890. V aussi Paris, 22 mars 1834 (X. de Montépin) *Ann.* 61, 200.

4. Trib. civ. Seine, 6 mars 1861 (Lindau contre R. Wagner), *Ann.* 61, 94. Voy. aussi : Trib. comm. Seine, 29 octobre 1879 (Cavellers contre Humbert), le *Droit*, 30 octobre 1879.

5. Cass., 4 février 1831 (Société des auteurs et compositeurs), *Ann.* 81, 240.

quels il a été adapté des ouvertures ou des airs qui ne sont pas le fruit d'une collaboration entre l'auteur et le compositeur; en pareil cas, le directeur de spectacle est en droit de supprimer, à la représentation, toute la partie musicale, sans pouvoir être recherché par les compositeurs pour avoir donné la pièce sans leur consentement particulier (1).

4° D'ordre littéraire ou artistique.

On entend par là, non pas le fait d'écrire entièrement ou pour partie le manuscrit de sa propre main, mais un concours quelconque « apporté soit à l'idée première, soit au « plan général à la disposition et à la succession des scènes, « au développement des caractères, à la vivacité ou à la « légèreté du dialogue, en un mot à tout ce qui peut faire « la scène de la pièce » (2).

L'auteur du livret d'un opéra, du texte parlé, d'une chanson, d'une composition musicale quelconque; le musicien qui écrit un accompagnement scénique à une œuvre dramatique, etc... sont des collaborateurs (3).

Constituent également des apports d'ordre littéraire ou artistique :

Des modifications dans le plan général d'une pièce, l'addition de personnages nouveaux, des changements apportés au dénouement et dans une partie du dialogue (4);

Le concours prêté à l'adaptation au théâtre d'une pièce déjà écrite, par le moyen de remaniements et coupures,

<hr>

1. Nancy, 13 août 1867 (Epron), *Ann.* 69, 246, Cass. 4 fév. 1881 (Société des auteurs et compositeurs), *Ann.* 81, 240

2. Trib. civ. Seine, 22 juin 1887 (Noellet contre Mahalin) *Ann.* 89, 127.

3. Trib. civ. Seine, 29 nov. 1865 (Choudens), *Ann.* 66, 12. Cass. 4 fév. 1881 (Société des auteurs et comp. dramat.) *Ann.* 81, 240.

4. Trib. civ. Seine, 18 nov. 1868 (Boudin contre Lesire) *Ann.* 69, 43.

par la surveillance des répétitions, la mise en scène, etc. (1).

La remise de documents personnels, à l'aide desquels est rédigé un travail qui, sans eux, était impossible (2).

Il faut écarter résolument et traiter comme simples services, sujets tout au plus à rémunération, tout ce qui n'est pas une coopération d'écrivain ou d'artiste. Quand il s'agit d'une œuvre à succès, spécialement d'une œuvre dramatique dont les profits sont quelquefois considérables, les tribunaux ont à juger les prétentions de tous ceux qui, de près ou de loin, ont approché soit l'auteur, soit le directeur de théâtre, soit les interprètes, pendant le temps de la composition, des répétitions, de la mise en scène; à les entendre, pas de démarche, de conseil, de simple conversation qui n'aient été décisifs. C'est un acteur, un directeur de théâtre, le régisseur, parfois un simple intermédiaire, qui prétendent avoir réalisé, sinon l'apport le plus gros du moins l'apport essentiel, celui qui détermina le succès.

A l'appui de demandes semblables on fait entendre des témoins, on présente des lettres, des télégrammes; la correspondance de l'auteur est épluchée, on y relève tout ce qui peut mettre sur la trace du prétendu concours.

Ceux qui veulent se ménager des preuves ou des présomptions, ont le génie du télégramme (3), sollicitant une réponse au petit mot sans conséquence qui demande une adresse, qui donne une indication que l'on ne sollicitait point; au petit mot ou au télégramme on a l'imprudence de répondre: c'est « Je vous remercie de votre renseignement » ou bien « Je verrai le Directeur demain matin »

1. Paris, 4 mars 1856 (Michel Levy contre Lockroy). *Ann.* 56, 74.
2. C. de Paris, 31 janvier 1881 (Pichot contre V⎺e Scribe), Dall. 82, 2, 62.
3. Voy. Signorino, *loc. cit*, p. 106 et sq.

Ces manœuvres sont familières au prétendu collaborateur; pour soutenir son affirmation, il est rare qu'il n'ait pas, en sa possession, quelque lettre imprudente.

Si l'apport peut se réduire matériellement à peu de chose, et cependant constituer un titre suffisant, il faut cependant exiger que cet apport ait un caractère littéraire. Faire des courses ou des démarches, servir de truchement entre un directeur et un auteur, jouer une pièce, la prôner dans un journal, disposer des décors ou des machines, être de l'intimité d'un auteur, échanger avec lui une correspondance familière, recevoir la confidence de ses projets, lui donner les conseils d'un ami désintéressé, autant de faits, où l'on ne peut voir une collaboration sans détourner abusivement le mot de son sens ordinaire, pour payer des services le plus souvent minimes, un concours qui s'est parfois imposé lui-même et consacrer le plus injustifié des partages.

5° Accepté par tous les collaborateurs.

Cette condition est nécessaire; sans elle, l'auteur sera à la merci d'un collaborateur inutile, qui s'imposera au nom d'un projet de collaboration et prétendra avoir des droits sur une œuvre où sa contribution n'est entrée dans une mesure quelconque et ne figure sous aucune forme. Qu'on doive lui payer le travail commandé et non utilisé, cela est équitable, mais il ne le serait pas de le déclarer auteur d'une œuvre qui n'est pas sienne.

S'il n'y a pas de contrat, il faut une acceptation du travail de l'un par l'autre, exemple: un projet pour tirer une pièce d'un roman, la remise d'un scénario à l'auteur du roman, ne suffisent pas à créer; pour l'auteur du scénario, un droit à être traité en collaborateur, s'il n'est pas prouvé que son apport a *été accepté* et a réellement servi à la composition définitive de l'œuvre dramatique (1).

Un livret d'opéra doit être *accepté* par le compositeur pour constituer, au profit de son auteur, une collaboration. Cette acceptation doit être certaine, elle ne résulterait même pas de la notation sur le manuscrit de quelques esquisses de composition musicale. Si le compositeur mourait avant d'avoir accepté le livret, l'auteur ne pourrait réclamer aux héritiers autre chose que la remise de son manuscrit; des dommages-intérêts pour inexécution d'un engagement ne se comprendraient pas, puisqu'il n'y a pas eu d'engagement (2).

Des additions, des rectifications, même considérables à l'œuvre d'un auteur, ne peuvent constituer une œuvre nouvelle, que si elles ont été *acceptées* par lui ; elles peuvent donner lieu à une rémunération, mais ne créent pas, au profit de celui qui les a faites, un droit de collaborateur (3).

Pas plus que la nôtre, les législations étrangères n'ont, en général, posé des règles permettant de discerner quels faits constituent une collaboration. Elles ont laissé aux tribunaux le soin de résoudre ces questions.

Relevons à titre de curiosité la disposition suivante empruntée au Règlement du 3 septembre 1880, pour l'exécution de la loi espagnole.

---

1. Paris, 14 juillet 1879 (Klein contre Daudet à propos de *Fromont jeune et Risler* aîné), *Ann.* 81, 192. Voy. aussi : Trib. civ. Seine, 25 juin 1879 (de Leuven contre de Flotow à propos de la *Fleur de Harlem*), le *Droit*, 26 juin 1879.

2. Trib. civil Seine, 14 avril 1880 (Héritiers Planard et de Saint-Georges contre Gounod), le *Droit*, 15 avril 1880.

3. Trib. civil Seine, 6 mars 1882 (Mehl contre Rouquette), la *Loi*, 7 mai 1882.

Art. 113. — Dans les œuvres dramatiques ou musicales qui sont exécutées en public, ceux qui font les décors et les autres accessoires du matériel scénique n'ont aucun droit à être considérés comme des collaborateurs.

Certaines législations refusent au fait d'écrire le libretto, ou, d'une manière générale, les paroles d'une composition musicale, le caractère d'une collaboration ; elles les tiennent pour une sorte de service secondaire, de moindre prix et qui n'égalise jamais son auteur au musicien. Si l'on a égard à la médiocrité presque universelle de ce genre de travaux, cette vue n'est pas sans justesse (1).

Telle était la disposition de la loi autrichienne du 19 octobre 1846 (art. 7) : « Le texte du chant se rattachant à une œuvre musicale est considéré comme un accessoire de la composition... » — Mais la loi nouvelle du 26 décembre 1895 l'a fait disparaître de la législation.

De même dans le système de la loi hongroise du 4 mai 1844 (voy. art. 48 et 52) le livret est réputé l'accessoire de l'œuvre musicale à moins de convention contraire, qu'il s'agisse du droit de publication ou du droit d'exécution.

La législation allemande considère également le livret comme l'accessoire dans les « œuvres musicales accompagnées d'un texte, y compris les œuvres dramatiques et mu-

---

1. N'est-il pas étrange, en effet, que les *Huguenots* soient également l'œuvre commune de Scribe et de Meyerbeer, *Faust* celle de J. Barbier et de Gounod ?

Il ne saurait être question ici, bien entendu, que des paroles écrites en vue d'une composition musicale déterminée, de ce qu'on appelle communément le livret. Souvent il arrive qu'une pièce de vers déjà connue et publiée est « mise en musique » par un compositeur. Dans ce cas, il n'y a pas à proprement parler collaboration, mais reproduction par un tiers de tout ou partie d'une œuvre littéraire : cette reproduction est licite ou illicite, suivant qu'elle a été ou non autorisée par l'auteur.

sicales, mais il faut qu'il s'agisse du droit de représentation publique » (loi du 11 juin 1870, art. 51). Au point de vue de la publication de l'œuvre par voie d'impression les deux collaborateurs sont égaux ; la volonté de l'un ne prime pas celle de l'autre. Mais s'il faut exécuter l'œuvre, la représenter, le compositeur devient le maître, il fait la loi au librettiste. — On ne veut parler, bienentendu, que du droit de disposer de l'œuvre commune ; la part dans les produits reste la même pour les deux collaborateurs.

En Suède il faut examiner quelle est la contribution essentielle. Est-ce la musique ? S'agit-il d'un opéra ? les paroles sont tenues pour l'accessoire, il n'ya pas collaboration. Est-ce au contraire le texte parlé qui est « la partie principale » ? Le compositeur n'a-t-il écrit qu'une sorte de « musique de scène (1) » ? c'est à la musique à passer au second plan, le musicien s'efface devant le poète ; il n'est plus son égal, son collaborateur.

En Espagne, après quelques hésitations (2) la qualité de collaborateur a été reconnue au librettiste (art. 22 et 23 de la loi du 10 janvier 1879), mais l'article 112 du Règlement du 3 septembre 1880, rendu pour l'exécution de la loi, semble tenir, en ce qui concerne le droit de publication, le livret pour l'accessoire de la composition musicale. Il est permis en effet à l'auteur de la musique, à défaut de réserve préalable, (dont on fait, il estvrai, une obligation à l'auteur du livret) « d'imprimer ou céder sa composition séparément, ou *accompagnée des paroles du chant*

1. Les œuvres de ce genre sont très nombreuses en Suède. Qu'il suffise de rappeler le théâtre d'Ibsen, illustré des compositions de Grieg.
2. Voy. l'article 21 du projet préparatoire (Lyon Caen et Delalain, *op. cit.* I. p. 214, note 3).

correspondantes », autrement dit : si au point de vue do la publication seulement l'auteur du libretto veut se voir traiter en collaborateur, il faut qu'il le dise expressément.

La loi du Vénézuela, du 12 mai 1887, copiée de la loi espagnole considère le livret comme l'accessoire de la composition musicale au point de vue du droit de publication. Elle permet à l'auteur de la partie musicale « de l'imprimer et de la vendre en y ajoutant le texte correspondant au chant » (art. 20. al. 1 *in fine*) et le règlement du 12 janv. 1888 en exécution de la loi contient (art. 79, 2ᵉ al.) une disposition analogue. Elle a été maintenue dans la loi nouvelle du 17 mai 1894 (art. 20, *in fine*).

Le Code civil mexicain de 1871 (art. 1309 et 1322) exige « une convention écrite pour reconnaître la collaboration de l'auteur du livret (1). »

---

1. Art. 1309 : « Pour les effets juridiques l'auteur de la musique est considéré comme étant l'auteur des paroles, sauf à l'auteur des paroles à garantir ses droits par une convention écrite passée avec le compositeur ».

CHAPITRE III

Jusqu'ici, on a supposé l'absence de toute convention préalable entre les collaborateurs. La qualité de collaborateur était la conséquence de certains faits de coopération à l'œuvre commune et d'immixtion dans sa production. Mais pour éviter toutes difficultés, régler la part et le rôle de chacun, il intervient souvent des conventions particulières qui modifient le droit commun, ou même s'y substituent complètement. Ces conventions, conformément à l'article 1134 du code civil, reçoivent leur entier effet : elles sont la loi de ceux qui y ont été parties.

On ne saurait tenter d'énumérer, en détail, des conventions d'une variété infinie; il est permis d'en essayer un classement.

a) Certaines opèrent un *partage du travail* entre les différents collaborateurs; — par exemple il s'agit d'une fabrique de vaudevilles : un des collaborateurs s'engage à fournir le plan, un deuxième les couplets, un troisième les bons mots; à celui qui possède quelque connaissance de la langue, de rédiger le dialogue ; « l'homme du théâtre » revoit le manuscrit et pratique « la mise au point », etc.

b) D'autres, au lieu de laisser les parts égales entre les collaborateurs, attribuent à certains une quote-part plus forte; c'est une sorte d'évaluation des contributions qui est faite par les parties elles-mêmes, et d'un commun accord. Parfois, la collaboration se réduit à la faculté de réclamer une quote-part des droits d'auteurs (1), l'auteur renonce alors à l'insertion de son nom sur l'exemplaire du livre ou sur l'affiche du spectacle, aussi bien qu'à tous les autres avantages attachés à la collaboration.

On s'est demandé si une clause semblable était valable? Pourquoi ne le serait-elle pas? le nom patronymique est sans doute une sorte de propriété inaliénable et imprescriptible, on n'a pas le droit de s'en séparer; mais il ne s'agit ici de rien de semblable, on attribue simplement tel fait déterminé (dans l'espèce un ouvrage littéraire artistique) à une personne, on la désigne comme en étant l'auteur, pourquoi ne pas admettre qu'elle puisse rejeter cette désignation publique, y renoncer même préalablement et par contrat? Alors surtout qu'elle a la disposition exclusive de l'objet, qu'elle peut librement le reproduire, le modifier, le supprimer même, il serait étrange que le seul mot, intangible de l'œuvre fut précisément le propre nom de son auteur (2).

c) Les statuts de la Société des gens de lettres ou ceux de la Société des auteurs et compositeurs dramatiques contiennent certains contrats de collaboration auxquels sous-

1. Trib. civ. Seine, 10 juin 1859 (Mirecourt), *Ann.* 59. 266.
2. C. de Paris, 14 nov. 1859 (Maquet), *Ann.* 59, 390.
Bien entendu cette renonciation ne peut avoir lieu que d'un commun accord des collaborateurs.
La loi hongroise du 4 mai 1811 (art. 1, al. 3 *in fine*) dit expressément: « Aucun des auteurs ne peut être forcé malgré sa volonté à mettre son nom sur l'œuvre ».

crivent, par avance, tous les associés; on en retrouvera plus loin un exemple.

Citons ici la disposition suivante par laquelle les auteurs de romans, nouvelles, etc., renoncent à poursuivre en contrefaçon les écrivains dramatiques qui ont tiré, sans leur autorisation, une pièce de leur œuvre ou se sont aidés de ses données, à condition d'être considérés comme collaborateurs de l'auteur dramatique : « Lorsque le sujet et les détails d'une pièce de théâtre sont empruntés à l'auteur d'un livre ou d'un article de journal ou de revue, il y a contrefaçon toutes les fois que cette reproduction ou imitation n'a pas été autorisée par l'auteur. Cependant, les sociétaires renoncent à exercer leur droit de poursuite contre les auteurs de pièces ainsi composées, à la condition qu'ils soient traités en collaborateurs (1) ».

Les statuts des sociétés des gens de lettres ou des auteurs et compositeurs dramatiques n'ont qu'une valeur relative, en dehors des adhérents, nul ne peut s'en prévaloir. Œuvres purement privées, elles sont modifiables au gré des contractants, ainsi les traités généraux conclus entre la société des auteurs dramatiques et les directeurs de théâtre ne mettent pas obstacle aux conventions entre parties intéressées. Exemple : deux auteurs d'une pièce de théâtre ont modifié les délais ou le nombre de représentations qu'elle devait avoir réglementairement; un troisième collaborateur, qui par suite de circonstances particulières, n'a pas concouru à la convention, mais qui l'a laissé exécuter sans protestation, n'est pas recevable à venir demander seul l'exécution stricte du traité général conclu avec la société des auteurs dramatiques. De même des auteurs pourraient renoncer à

1. Ch. Le Senne, *cod. du th.* p. 182.

la clause qui leur réserve, suivant les traités de la Société, le droit de distribution des rôles et le choix des artistes (1).

d) Des conventions prévoient le cas d'un conflit entre collaborateurs et donnent à la décision de l'un d'eux la faculté de primer celles des autres ou de les départager, s'il y a égalité de voix dans des sens différents.

e) Certaines reconnaissent la qualité de collaborateur à des personnes étrangères à toute production littéraire et artistique, mais dont on veut payer ainsi les services. Ces sortes de collaborations sont très fréquentes au théâtre. Il est souvent plus difficile de faire recevoir et jouer une pièce que de l'écrire. Des intermédiaires s'offrent volontiers pour obtenir ce que l'on eût refusé à l'auteur isolé et sans répondant. Le prix d'un concours de cette nature, c'est ordinairement le titre de collaborateur.

Parfois même, dans le contrat qui intervient entre un auteur et un directeur de théâtre, ce dernier réserve à son profit ou à celui d'une autre personne qu'il désigne, la qualité de collaborateur. C'est un procédé très simple pour couvrir les risques de l'entreprise, en faisant rentrer directement dans la caisse une bonne partie des recettes qui en seraient sorties sous forme de droits d'auteurs. Une collaboration de cette espèce porte le nom de *collaboration imposée* (2).

La Société des auteurs et compositeurs dramatiques a cherché à la restreindre en mettant les directeurs de théâtre qui seraient au nombre de ses membres, dans un état d'infé-

1. Trib. civ. Seine, 2 janv. 79 (Straudio), *Ann.* 79, 167).
2. Voy. Signorino, *op. cit.*

riorité vis-à-vis leurs coassociés ; ils ne peuvent faire partie
de la commission supérieure chargée de l'administration
sociale (art. 13, revision du 21 février 1876). Bien mieux,
les membres de la société s'interdisent « de faire représenter des ouvrages en collaboration avec des directeurs,
régisseurs, ou employés des théâtres à quelque titre que ce
soit. Cette interdiction ne s'applique qu'aux théâtres auxquels lesdits directeurs ou employés sont attachés, »
(art. 18) (1).

On connait aussi la collaboration imposée du directeur
de journal ou de l'agence de publicité. Pour assurer le
succès de l'œuvre à représenter, une réclame sérieuse est
indispensable ; or, le blâme comme la louange, sont devenus des marchandises dans la presse d'aujourd'hui. On les
paie suivant un tarif variable ; mais elles ne se donnent
jamais gratis. Un des modes de paiement les plus usuels,
en matière de théâtre, est l'attribution au journaliste, ou
au représentant de l'agence, d'une part et d'un titre de collaborateur.

Des arrangements de cette espèce, en raison de leur
caractère mensonger, peuvent être d'une délicatesse insuffisante au point de vue moral. Ils n'offrent cependant rien
d'illégal et les tribunaux ne pourront pas leur refuser une
sanction. En cette matière, quelles que soient les conventions des parties, on doit les respecter : aucune disposition
d'ordre public ne fait obstacle à ce qu'elles reçoivent un
entier effet.

Il est si naturel qu'un régime purement conventionnel

_____

1. Ces dispositions sont aisées à tourner ; le directeur de théâtre trouvera facilement un prête-nom, derrière lequel il dissimulera sa collaboration imposée.

soit, en cette matière de la collaboration, la règle ordinaire que la plupart des lois étrangères réservent *expressément*. le cas de stipulations contraires à leurs dispositions et que certaines même les prévoient.

C'est ainsi que la loi belge du 22 mars 1886 s'exprime ainsi (art. 6.): « Lorsque le droit d'auteur est indivis, l'exercice en est réglé par les conventions (1).

De même la loi du 3 août 1887 pour l'Équateur (art. 27): « En ce qui concerne les œuvres faites en collaboration on s'en tiendra aux stipulations intervenues entre les collaborateurs pour tout ce qui ne sera pas contraire à la présente loi ».

1. Même formule dans la loi monégasque du 27 février 1889, art. 7.

DEUXIÈME PARTIE

DES COLLABORATEURS

CHAPITRE I

DROITS DES COLLABORATEURS

Nous savons 'qui est le collaborateur : c'est, en résumé, celui qui peut faire la preuve d'un fait de collaboration, ou à qui la qualité de collaborateur est attribuée par contrat.

Reste à exposer quels sont les droits du collaborateur.

Le collaborateur est un auteur, a-t-on dit ; la conséquence est que ses droits seront ceux de l'auteur. Il est impossible de les énumérer ici sans écrire tout un traité de la propriété littéraire et artistique ; d'une manière générale l'auteur a le droit exclusif de publier, représenter, exécuter, traduire, reproduire sous une autre forme, ou dans un art différent, par tous les moyens connus et d'autres encore, l'œuvre dont il a la *propriété* ; mais à la différence de la propriété ordinaire, celle-ci est limitée dans le temps.

Le collaborateur est auteur : il publiera, cédera son droit en tout ou en partie, pour un nombre limité ou illimité d'éditions ; il fera exécuter ou représenter, choisira

le théâtre, acceptera la troupe, dirigera et surveillera les répétitions, etc., etc...

Comme l'auteur le collaborateur a le droit d'exiger que
son nom figure sur le titre de l'ouvrage imprimé, ou sur
l'affiche du spectacle, s'il s'agit d'une œuvre dramatique (1). L'éditeur ne peut supprimer le nom d'un des collaborateurs, ni même intervertir l'ordre de leurs noms, qui
est une sorte de marque collective; de même un directeur
de théâtre ne saurait, sans s'exposer à une action en dommages-intérêts, omettre sur l'affiche les noms des auteurs,
disposer ces noms d'une manière inégale (c'est-à-dire placer l'un en vedette tandis que l'autre se révèle mal grâce à
la petitesse des caractères), dans un ordre différent de celui
qui a été adopté d'un commun accord, etc...

De ce qu'il y a plusieurs auteurs il ne s'en suit pas
cependant que le droit d'auteur avec les avantages divers
qui en découlent doive s'étendre et se multiplier pour que
chacun en jouisse, comme s'il était seul auteur. Non, le
droit, en cas de collaboration, reste le même; il a seulement alors plusieurs titulaires dont chacun ne possède pas
tout le droit, mais seulement une part.

On trouve une application curieuse de ce principe dans
le règlement très développé du 3 septembre 1880, édicté
pour l'exécution de la loi espagnole du 10 janvier 1879 sur
la propriété intellectuelle. L'article 105 assure gratis (à moins
de conventions différentes) à l'auteur d'une œuvre dramatique ou musicale « deux fauteuils de premier rang, chaque fois que l'œuvre est représentée »; mais, est-il ajouté:

1. Trib. comm. Seine, 26 juin 1832 (Gaillardet), *Gaz. Trib.*, 29 juin
1832. — Paris, 14 nov. 59 (Maquet), *Ann.* 59, 390. — Trib. civ. Seine,
18 nov. 1868 (Boudin contre Lesire) *Ann.* 69, 43. — Paris, 4 mars 1856
(Michel Levy contre Lockroy), *Ann.* 56, 74.

« il ne peut être réclamé un plus grand nombre de places alors même que l'œuvre est écrite en collaboration par deux ou plusieurs auteurs ».

Les droits des collaborateurs présentent l'intérêt d'une étude spéciale surtout au point de vue de leurs *caractères*, de leur *durée* et de leur *sanction*.

1° Caractères généraux des droits des collaborateurs.

Les droits des collaborateurs réunissent les trois caractères suivants : 1° Ils sont égaux entre eux; 2° indépendants; 3° indivisibles.

A.) Égaux. — En principe chaque collaborateur a un droit égal. On ne se préoccupe pas de rechercher lequel d'entre eux a apporté en fait, la plus forte contribution, ni quel travail a été le plus considérable, quelle coopération fut décisive pour la valeur ou le succès de l'œuvre. On ne se demandera pas non plus si la collaboration de l'un n'est pas d'espèce supérieure ou différente de la collaboration de l'autre; si, dans un opéra, la musique du compositeur et les vers du librettiste se peuvent considérer comme des contributions égales ou même simplement comparables (1); non, c'est là le secret, le mystère de la collaboration; il est difficile à pénétrer.

Aussi ne pouvant mesurer le concours de chacun, il faut le présumer semblable aux autres et attribuer à tous les mêmes parts et les mêmes droits (2).

---

1. « La représentation d'une œuvre composée à la fois de paroles et de musique ne peut avoir lieu sans le double consentement de l'écrivain et du musicien ».

(Cass. 4 fév. 1881 (Société des auteurs et compositeurs dramatiques *Ann.* 81, 240).

2. Paris, 7 mai 1884 (de Corvin), *Ann.* 85, 50.

Chacun aura également le droit de reproduire de représenter, d'exécuter, etc.; les produits de l'œuvre, recettes prix d'édition, ou d'exemplaires, seront également partagé. Nul ne pourra décider quoi que ce soit relativement à l'œuvre, sans que les autres le décident également; en cas de conflit, aucun pouvoir ne primant l'autre, ils doivent se paralyser par leur mutuelle égalité (1).

Le contrat de collaboration peut régler autrement la situation de chaque collaborateur et substituer à l'égalité, peut-être injuste, une répartition plus conforme à la réalité. Ainsi le contrat attribuera au collaborateur dramatique une simple quote-part dans les recettes, tandis qu'il réservera tout le reste à l'autre. Le premier « ne saurait réclamer ultérieurement les autres avantages attachés à la collaboration et spécialement l'insertion de son nom comme co-auteur, ou une part quelconque des produits de l'impression (2) ».

Mais en l'absence de conventions contraires l'égalité est la règle.

La proposition de loi le dit expressément à propos des compositions musicales :

ART 19. — Le compositeur d'une œuvre lyrique et l'auteur des paroles qui l'accompagnent ont des *droits égaux* sur elle.

Même disposition, dans les lois étrangères suivantes (3) :

Loi norvégienne du 4 juillet 1893 (art. 6 *in fine*) :

« Lorsque l'œuvre est composée par plusieurs auteurs et qu'il n'existe entre eux aucune convention sur la propor-

---

1. Voy. plus loin : conflit entre les collaborateurs, p. 95 et sq.

2. Trib. civ. Seine, 10 juin 59 (Mirecourt), *Ann.* 59, 266.

3. On note seulement les formules expresses; dans toutes le principe est le même.

tion dans laquelle chacun d'eux doit participer au droit d'auteur, les droits de chacun seront égaux ».

Loi espagnole du 10 janvier 1879 (art. 22) :
« Une *moitié* des droits de représentation de toute œuvre dramatico-musicale appartiendra au propriétaire du libretto et l'autre au propriétaire de la musique, sauf convention contraire (1) ».

Règlement pour l'exécution de la loi espagnole de 1879 (art 3) : « Les droits des co-auteurs sont *égaux* quelle que soit la part de chacun dans la conception fondamentale ou dans le développement et la rédaction de l'œuvre, sauf stipulations contraires.

« Il en est de même des co-auteurs de la musique ».

B.) Indivisibles. — On sait que l'indivisibilité est le caractère essentiel de l'œuvre écrite en collaboration. Si les droits des collaborateurs sont indivis, c'est qu'il est, en fait, impossible de limiter le droit de l'un par le droit de l'autre, chaque droit porte sur la totalité de l'œuvre; à chacun des collaborateurs appartiennent non seulement sa contribution personnelle, mais les autres qui ne sont pas son œuvre. Sans insister autrement sur ce caractère, déjà connu, on en déduira les conséquences suivantes :

1° Le consentement de l'un des auteurs ne suffit pas pour disposer d'une manière quelconque, de tout ou partie de l'œuvre commune, il faut celui de tous les collaborateurs; un cessionnaire doit donc réunir pour être maître de

1. Même formule dans la loi pour le Vénézuéla du 17 mai 1894 (art. 19). L'article 8 dit expressément : « La possession ou propriété... appartient sauf convention contraire à tous les collaborateurs et à leurs ayants cause respectifs par *parts égales* ».

l'œuvre, dans les limites du contrat de cession, l'unanimité des auteurs qui y ont collaboré. Sur ce point, les décisions de jurisprudence sont très nombreuses, presque toutes ayant occasion de rappeler le principe de l'indivisibilité du droit. Citons seulement :

Lorsqu'une pièce de théâtre est l'œuvre collective de plusieurs auteurs, il faut le consentement de tous les auteurs ou de leurs ayants cause pour qu'elle puisse être représentée (1). Un des collaborateurs peut interdire la représentation, contre son gré, de l'œuvre commune (2).

Lorsqu'une pièce a été retirée du répertoire par tous les auteurs, le refus d'un seul de ces auteurs suffit pour empêcher une réprésentation nouvelle (3).

La proposition de loi présentée à la Chambre des députés s'exprime ainsi (art. 7) : « Aucun des copropriétaires ne peut exercer *isolément* son droit de reproduction d'exécution ou de représentation » (4).

Parmi les lois étrangères :

« La propriété de l'œuvre demeurera aux personnes de tous les co-auteurs » dit le code civil portugais (art. 581) (5).

« Lorsque plusieurs personnes, dit la loi suédoise du 10 août 1877 (art. 20), sont propriétaires d'un écrit, le consentement de chacune d'elles est nécessaire pour l'impression ou la représentation publique ».

---

1. Trib. civ. Seine, 19 mai (veuve Bayard et héritiers Vanderburcq), *Ann.*, 66, 302.

2. Paris, 7 mai 1884 (Dumas contre de Corvin), *Ann.*, 85, 50.

3. Paris, 19 déc. 1878 (Milland), *Ann.*, 79, 82.

4. Voy. également, loi belge du 22 mars 1886, art. 6; loi monégasque du 27 février 1889, art. 7.

5. Voy. également décret du 13 août 1879 pour la Bolivie (art. 12), et loi du 29 octobre 1879 (art. 12) pour le Guatemala.

« L'autorisation de chaque auteur est nécessaire, dit la loi norvégienne du 4 juillet 1893 (art. 6), pour procéder à la première publication à moins qu'au préalable cette autorisation n'ait été donnée soit expressément, soit tacitement.

« Il en est de même, quand il s'agit de publier l'œuvre par un autre mode que celui employé antérieurement comme par voie de représentation au lieu d'impression et vice versa (1) ».

D'après la loi autrichienne du 26 décembre 1895 (art. 7): « Le droit d'auteur sur les œuvres composées par plusieurs personnes appartient à tous les collaborateurs en commun et *indivisément*. Ils ne peuvent disposer de l'œuvre spécialement pour l'éditer, la reproduire, la représenter que de leur *consentement réciproque...* »

2° Pour les œuvres dramatico-musicales on a vu que certaines législations les tenaient pour divisibles, en ce sens que le consentement de l'un des auteurs suffisait dans certaines circonstances pour en disposer.

C'est ainsi qu'en Suède d'après la loi du 10 août 1877 (art. 20 *in fine*): « S'il s'agit d'une œuvre dramatico-musicale, le consentement de l'auteur suffit si le texte est la partie principale et celui du compositeur dans le cas contraire ».

En Autriche d'après la loi du 19 octobre 1846 (art. 7) aujourd'hui remplacée par la loi du 26 décembre 1895, le compositeur, à moins de conventions contraires, peut faire reproduire le texte du chant avec sa composition. « Pour la reproduction du texte sans la musique le consentement du poète est nécessaire, mais lorsque l'œuvre musicale est

1. Même disposition pour les œuvres d'art. (art. 27.

destinée à être exécutée publiquement, le consentement
est supposé en ce sens que celui qui a acquis le droit
d'exécution peut faire imprimer le texte afin de l'employer
pour l'exécution de l'œuvre musicale avec indication de
cet emploi. » — Ainsi le compositeur peut imprimer la
partition avec les paroles, sans avoir à se préoccuper d'obtenir l'autorisation du librettiste ; bien entendu, ce dernier
réclamera sa part dans les produits de l'œuvre commune ;
mais il n'aura ni à s'opposer à une édition nouvelle, ni à
refuser son concours à telle cession qu'il plaira au compo-
teur de consentir. Bien plus, si le compositeur a besoin
pour l'exécution de l'œuvre du texte imprimé séparément,
il aura le droit d'autoriser une impression dans ce but
unique. — La loi nouvelle n'a pas reproduit cette disposition sous la même forme. Néanmoins, elle excepte de la
contrefaçon (art. 25, 5) « l'impression d'un texte *déjà
publié* se rattachant à une œuvre musicale, pourvu que
cette réimpression accompagne l'œuvre même ou qu'elle
ait lieu, si elle doit être utilisée lors de l'exécution de
l'œuvre musicale, avec indication de ce but » ; le nouveau
texte ne vise que la réimpression, la première publication
doit donc être autorisée à la fois par le compositeur et le
librettiste. Enfin une réserve est faite d'une importance
capitale puisqu'on excepte de la disposition la plupart des
œuvres dramatico-musicales : « Sont exceptés (dit l'article 25, n° 5, *in fine*) les textes des oratorios, opéras,
opérettes et vaudevilles ».

En Allemagne d'après la loi du 11 juin 1870 (art. 51,
al. 2) « pour les œuvres musicales accompagnées d'un
texte, y compris les œuvres à la fois dramatiques et musicales, il suffit du consentement du compositeur seul ».

La loi hongroise du 4 mai 1841 (art. 48) après avoir décidé que « les textes qui d'après leur nature n'ont été destinés qu'à être mis en musique, tel que le texte d'un opéra, d'un oratorio, etc..., ne peuvent être publiés avec la musique que du consentement de l'auteur, » ajoute : « L'auteur est *réputé avoir consenti* quand il a livré sans réserve le texte au compositeur, pour qu'il en fasse usage ».

« Pour l'édition du texte sans musique, l'autorisation spéciale de l'auteur du texte ou de son ayant droit est nécessaire ».

Rappelons également l'article 112 du règlement espagnol, et l'article 20 *in fine* de la loi vénézuelienne du 17 mai 1894 (1).

Telle n'est pas la solution de notre jurisprudence. Le droit de l'auteur du livret porte également sur la musique et sur le livret, comme celui du compositeur porte sur le livret aussi bien que sur la musique. Alors que la durée des droits du compositeur est expirée, le librettiste peut s'opposer à l'exécution de la *musique seule* (2). — L'auteur des paroles a aussi bien que l'auteur de la musique qualité pour se plaindre de l'usurpation des parties purement musicales de l'œuvre commune, spécialement de l'ouverture d'un opéra, et cela, même après le décès du compositeur (3).

Mais il ne faut pas exagérer les conséquences du principe d'indivisibilité.

1. V. plus haut p. 47 et 48.
2. Trib. civ. Seine, 7 avril 1869 (Aymar Dignat) *Ann.*. 69, 252. — Paris, 12 juillet 1855 (Dejean) Sir 55, 2, 545, V. plus loin : Durée du droit des collaborateurs p. 68.
3. Paris, 12 juillet 1855 (Henrichs). *Ann.* 55, 89. — Paris, 20 nov. 1857 (Henrichs), *Ann.*, 57, 455.

L'indivisibilité est dans la nature de l'œuvre ; elle n'est pas une création légale. Toutes les fois que sans léser personne, les contributions de chaque auteur peuvent être séparées, il ne faut pas hésiter à reconnaître des droits distincts sur des œuvres différentes. Le musicien peut faire exécuter sa musique, sans les paroles, comme une œuvre purement instrumentale ; il peut détacher de l'opéra tel morceau qu'il transformera par exemple en une composition nouvelle. De son côté l'auteur du livret pourra le publier isolément. A certains égards, l'œuvre composée d'un texte et de musique est une œuvre collective, à d'autres une œuvre en collaboration ; il est très délicat de préciser les conditions de l'un ou l'autre caractère, c'est purement une question d'espèce et de fait. Quant à la possibilité de séparer le livret de la musique, elle est reconnue unanimement par la jurisprudence et la doctrine.

La proposition de loi dit, à propos de l'auteur des paroles et du compositeur (art. 19) : « Il leur sera loisible, à moins de conventions contraires, d'exploiter *isolément* leur œuvre (1) ».

Parmi les lois étrangères :

La loi du 17 mai 1894 pour le Vénézuela dispose (art. 20) que « lorsqu'il s'agit d'œuvres lyrico-dramatiques créées en collaboration, l'auteur du livret aussi bien que celui de la partie musicale pourra imprimer et vendre séparément la partie de l'œuvre dont il est le créateur ».

De même la loi espagnole du 10 janvier 1879 (art 23) : « L'auteur d'un libretto ou d'une composition quelconque

1. Même formule dans la loi belge du 22 mars 1886 (art. 18) : « Néanmoins ils auront le droit de l'exploiter isolément par des publications, des traductions ou des exécutions publiques » et dans la loi monégasque du 27 février 1889 (art. 7).

mise en musique et exécutée en public sera maître exclusif d'imprimer et de vendre son œuvre littéraire séparément de la musique. Le compositeur aura le même droit relativement à l'œuvre musicale ».

La loi norvégienne du 4 juillet 1893, (art. 7, al. 2) : « l'auteur du texte et le compositeur ont chacun, en ce qui le concerne, sur son œuvre, le droit de publication. »

2° Un collaborateur ne pourrait pas apporter à une œuvre nouvelle sa contribution dans l'œuvre primitive; cette contribution en fait désormais partie, on ne saurait l'en détacher pour l'utiliser ailleurs.

Ainsi le compositeur d'un opéra ne pourrait adapter sa musique à un autre livret, pas plus que le librettiste ne peut de son côté offrir son livret à un autre musicien (1) à moins que l'œuvre n'ait pas reçu sa forme définitive; dans ce cas le compositeur peut faire subir à sa partition tels changements que bon lui semble, en retirer même certaines parties pour les employer à une œuvre différente (2).

La proposition de loi française dit avec raison (art. 19) : « Le compositeur et l'auteur des paroles ne pourront, en aucun cas, traiter de cette œuvre avec un collaborateur nouveau » (3).

Au contraire la loi espagnole du 10 janvier 1873 (art. 23, al. 2) dispose que : « dans le cas où l'auteur d'un libretto en empêcherait absolument la représentation, l'auteur de la musique pourrait l'appliquer de nouveau à une autre œuvre dramatique ».

3° Si l'un des collaborateurs veut faire figurer l'œuvre

1. Paris, 17 janv., 18 janv., 1867 (Richault), *Ann.*, 67, 15.

2. Trib. civ. Bruxelles, 6 janv. 1892. Le droit d'auteur 1892, p. 15.

3. Mêmes dispositions dans la loi monégasque du 27 février 1889 (art. 7), et dans la loi belge du 22 mars 1886 (art. 18).

commune dans le recueil de ses œuvres personnelles, il ne pourra opérer un partage et reproduire seulement sa propre contribution en laissant celle de son collaborateur (1). Que l'insertion de l'œuvre soit ou non permise (2) elle ne pourra être faite que dans sa totalité.

C. Indépendants. — Quoique égaux et indivisibles, les droits des collaborateurs sont indépendants les uns des autres; on entend par là qu'ils s'exercent isolément et qu'aucune subordination ne les lie. Chaque auteur, pour agir, n'a cure de la permission du voisin, il est maître de son droit, en use comme il lui plaît sans qu'on puisse lui demander compte de l'usage qu'il en fait. Un collaborateur cède tout ou partie de son droit sur l'œuvre commune, il en autorise la publication ou la représentation, ce sont là des actes parfaitement légitimes; suffisent-ils? on sait bien que non; le cessionnaire, libraire ou directeur de théâtre, devra réunir toutes les autorisations, traiter avec tous les auteurs, dans les mêmes conditions avant de tirer un parti quelconque de l'œuvre. La cession consentie par un seul auteur séparément et sans le concours des autres n'est pas nulle ainsi que le prétend M. Renouard (3), elle est parfaitement régulière. Le collaborateur peut valablement céder l'œuvre commune puisque son droit porte sur la totalité de cette œuvre, mais la vente n'a d'effet qu'à son égard. Le cessionnaire mis à la place de l'auteur cédant ne saurait avoir plus de droits que lui; son pouvoir isolé dont il peut cependant disposer librement, ne suffit pas, il faut que les pouvoirs des autres s'y joignent.

1. Paris, 1er déc. 1876 (de Wailly), *Ann.,* 76, 351.
2. Voy. plus loin p. 67.
3. *Op. cit.* II. 230.

Du principe de l'indépendance des droits des collaborateurs découlent les conséquences suivantes :

1° Le collaborateur peut de son propre mouvement renoncer à tout ou partie de ses droits.

Il peut renoncer à l'indication de son nom sur l'exemplaire du livre, ou l'affiche du spectacle : un tel abandon ne lui enlèverait pas sa qualité, ou ses autres droits (1). Il peut renoncer s'il s'agit d'une œuvre dramatique à son droit de prendre part à la distribution des rôles, à la surveillance des répétitions (2). Les billets d'auteurs stipulés par la plupart des traités passés avec les directeurs de théâtre constituent une sorte de complément des droits ordinaires; alors même que l'un des collaborateurs y aurait renoncé, l'autre conserverait intact le droit d'en réclamer sa quote-part (3).

2° Chaque collaborateur peut poursuivre en contre-façon, de son côté, sans se préoccuper d'obtenir le concours de ses collaborateurs, mais la condamnation encourue et prononcée l'est au profit de tous.

La règle est formulée par la loi belge du 22 mars 1886, art. 6, al. 2. « Toutefois chacun des copropriétaires *reste libre* de poursuivre, en son nom et sans l'intervention des autres, l'atteinte qui serait portée au droit d'auteur et de réclamer des dommages-intérêts pour sa part (4) ».

3° Chacun des collaborateurs a le droit de publier l'œuvre commune dans le recueil de ses œuvres complètes, sans même avoir besoin de s'assurer du consentement de

1. Paris, 1er janvier 1876 (Maquet), *Ann.*, 59, 390.
2. Paris, 21 février 1873 (Ambr. Thomas), *Ann.*, 73, 153.
3. Trib. civ. Seine. 9 mars 1861 (Raygnard), *Ann.*, 61, 173.
4. Même formule dans la loi pour le Venézuela du 17 mai 1891 (art. 8. *in fine*) et dans la loi autrichienne du 26 décembre 1895 (art. 7 *in fine*).

son collaborateur (1), du moins telle est la solution de la jurisprudence, peut-être faut-il la trouver excessive; que devient en effet dans ce système le droit du collaborateur sur l'œuvre commune?

4° L'indépendance des collaborateurs entre eux peut se marquer dans le fait de collaborations qui n'existent qu'entre certains collaborateurs, mais dont d'autres, cependant, collaborant avec quelques-uns des premiers, ne font pas partie. — Exemple : un auteur a fourni à un écrivain dramatique les données principales d'une pièce de théâtre, en stipulant certaines conditions qui n'ont pas été remplies; il doit être considéré comme collaborateur vis-à-vis de cet auteur et a droit au partage de sa part des produits; mais il est sans action vis-à-vis des autres collaborateurs qui ont ignoré cette participation (2).

2° Durée du droit des collaborateurs.

Dans la grande majorité des législations l'auteur est protégé pendant un certain temps, dont la durée est calculée d'après celle de la vie de l'auteur; la durée totale de la protection dépend de cet élément variable.

C'est ainsi qu'en France la protection légale dure pendant la vie de l'auteur et cinquante ans après sa mort au profit de ses ayants droit (3). S'il y a pour la même œuvre plusieurs collaborateurs, à quel décès faudra-t-il se reporter pour fixer le point de départ du délai de cin-

1. Paris, 1 décembre 1876 (Le Camus contre de Wailly), *Ann.*, 76, 361. Dall. 1878, 2, 75. — Dans un autre ordre d'idées, un collaborateur n'est pas « en droit de s'opposer à ce que le nom de l'œuvre commune soit gravé sur le piédestal de la statue de son collaborateur » Trib. civ. Seine, 2 juillet 1886 (aff. cons. Gaillardet contre A. Dumas); le *Droit*, 3 juillet 1886).

2. Trib. civ. Seine, 9 août 61 (Laferrière), *Ann.*, 61, 392.

3. Loi du 14 juillet 1866, art. 1er.

quante ans? En négligeant le cas où les collaborateurs, nouveaux commorientes, termineraient ensemble leur existence, il y aura le plus souvent des intervalles appréciables entre les dates différentes de leur décès; les cinquante ans peuvent être déjà écoulés depuis la mort de l'un d'eux, que tel autre est encore vivant ou que le même délai n'a pas encore achevé de courir depuis son décès.

En l'absence de texte trois solutions sont possibles : 1° L'œuvre tombera dans le domaine public pour partie cinquante ans après la mort du premier décédé des collaborateurs; les autres conserveront leur droit.

Mais n'est-ce pas méconnaître le principe de l'indivisibilité de l'œuvre qui ne permet pas de concevoir la possibilité d'une exploitation à la fois par le domaine public et le domaine privé? Comment leur assurer une part à chacun alors qu'il s'agit d'un acte indécomposable, l'autorisation d'une nouvelle édition, d'une reprise, etc.?

On ne saurait penser à permettre à tout éditeur ou directeur de théâtre de publier et de représenter l'œuvre sans autorisation des collaborateurs survivants ou de leurs ayants droit, sous le prétexte que l'œuvre, à l'égard des collaborateurs prédécédés, est tombée dans le domaine public, mais l'idée peut venir de mettre le domaine public au lieu et place des collaborateurs prédécédés, de le traiter en collaborateur. C'est là une conception qui se présente assez naturellement à l'esprit.

On en lira le développement dans une note du recueil Sirey (1) Suivant l'annotateur, le domaine public prend la

1. Sir 59, 2, 113. Telle n'est pas la doctrine de l'arrêt annoté de la Cour de Paris du 21 juin 1858, rendu sur appel d'un jugement du tribunal civil de la Seine du 17 juin 1856 (aff. Maillet et Dinaux contre la Société des auteurs dramatiques, *Ann.*, 56. 244; 59, 122). — Voy. également

place de l'auteur prédécédé vis-à-vis du collaborateur survivant; il a donc les mêmes droits que lui, c'est-à-dire que tout le monde pourra publier ou représenter l'œuvre, bien entendu avec le consentement des collaborateurs survivants. Et si ceux-ci, (ou l'un d'eux) s'y opposent ou simplement s'ils sont en désaccord avec la personne qui incarne pour le moment le domaine public, s'ils ne veulent pas de tel théâtre ou de tel éditeur, les tribunaux régleront le conflit « comme ils l'auraient fait entre les deux co-auteurs ». Le domaine public et les survivants des auteurs sont des collaborateurs, tel est le principe. Il faut reconnaître cependant qu'on n'a pas voulu pousser jusqu'au bout l'analogie, en obligeant les collaborateurs survivants à prendre pour l'exploitation de l'œuvre, l'autorisation et le consentement du domaine public, c'est-à-dire de tout le monde : la logique y conduirait cependant.

Les conséquences d'un pareil système sont bien surprenantes — Voici le titulaire d'un droit d'auteur qui survit au moment où cesse la protection pour les héritiers de ses collaborateurs : les tribunaux vont intervenir entre lui et un étranger, le premier venu, un ennemi peut-être, et forcer cet auteur à publier, à permettre la représentation contre son gré d'une œuvre qui est sienne, à en partager les bénéfices alors que son droit est encore protégé par la loi, le délai n'étant pas expiré à son égard. Singulière protection vraiment, ou plutôt étrange manière de l'entendre !

Dall. 1872, 5, 319. Sans doute il décide qu' « à l'expiration de la durée de la propriété littéraire des héritiers de l'un des auteurs d'un ouvrage, le droit qui leur appartenait *tombe dans le domaine public* » et que « le droit du public doit se concilier avec celui de la famille de l'auteur survivant » mais il faut ménager « *toutes les conséquences de l'indivisibilité qui subsiste.* » On verra plus loin que l'arrêt consacre la doctrine mixte de M. Pouillet.

« Si la justice intervient, dit M. Pouillet (1), pour départager deux auteurs qui ne s'entendent pas sur la publication de leur ouvrage, c'est que tous deux ont le même intérêt de gloire, d'honneur, d'amour-propre à sauvegarder, et que, lorsqu'ils sont en désaccord, il n'y a, de prime abord, aucune raison d'approuver l'un plus que l'autre. Mais est-ce que le domaine public peut justifier du même intérêt? Il n'est donc que juste de maintenir, de réserver pleinement, sans restriction, à l'auteur survivant ou à ses ayants droit, le soin de permettre ou de défendre la publication de l'œuvre commune. Lui seul ici peut être juge ».

L'erreur vient de ce qu'on a fait d'une abstraction sans réalité, le *domaine public*, une véritable personne. Le domaine public n'existe pas, c'est une manière abrégée d'exprimer cette idée que le droit d'auteur a pris fin, que la reproduction ou la représentation de l'œuvre est libre. Si l'on parle des droits du domaine public c'est par métaphore; seule une personne morale ou physique peut être titulaire d'un droit. Qu'on use de cette expression équivoque, soit ! mais, qu'on n'en perde pas la notion, qu'on ne la confonde pas avec d'autres (2).

Les conséquences au point de vue de la durée de la pro-

---

1. *Op. cit.* page 161.

2. Observez en effet que le mot domaine public ne signifie pas ici *domaine de l'Etat*, domaine, c'est-à-dire propriété de l'Etat; en ce sens on dit avec raison les droits, l'action du domaine.

Cette distinction est si certaine que la qualité d'auteur peut être reconnue à l'Etat. Il en aura le droit de propriété et ce *domaine littéraire ou artistique* ne sera pas du *domaine public*, c'est-à-dire simplement que la reproduction des œuvres qui en feront partie ne pourra avoir lieu sans l'autorisation de l'Etat.

tection, du principe de l'indivisibilité de l'œuvre doivent être franchement acceptées ; certains interprètes en rejettent quelques-unes mais admettent les autres.

M. Pouillet (1) distingue la *jouissance* du droit d'auteur et son *exercice*. Sans doute, en ce qui concerne la part *morale intellectuelle* du droit, il faut reconnaître que, du fait de l'expiration du délai pour les ayants droit d'un collaborateur, l'œuvre ne tombe pas dans le domaine public et les tiers quelconques ne vont pas être traités en collaborateurs. Mais s'il s'agit de « l'exercice du droit », et par là M. Pouillet entend les profits pécuniaires qui peuvent en résulter, il paraît exorbitant de ne pas considérer qu'ils sont acquis au domaine public; puisque les ayants droit des collaborateurs prédécédés ne sont plus protégés, le délai étant expiré, les profits correspondant à leur part ne sont plus dus et ne sauraient être payés à personne.

Exemple : plusieurs collaborateurs passent avec un éditeur le contrat suivant : « Vous vous engagez à payer à chacun de nous et à nos héritiers tant que durera notre propriété, telle rente annuelle, ou tel tant pour cent par exemplaire ou édition. » Le délai légal est expiré pour les ayants droit de l'un des collaborateurs, l'éditeur cessera de leur payer leur part, parce que cette part est acquise au domaine public. Sans doute, l'œuvre n'a pas pu tomber pour partie dans le domaine public; s'il y avait une autorisation de reproduction à donner, seul le collaborateur survivant, ou ses ayants droit en auraient le pouvoir. Mais pour les revenus pécuniaires dont ce droit est la source, la

____

1. Pages 163 et 164.

division est possible, il faut la pratiquer (1).

Quelle est la clef d'une distinction semblable entre la « copropriété d'une œuvre littéraire » et le « produit de l'exploitation» ? cette distinction est purement arbitraire. On a peut-être perdu de vue la nature du droit d'auteur. C'est une faculté de faire, réservée à quelqu'un, un empêchement apporté, pendant un certain temps, pour tout le monde, à accomplir tel acte déterminé; que cette faculté puisse être l'objet d'une cession, rien de mieux, mais de ce qu'elle a un prix, une valeur pécuniaire, elle n'en est pas moins, au fond, un simple fait, indécomposable. A un autre point de vue, on distingue entre la *jouissance* et l'*exercice* du droit d'auteur. *Exercice*, c'est-à-dire faculté d'autoriser la représentation, d'imprimer le livre, etc..., *jouissance*, c'est-à-dire perception des produits de cette autorisation. On dit de même le capital et les intérêts, mais une pareille notion de l'exercice et de la jouissance d'un droit n'a rien de juridique. — Tant que dure la propriété littéraire, la redevance du tant pour cent est due par l'éditeur, qui serait mal fondé à prétendre continuer une jouissance dont il ne fournirait plus l'équivalent tout entier; à moins d'intentions contraires, chez les parties contractantes, clairement manifestées, il faut décider que les parts des collaborateurs, même au point

---

1. Pouillet, *op. cit.*, p. 161, n° 146. L'arrêt de la Cour de Paris et le jugement du tribunal civil de la Seine, cités plus haut, consacrent cette doctrine :

« La copropriété d'un auteur dramatique dans une œuvre commune est indivisible, mais il n'en est pas ainsi des produits de l'exploitation de cette œuvre. En conséquence, lorsque l'un des auteurs d'une pièce de théâtre est décédé, et que le droit attribué par la loi à ses héritiers est éteint, la portion dans les produits de l'œuvre qui leur était afférente, tombe dans le domaine public; c'est vainement que cette portion serait réclamée soit par les héritiers eux-mêmes, soit par le collaborateur survivant ».

de vue des redevances qui y correspondent, ne peuvent cesser d'être payées par l'éditeur; mais à qui les doit-on? Est-ce aux mêmes créanciers c'est-à-dire aux héritiers des collaborateurs prédécédés? Est-ce aux collaborateurs survivants ou à leurs ayants droit? On retrouvera plus loin cette question et on y répondra sur la troisième solution.

Renouard (1) considérant l'indivisibilité comme une sorte de mal, dont il faut limiter les effets, au lieu de la prendre telle qu'elle est en notre matière, non pas une pratique maligne des hommes, mais la conséquence de la nature même des choses, remarque qu'un opéra est une œuvre indivisible mais non pas à ce point cependant qu'il ne puisse être divisé. A la longue lorsque le droit du librettiste est éteint, celui du compositeur existant encore, paroles et musique recouvrent leur indépendance, celle-ci restant dans le domaine privé, les autres tombant dans le domaine public; si bien que le compositeur mettrait à sa musique d'autres paroles plus modernes, laissant le livret primitif perdu dans le domaine public, où, pour le publier, l'ira chercher qui voudra. Il paraîtra certainement étrange qu'on puisse donner des solutions pareilles, alors qu'on a posé ce principe, que le droit du librettiste comme celui du compositeur s'étend sur l'œuvre tout entière, aussi bien sur la musique que sur les paroles, la collaboration ayant cette conséquence de rendre indiscernables la contribution de chacun (2).

1. *Op. cit.* p. 220.

2. Il est vrai que la publication séparée du libretto et de la musique est possible et même leur exécution; mais c'est là une question d'appréciation. On dirait volontiers que la tolérance ne se conçoit, à cet égard, qu'autant que le principe de l'indivisibilité de l'œuvre n'en est pas atteint.

2° L'œuvre tombera pour le tout, dans le domaine public, après la mort du premier décédé des collaborateurs.

Mais les autres collaborateurs encore vivants à l'expiration du délai (ou leurs ayants droit) ne peuvent-ils pas se plaindre qu'ils sont plus maltraités que les auteurs ordinaires et frappés en quelque sorte d'une déchéance parce que leur droit a plusieurs titulaires et que l'un d'eux est déjà décédé ? Si chacun d'eux était auteur unique, il serait protégé conformément au droit commun ; de ce que l'œuvre est le fruit d'une collaboration, le droit de chacun devrait subir l'éventualité d'une restriction dans sa durée ! Observons qu'une telle décision est contraire au texte même de la loi du 19 juillet 1793 (art. 1er) qui protège les auteurs (en conséquence les collaborateurs) durant leur vie entière, et de la loi du 14 juillet 1866 (art. 1er) qui prolonge la durée de ces droits pour leurs « héritiers » de cinquante ans après le décès de l'auteur.

3° L'œuvre tombera dans le domaine public cinquante ans après le décès du dernier vivant des collaborateurs.

Cette solution est excellente. M. Philippon la formule dans son article 6 et elle est admise par la jurisprudence : « L'œuvre en collaboration est maintenue dans le domaine privé, aussi longtemps que dure le droit de l'un quelconque des auteurs ». S'il s'agit d'un opéra, le décès des musiciens laisse intact le droit du librettiste ; il suffit que l'un des auteurs de l'œuvre commune soit vivant pour maintenir l'œuvre tout entière dans le domaine privé ; « c'est une propriété que le décès de l'un des auteurs ne peut avoir pour effet d'anéantir à l'égard de l'autre en la faisant tomber dans le domaine public (1)».

Cette solution, avons-nous dit, est excellente (2). Ainsi chaque collaborateur, ou ses ayants droit, reçoit ce qui lui est dû. Ne lui donne-t-on pas davantage?

Oui, si on décide que le maintien de l'œuvre, dans le domaine privé, au delà du délai de protection des collaborateurs prédécédés va profiter aux ayants droit de ces collaborateurs ; alors ceux-ci se trouveront en meilleure situation que s'ils étaient auteurs uniques, puisque leurs ayants droit seront protégés pendant un délai supérieur au délai légal. Ainsi la jouissance légale des héritiers d'un auteur sera d'autant plus prolongée qu'il aura moins travaillé à son œuvre. C'est une sorte de prime à la collaboration. De plus, il y a là une conséquence absolument contraire au texte des lois de 1793 et 1866 ; elles protègent les auteurs, pendant un temps déterminé, mais non au delà, et alors que le dernier vivant et ses héritiers auront joui de la protection nor-

---

1. Paris, 7 avril 1869. ann. 69, 252. Paris, 29 nov. 1865. ann., 66, 12. Paris, 27 juin 1866. ann. 66, 299. Paris, 12 juillet 1855. Sir. 55, 2, 595. On remarquera que, sauf la première, les espèces jugées sont antérieures à la loi du 14 juillet 1866, qui a fort augmenté (de 20, 30, 40 ans, suivant les cas) la durée de la protection (V. lois du 18 avril 1854, du 3 août 1844 et les lois antérieures).

2. Un auteur, M. Renouard (*Traité des droits d'auteur* 1838, II, n° 98), semb'e craindre que la possibilité de prolonger la durée ne soit dans une assez large mesure offerte à tout auteur qui voudrait l'assurer à ses héritiers : il lui suffirait pour cela d'associer à son œuvre à titre de collaborateur, un de ses descendants en bas âge. Une telle pratique est parfaitement licite ; nous avons vu que la collaboration résultait non seulement du fait d'avoir réellement contribué à la production de l'œuvre, mais que le titre de collaborateur pouvait être tiré d'un contrat dont la forme très souple varie à l'infini et peut même se réduire à une simple reconnaissance unilatérale pourvu qu'elle ne donne prise à aucun doute sur l'intention d'une des parties de traiter l'autre en collaborateur.

male, les autres, par un singulier privilège, en verront accroître la durée ; parce que le droit d'un collaborateur dure encore, conformément à la loi, celui de l'autre doit être prolongé contrairement à la loi. La loi a assigné à chacun sa limite, il n'y a pas de raison de favoriser l'un plutôt que l'autre en lui accordant une durée plus longue. L'indivisibilité de l'œuvre n'exige pas une pareille conséquence, elle veut seulement que l'œuvre ne soit pas morcelée, qu'elle ne puisse pas tomber pour partie dans le domaine public.

Non, si on décide que les parts des collaborateurs prédécédés pour lesquels le délai de protection est expiré, accroîtront aux collaborateurs survivants ou à leurs ayants droit. Mais alors c'est un don gratuit que l'on fait à ces derniers, non pas au préjudice des premiers, comme on serait tenté de le croire, puisque légalement, on ne leur doit plus rien, mais au mépris du principe d'égalité entre les collaborateurs. On crée une sorte de prime à la longévité; le collaborateur qui vivra le plus longtemps, et après lui ses ayants droit, profitera de toutes les parts laissées vacantes par les collaborateurs prédécédés, à l'expiration du délai de protection. Peu importe ! dirons-nous, c'est une conséquence de la *loi* et de la notion de l'*indivisibilité* : 1° La loi n'est pas violée, puisque personne n'est protégé plus longtemps qu'elle ne l'a voulu ; elle le serait si l'on prolongeait le délai légal au profit des ayants droit des collaborateurs prédécédés. 2° Le dernier vivant des collaborateurs est mis au lieu et place des autres parce que l'œuvre ne peut tomber pour partie dans le domaine public. — Sans doute les droits des collaborateurs, en principe, sont égaux, mais, à l'heure où le délai de protection expire, pour les ayants droit de chaque collaborateur prédécédé, peut-on demander où est leur *droit d'auteur*? Il vient précisément de cesser, ils ne sont plus auteurs au sens juridique du mot ; que parle-t-on d'égalité entre eux et ceux qui sont encore légalement titulaires de ce droit ?

La première solution a pour elle la majorité des auteurs (1). Législativement elle serait peut-être la plus simple et par conséquent la meilleure, aussi a-t-elle passé dans la proposition de loi française ; l'article 6 la formule ainsi :

« Si l'œuvre est le produit d'une collaboration, le droit de propriété littéraire et artistique se prolonge au profit de tous les ayants droit, pendant cinquante ans à partir du dernier vivant des collaborateurs ».

Mais dans l'état présent de la législation, il parait difficile de l'admettre et de prolonger le délai légal de protection pour certains auteurs, par ce qu'il y en a plusieurs.

Reprenons l'espèce examinée plus haut sur la première solution : la redevance due par l'éditeur aux conditions que l'on sait, si elle était payée, pour leur part, aux ayants droit des collaborateurs prédécédés pour lesquels le délai de protection est expiré, le serait sans cause. En effet qu'a promis l'éditeur? de payer *tant que durera le droit de propriété ;* or pour eux il a cessé. ils n'ont plus de titre, le titre d'*auteur*, pour réclamer la redevance qui en est le prix ; mais ces parts seront payées au collaborateur survivant (en possession du droit d'auteur) qui tiendra à l'éditeur ce langage : « Vous avez promis telle rente annuelle *tant que durerait le droit de propriété ;* or, il existe encore,

<hr>

1. Voy. Renouard, *op. cit.* N° 148 et 151, Lacau et Paulmier. *Traité de la législation et de la jurisprudence des théâtres,* II. N° 582, Gastambide. *Traité des contrefaçons,* n° 139.

l'œuvre est indivisible, indivisibles aussi les droits qu'elle confère et les obligations qui sont la conséquence de ces droits ; pas plus que votre dette, ces droits ne peuvent cesser pour partie, ils demeurent entiers en ma personne et j'en suis titulaire ; ce que vous deviez hier vous le devez aujourd'hui, seulement au lieu de deux créanciers vous n'en avez plus qu'un ».

Pour nous, nous déciderons que le dernier vivant des collaborateurs (ou ses ayants droit) restera seul maître du droit d'auteur ; il autorisera ou défendra la reproduction et la représentation de l'œuvre commune, touchera tous les bénéfices et profits en présence même des héritiers des collaborateurs prédécédés ; il avait besoin de leur consentement hier encore, il ne pouvait même s'en passer, aujourd'hui il est libéré à leur égard par la loi elle-même, et l'on ne peut se plaindre d'une stricte application de la loi. — Quant au domaine public, l'indivisibilité de l'œuvre s'oppose absolument à ce qu'il puisse recueillir à l'expiration des délais, la part des collaborateurs prédécédés.

Législations étrangères.

La durée du droit des collaborateurs ne saurait faire question dans les législations qui ne prennent pas le décès de l'auteur comme point de départ du délai de la protection accordée à ses héritiers, ou, pour user d'une formule plus exacte dans les législations où la date du décès de l'auteur n'est pas une base du calcul de ce délai (1).

1. Certaines législations en effet tiennent compte non seulement de la durée de la vie de l'auteur, mais aussi du temps écoulé depuis la publication de l'œuvre. Ainsi : 1° — la législation anglaise ; elle protège l'œuvre

Ainsi l'œuvre quelconque est protégée à compter de la
« première édition (1), » ou de la publication (2). Le droit
exclusif de représentation date « du jour de la première
représentation en exécution » (3) ou si l'œuvre dramatique
ou musicale est publiée « par la voie de l'impression », à
compter du dépôt (4). L'œuvre quelconque (5), ou seulement certaines œuvres (6), sont protégées à dater du jour
de « l'enregistrement », et les délais peuvent varier avec
chaque législation, mais la vie de l'auteur ne contribue pas
à en fixer la durée. Il est bien évident que la pluralité d'auteurs n'y changera rien non plus ; le délai de la protection
restera le même que si l'œuvre était d'un auteur unique.

Avant la loi récente du 26 décembre 1895 il fallait
mettre à part, comme tout à fait exceptionnelle, la législation autrichienne sur le droit d'exécution et de représen-

littéraire et musicale, l'œuvre de peinture un certain temps après la
mort de l'auteur (sept ans) augmenté d'autant d'années qu'il en faudra
pour atteindre une durée fixe (quarante-deux ans) comptée de la publication ou de la première représentation. Quant à l'œuvre de sculpture
elle est protégée durant un certain temps (quatorze ans) qui est doublé
pour l'auteur encore vivant à l'expiration de la première période (lois
du 1er juillet 1842 et 2) juillet 1862). 2° — la législation italienne : le droit de
reproduction de toute œuvre est assuré aux ayants cause de l'auteur
après son décès pendant le nombre d'années nécessaires pour parfaire
un délai fixe (quarante ans) comptés du jour de la publication. Une
deuxième période d'égale durée commence alors, durant laquelle est
appliqué le système du domaine public payant (Décret du 19 sept 1882).
3° — la législation des Pays-Bas (loi du 28 juin 1881) et de la République
Sud-Africaine (loi du 23 mai 1887) : la protection légale pour le droit de
reproduction dure cinquante ans à compter du dépôt de l'œuvre augmenté du nombre d'années que durera encore la vie de l'auteur.

1. Grèce : Code pénal, art. 432.

2. Turquie : Articles additionnels au règlement du 11 sept. 1872. Russie
(grand-duché de Finlande) : loi du 15 mars 1880, art. 4, al. 2.

3. Italie : Décret du 19 sept. 1882, art. 10.

4. Pays-Bas : Loi du 28 juin 1881, art. 15. République Sud-Africaine :
loi du 23 mai 1887. art. 13.

5. Etats-Unis : loi du 3 mars 1891, art. 3.

6. République de l'Equateur : Loi du 3 août 1887 : art. 9 et 13.

tation des œuvres dramatiques ou musicales produites en collaboration, tandis que la durée de la protection s'étend jusqu'à dix années après le décès de l'auteur unique, pour des collaborateurs les dix années courent du jour de la première exécution. Ainsi croyons-nous devoir lire l'article 23 de la loi du 19 octobre 1846 :

« Une protection semblable d'une durée de dix ans comptés à partir du jour de la première exécution s'applique :

a) Aux œuvres ayant plusieurs auteurs nommés» .

La loi nouvelle du 26 décembre 1895 (art. 42, al. 3) dispose que le droit d'auteur « prend fin trente ans après la mort du collaborateur qui a survécu aux autres » et que les parts des collaborateurs prédécédés passent aux survivants.

Certaines législations admettent la perpétuité du droit d'auteur (1). Une pareille disposition écarte toute difficulté relative à la durée du droit des collaborateurs : cette durée sera perpétuelle.

Quant aux législations qui tiennent compte de la vie de l'auteur, pour établir la durée de la protection, on peut les diviser en deux groupes :

Le premier comprend les législations qui donnent une solution précise de la question ; toutes avec la jurisprudence

---

1. Législation du Mexique (c. civ. de 1871, art. 1253 et 1307).
Législation du Vénézuéla (art. 2 loi du 17 mai 1894).
Législation du Guatemala (art. 5 décret du 29 octobre 1879). Dans la législation mexicaine il y a exception pour le droit de représentation des œuvres dramatiques et d'exécution des œuvres musicales : la durée de la protection est limitée à trente ans après le décès de l'auteur, (C. civ. de 1871, art. 1284 et 1303).

et la doctrine française font partir le délai de la mort du survivant des collaborateurs.

Les législations suivantes (1) posent simplement la règle en laissant à l'interprète le soin de décider à qui appartiendront les parts des collaborateurs prédécédés, après l'expiration du délai de protection.

Loi allemande du 11 juin 1870 (art. 9) :

« Pour un ouvrage composé en collaboration par plusieurs auteurs, le délai de trente ans ne courra qu'à partir de la mort du dernier mourant des collaborateurs ».

Loi hongroise du 4 mai 1844 (art. 12) :

« Pour les œuvres faites en collaboration le délai de la protection se compte à partir de la mort de celui des collaborateurs qui survit aux autres ».

Ordonnance impériale du 28 décembre 1887 au Japon (art. 10 al. 3) :

« Quand il s'agit d'un ouvrage publié en collaboration par plusieurs auteurs, c'est le moment de la mort du dernier survivant qui sert pour établir la durée de la jouissance des droits (2) ».

Loi danoise du 29 décembre 1867 (art. 4) :

« Lorsqu'un écrit a pour auteurs plusieurs personnes qui y sont nommées, sans qu'aucune d'elles soit désignée comme l'auteur d'une partie distincte et reconnaissable, les 30 ans (3) fixés aux articles 2 et 3, se compteront du décès du dernier mourant ».

---

1. On les a groupées en rapprochant les formules parentes.

2. Elle est de 5 ans après la mort de l'auteur, mais sans pouvoir jamais être inférieure à 35 ans.

3. Ces trente ans ont été portés à cinquante par une loi du 21 février 1868 (art. 1er).

Loi suédoise du 10 août 1875 (art. 7) :

« Lorsque deux ou plusieurs personnes ont fait en commun un ouvrage qui d'ailleurs n'est pas composé d'articles indépendants de collaborateurs différents, les 50 ans sont comptés du décès du dernier mourant des auteurs ».

Loi norvégienne du 4 juillet 1893 (art. 21, al. 2) :

« Lorsqu'une œuvre a été produite par plusieurs auteurs sans que la contribution de chacun d'eux forme un tout complet et distinct, les 50 ans comptent de la fin de l'année (1) de la mort du dernier survivant (2) ».

Loi colombienne du 26 octobre 1886 (art. 50) :

« La durée de la propriété dans sa deuxième période (3) commence à courir du jour du décès de l'auteur qui survit aux autres ».

D'autres législations plus prévoyantes règlent en outre le sort des parts des collaborateurs prédécédés ; au lieu de les attribuer aux collaborateurs survivants elles adoptent le système de la proposition de loi de la Chambre des députés en prolongeant la durée du droit pour tous les ayants droit.

Loi belge du 22 mars 1886 (art. 5) :

« Lorsque l'œuvre est le produit d'une collaboration, le droit d'auteur existe au profit de tous les collaborateurs

---

1. C'est une particularité des textes de lois norvégiennes, les délais courent de la fin de l'année qui suit l'évènement donnant lieu à leur ouverture, de même que les lois n'entrent en vigueur qu'à la fin de l'année de leur confection.

2. Même règle pour la collaboration artistique (art. 34, al. 2).

3. Est-il besoin de dire qu'on entend par première période la période qui s'écoule pendant la vie de l'auteur et que la deuxième période est celle qui commence à son décès ? Elle est de 80 ans dans la législation colombienne (Loi du 26 oct. 1886, art. 15).

jusque 50 ans après la mort du survivant des collaborateurs ».

Loi monégasque du 21 février 1889 (art. 8, al. 3) :

« Lorsque l'œuvre est le produit d'une collaboration, le point de départ de ce délai (1) est reculé, au profit de tous les ayants droit à la mort du survivant des collaborateurs ».

Code civil portugais de 1867, (art. 581) :

« La première période de la durée de cette propriété de l'œuvre (en collaboration) s'étendra jusqu'à la mort du dernier collaborateur survivant à charge pour lui de partager les revenus de ladite propriété avec les héritiers des collaborateurs décédés et la deuxième période s'ouvrira à la mort de ce collaborateur (2) ».

Pour la Bolivie, décret du 13 août 1879 (art. 12) :

« La première période de la durée de cette propriété de l'œuvre (en collaboration), s'étend jusqu'à la mort du dernier collaborateur survivant, qui jouira des produits de ladite propriété conjointement avec les héritiers de ses collaborateurs décédés : la seconde période commencera à l'époque du décès du dernier des collaborateurs ».

Le deuxième groupe comprend les législations qui ne contiennent aucune disposition réglant la durée du droit des collaborateurs. Le système de la plupart étant le même que celui de la législation française (3) également muette sur ce point, dans les pays que ces législations régissent, la deuxième période de la protection ne commencera,

1. Fixé à 50 ans (art. 8, al. 2).
2. Elle est de 50 ans après la mort de l'auteur (art. 580).
3. Sauf des différences relatives à la durée de la protection ou à son étendue, au calcul du délai qui dans certains pays ne dépend pas uniquement de la date du décès de l'auteur (Angleterre, Italie, Pays-Bas, Républicaine Sud-Africaine).

comme chez nous, qu'au décès du survivant des collaborateurs.

Sans vouloir prendre une à une les différentes législations et réserve faite de distinctions de détail qui entraineraient de trop longs développements, telle est la solution en Angleterre, au Chili, au Brésil, dans la République de l'Equateur (pour certaines œuvres), en Espagne, en Italie, (sauf pour le droit de réprésentation des œuvres littéraires et musicales), dans le grand-duché de Luxembourg, dans les Pays-Bas, dans la République Sud-Africaine (sauf pour le droit de représentation des œuvres publiées par la voie de l'impression), en Russie, en Suisse et en Tunisie.

Appendice : *Cas où le collaborateur décède, maître de ses droits et sans héritiers autre que l'Etat.*

Si un auteur meurt sans laisser ni héritiers, ni cessionnaires de ses droits, il semble qu'ils devraient passer à l'Etat ou à toute autre personne morale désignée par ia loi pour recueillir les successions en deshérence.

En France la loi refuse à l'Etat la qualité de successible, lorsqu'une succession au droit d'auteur lui est dévolue faute d'héritiers ; dans ce cas l'œuvre tombe simplement dans le domaine public (loi du 14 juillet 1866).

Cette disposition très libérale est également celle des lois allemandes du 11 juin 1870 (art. 17) et du 9 janvier 1876 (art. 15), de la loi autrichienne du 19 octobre 1846 (art. 13 *in fine* (1), de la loi hongroise du 4 mai 1884 (art. 3, 2ᵉ al.), de la loi bolivienne du 13 août 1879 (art. 21), de la loi

---

1. La loi nouvelle du 26 déc. 1895, ne contient pas de disposition à cet égard; mais la solution, au point de vue des collaborateurs est donnée dans l'art. 43 al. 3 *in fine*.

chilienne du 24 juillet 1834 (art. 2), de la loi norvégienne du 4 juillet 1893 (art. 12 al. 5), du code civil mexicain de 1871 (art. 1370), du code civil portugais de 1867 (art. 591).

Si l'auteur est un collaborateur, l'État ne succédera pas davantage à son droit, mais l'œuvre étant indivisible, il n'est pas possible qu'elle tombe pour partie dans le domaine public. On attribuera donc, par les mêmes raisons que plus haut, la part du collaborateur décédé sans héritiers aux collaborateurs survivants ou à leurs ayants droit. Seulement, il ne faut pas perdre de vue le vrai caractère de cette attribution ; elle est faite à la suite d'un abandon de l'État héritier, lequel ne peut se réaliser au profit du domaine public, en raison de la nature de l'œuvre. De même que le droit n'eut été acquis à l'État héritier qu'avec les dettes qui grevaient la succession de l'auteur, de même il ne peut tomber dans le domaine public que sous réserve « des droits des créanciers (1) » et dans notre cas passer, sans les mêmes changes, aux collaborateurs survivants. Ceux-ci devront donc, jusqu'à concurrence des bénéfices retirés de la part qui leur échoit, désintéresser les créanciers du collaborateur prédécédé.

Telle est la solution de la loi norvégienne du 4 juillet 1893 (art. 11, al. 4) : « Quand une œuvre aura été composée par plusieurs auteurs à la fois, de façon à ce que les contributions de chacun se confondent, le droit de chaque collaborateur qui meurt sans laisser d'héritiers ou sans avoir cédé son droit à des tiers, passera aux autres collaborateurs ou à leurs ayants cause, sous réserve, toute-

---

1. Loi du 14 juillet 1866, art. 1, *in fine.*

fois, des droits des créanciers, conformément à l'article 12 de la présente loi ».

Mêmes dispositions, mais formulées moins complètement dans la loi hongroise du 4 mai 1844, (art. 3, al. 4) : « Lorsque l'un des auteurs d'une œuvre faite en collaboration meurt sans héritiers, son droit passe à ses collaborateurs survivants » ; dans le code civil mexicain de 1871, (art. 1264) : « Dans le cas prévu par l'article précédent, si l'un des auteurs vient à mourir sans laisser d'héritiers, ni de cessionnaires (1), son droit accroît à ses collaborateurs » ; dans le décret pour le Guatémala du 29 octobre 1879, art. 11 (2).

En Belgique, le projet de loi qui est devenu la loi du 22 mars 1886 prévoyait le cas de décès du collaborateur sans héritier ni cessionnaire. La disposition ne passa point dans le texte définitif ; on fit observer, peut-être avec raison, que c'était là une espèce rare et singulière pour laquelle il n'y avait pas utilité de donner une solution législative (3). Ajoutons que dans tous les pays, cette solution, toutes les fois où la question se posera dans les mêmes termes, devra être admise sans texte, car elle découle du principe d'indivisibilité qui n'est pas une formule arbitraire, mais une donnée de la nature même des choses.

3° Sanction du droit des collaborateurs.

1. Pour le droit de représentation la règle est la même : la *propriété* de l'œuvre accroîtra aux autres collaborateurs, mais ils ne pourront toucher que leurs parts dans les produits de l'œuvre : « La portion de la recette qui aurait été attribuée au défunt sera consacrée à l'encouragement des théâtres » (art. 1300).
2. La formule est la même que celle du code mexicain de 1871.
3. Voyez Benoidt et Descamps. *Commentaire législatif de la loi du 22 mars 1886 sur le droit d'auteur.* Bruxelles (1886).

L'infraction aux lois sur la propriété littéraire et artistique constitue une contrefaçon (art. 425 Cod. p.). La sanction ordinaire du droit d'auteur est l'action en contrefaçon. Comme à l'auteur, elle appartient également aux collaborateurs. On a vu (1) que chacun d'eux peut agir, indépendamment des autres et sans même avoir leur assentiment. Au cas où l'un des collaborateurs refuserait de poursuivre la réparation de l'atteinte portée au droit de tous, les autres resteraient libres d'exercer leur action, sans doute en leur nom et pour leur part indivise, — mais aussi à certains égards (c'est une conséquence de l'indivisibilité de l'œuvre) au nom de tous les collaborateurs (2).

Tout contrefacteur est donc exposé à la poursuite de l'un quelconque des collaborateurs maître de ses droits. Mais le contrefacteur n'est pas la seule personne qui puisse léser, dans ses droits, l'auteur d'un ouvrage fait en collaboration. Il peut arriver que, méconnaissant le droit des autres, un des collaborateurs donne une autorisation de publier, reproduire ou représenter, consente une cession, etc... sans révéler, ou même en niant formellement, la collaboration. De bonne ou de mauvaise foi, le cessionnaire (éditeur, directeur de théâtre) profite de l'autorisation, exécute le traité, etc... Évidemment, les collaborateurs lésés pourront agir aussi bien contre ce dernier que contre le collaborateur, dont le silence ou le mensonge est la cause première du dommage qui leur est causé.

1. V. plus haut p.67.
2. La loi belge du 22 mars 1886 (art. 6, al. 2) est la seule à s'être préoccupée de la question. Voy. plus haut p. 67. La loi autrichienne du 26 décembre 1895 (art 7 *in fine*) dit, en parlant des collaborateurs « Chacun d'eux est autorisé à exercer des poursuites en justice à raison des atteintes portées au droit de tous ».

Examinons successivement ces deux actions :

1° Action du collaborateur lésé contre l'autre collaborateur qui n'a pas révélé ou qui a nié (1) l'existence de la collaboration.

Quelle sera cette action ? — Suivant les uns (2), c'est l'action en contrefaçon. Le collaborateur « qui a autorisé la publication l'a fait au mépris, en violation d'une *convention* faite avec son collaborateur, alors qu'il s'était obligé à ne pas publier l'œuvre sans le consentement préalable de ce collaborateur » (3). Même en admettant cette convention formelle (qui doit toujours être sous-entendue entre collaborateurs, elle est la conséquence de l'obligation réciproque de bonne foi) l'action en contrefaçon ne paraît pas recevable.

Il s'agit ici de faire respecter une convention entre auteurs et non pas de punir une violation des lois sur la propriété littéraire et artistique. Le collaborateur qui a donné l'autorisation, consenti la cession, etc., ne peut avoir commis le délit de contrefaçon : il est auteur ; son acte est valable et parfaitement licite ; il avait le droit de disposer de l'œuvre, puisqu'il a sur elle un droit indivisible. Manquer à la bonne foi due aux autres collaborateurs, tromper même un cessionnaire en lui persuadant qu'on lui cède un droit complet, ne sont pas, à proprement parler, des contrefaçons au sens technique du mot. On objectera vainement que la qualité d'auteur n'excluant pas celle de contrefacteur, il n'y a pas de raison à ce que le collabo-

---

1. On doit mettre les deux hypothèses sur le même pied ; à vrai dire elles n'en font qu'une ; taire ou nier sont deux manquements à la bonne foi qu'on se doit entre contractants (Cod. civ. art. 1131).

2. Pouillet, *op. cit.* N° 490.

3. Pouillet. *loc. cit.*

rateur ne puisse le devenir également. Sans doute l'auteur peut être contrefacteur, par exemple, si après avoir cédé son œuvre, il en disposait au profit d'un autre acquéreur, ou encore s'il la publiait lui-même, au préjudice de droits antérieurement consentis. Mais qui ne voit que l'auteur est ici devenu un tiers étranger à l'œuvre, à raison même de la cession. Il a fait passer sa propriété sur une autre tête, les droits résultant de cette propriété ne lui appartiennent plus ; ils ont un autre titulaire qui seul peut les exercer, c'est à son préjudice et à son égard qu'il y aura contrefaçon. — L'article 10 du décret du 3 février 1810 dit expressément : « Les auteurs peuvent céder leur droit à un imprimeur ou libraire ou à toute autre personne qui *est alors substituée en leur lieu et place.* » Rien de semblable dans notre espèce. Le collaborateur n'a rien cédé de ses droits ; il en est encore maître et il en dispose ; le déclarer contrefacteur parce qu'il lèse le droit de ses autres collaborateurs serait méconnaître la nature du délit de contrefaçon.

Le collaborateur lésé agira en revendication de son droit de copropriété, s'il est méconnu, ou bien il réclamera sa part des produits et des dommages-intérêts, si la publication lui a causé un préjudice moral ou pécuniaire ; en un mot, il fera reconnaître et respecter son titre et sa qualité d'auteur.

Une seule loi étrangère (loi hongroise du 4 mai 1844) voit une contrefaçon dans la cession isolée consentie par un collaborateur. L'article 6 s'exprime ainsi : « Doivent être considérés comme une atteinte aux droits d'auteur (c'est-à-dire comme une contrefaçon),....

« 3° La publication illégitime par l'un des auteurs d'une œuvre faite en collaboration ».

2° Action du collaborateur lésé contre le tiers cessionnaire de bonne ou de mauvaise foi.

Le tiers cessionnaire, qui a connu l'existence de la collaboration et négligé sciemment de traiter avec certains collaborateurs, doit être tenu pour contrefacteur. Il a publié « au mépris du droit des auteurs ». La jurisprudence est en ce sens. Ainsi le fait de publier la partition, paroles et musique d'un opéra, alors qu'on ne s'est muni que de l'autorisation du compositeur, constitue un acte de contrefaçon au regard de l'auteur des paroles (1). — L'éditeur qui publierait un ouvrage malgré le refus d'un des collaborateurs, ou même sans son consentement, *sachant d'ailleurs sa qualité*, se mettrait, à l'égard de ce dernier en contrefaçon ouverte (2).

Mais il se peut que l'existence de la collaboration n'ait pas été révélée au cessionnaire. Il a traité avec l'auteur apparent, il l'a cru l'auteur unique, trompé par son mensonge ou son silence. La publication ainsi faite n'est pas, à coup sûr, une contrefaçon. Est-ce à dire que l'éditeur ait le droit de la continuer, sauf au collaborateur frustré à exercer son action contre les autres? Non certes, les droits des collaborateurs inconnus doivent être respectés et, puisque la loi ne les soumet à aucune publicité obligatoire, c'est aux tiers intéressés de les découvrir ou de s'en informer (3) comme ils le pourront. Il est bien certain en

1. Paris, 11 janvier 1828. *Gaz. Trib.* 15 janvier 1828.
2. Paris, 18 fév. 1836. *Gaz. Trib.* 19 février 1836.
3. Ainsi a-t-on décidé avec raison que l'autorisation donnée par l'auteur du livret d'un opéra ne peut être opposée au compositeur (Trib. comm. Seine, 9 mai 1870 (Bazin) *Ann.*, 71, 99).

effet, qu'un collaborateur ne peut pas disposer de l'œuvre dans une plus large mesure que son droit ne le lui permet : *nemo plus juris ad alium transferre potest quam ipse habet.* Ainsi le cessionnaire prétendrait à tort conserver ce qu'il n'a pas pu recevoir. En vain dira-t-on que les collaborateurs devaient se surveiller réciproquement et notifier aux tiers leur existence. Pour nécessiter une pareille exigence, il faudrait un texte.

La vérité est que les collaborateurs lésés feront reconnaître leur droit par tous, et que l'éditeur, de bonne foi, auquel la révélation d'un copropriétaire inconnu porterait préjudice, pourra, sans doute, la contredire ; mais s'il succombe, la seule voie qui lui soit ouverte est celle d'un recours contre le collaborateur qui l'a tout d'abord trompé.

Notons qu'à raison de circonstances de fait, le collaborateur peut croire qu'il obtient le consentement de tous les auteurs, en traitant avec l'un d'eux, si celui-ci paraît agir au nom et pour le compte de tous ; mais un pareil mandat ne se présume pas, et il paraît difficile de transporter dans le domaine de la collaboration la présomption de l'article 1859 du code civil, en matière de société ; d'après cette disposition, à défaut de conventions contraires « les associés sont censés s'être donné réciproquement le pouvoir d'administrer l'un pour l'autre. Ce que chacun fait est valable, même pour la part de ses associés sans qu'il ait pris leur consentement ». Ainsi, chaque collaborateur représenterait les autres et, toutes les fois qu'il aurait agi, son acte serait, en quelque sorte, l'acte de tous ceux qui ne s'y sont point formellement opposés.

Telle est la doctrine du Tribunal de la Seine qui décide

(30 avril 1853)(1) que « le consentement de l'un des auteurs suffit à un directeur tant qu'il n'y a pas d'opposition de la part des autres, parce que l'auteur qui a autorisé est présumé, jusqu'à preuve contraire, et conformément à l'article 1859 du code civil, être le mandataire de ses collaborateurs » ; mais que « le directeur engagerait sa responsabilité s'il passait outre à la défense signifiée par l'auteur opposant ». Le même Tribunal décide le 6 janvier 1858 (2) « que l'autorisation donnée par l'un des collaborateurs d'une pièce de théâtre suffit à couvrir les artistes qui l'ont représentée contre toute poursuite de la part de l'autre auteur ; celui-ci n'a d'action que contre son collaborateur ». On ne saurait admettre en principe de pareilles décisions. Les présomptions sont de droit étroit ; celle de l'article 1819 du code civil a sa place en matière de société ; elle ne peut être introduite ailleurs, malgré l'analogie de situations, en réalité fort différentes. La collaboration en effet n'est pas une société. Si l'on veut que la définition de l'article 1832 du code civil s'y applique (3) les règles de ce contrat, ou du moins la plupart d'entre elles, lui resteront étrangères (4). La collaboration — fait ou contrat — est une association *sui generis* oi l'apport, l'objet, les relations des associés entre eux, n'ont rien de commun avec ce qu'ils sont dans les sociétés ordinaires.

Cette présomption pour être admise aurait dû être formulée ; elle l'avait été dans la loi autrichienne (aujourd'hui

---

1. (Bayard), cité par Pouillet, *op. cit.* N° 733.
2 (Mignard), *Ann.*, 58, 91.
3. « La société est un contrat par lequel deux ou plusieurs personnes conviennent de mettre quelque chose en commun, dans la vue de partager le bénéfice qui pourra en résulter ».
4. Voy. notamment art. 1834, 1835, 1865.

abrogée) du 19 octobre 1846 (art. 8, al. 4) : « De plusieurs co-auteurs d'une œuvre dramatique chacun est dans le doute considéré comme ayant le droit d'en autoriser la représentation » ; — elle l'est encore dans le code civil mexicain (art. 1299) pour la collaboration théâtrale : « Lorsqu'une pièce de théâtre a été composée par plusieurs auteurs, chacun d'eux a le droit d'en autoriser la représentation... »

CHAPITRE II

CONFLIT DES COLLABORATEURS

Communio mater rixarum, disaient les anciens, « l'indivision est une source de disputes » ; l'indivisibilité n'est pas, non plus, un état de paix sans troubles. Les querelles de cohéritiers sont fréquentes autour de la succession ouverte ; celles des collaborateurs ne le sont pas moins à propos de l'œuvre commune ; si la parenté stimule l'ardeur agressive des premiers, la vanité professionnelle n'est pas un apaisement à la vivacité querelleuse des autres. Seulement, pour les cohéritiers, le remède est voisin du mal ; d'après le principe de l'article 815 du code civil « nul n'est tenu de rester dans l'indivision » ; le partage plus ou moins orageux, après bien des débats et des contestations, finit par régler définitivement les droits et la situation de chacune des parties en conflit.

Les biens qui composent une succession ouverte peuvent être licités ; le droit d'auteur lui-même (1) échu à des cohéritiers et ne représentant plus pour eux qu'une source de profits pécuniaires sera traité comme un bien ordinaire. Conflits entre cohéritiers d'un droit d'auteur, entre héritiers d'un collaborateur prédécédé et les collaborateurs survivants, peuvent être tranchés par un partage ou une licitation ; il sera facile aux tribunaux en présence d'une situation existante, l'œuvre étant publiée, connue, de ré-

_____
1. Voy. plus haut p. 32.

gler des droits presqu'exclusivement pécuniaires en sauvegardant l'intérêt des propriétaires, du public, et en faisant avant tout respecter les volontés de l'auteur lui-même. Et cependant, même alors qu'il échoit aux héritiers, le droit d'auteur (surtout quand il s'agit d'héritiers directs, de descendants de l'auteur qui portent encore son nom), ne fait-il pas aussi partie d'une sorte de patrimoine moral? n'a-t-il pas encore ce caractère personnel, qu'on lui reconnaissait entre les mains de l'auteur lui-même? On inclinerait à le croire. La pensée d'un écrivain, sa renommée lui appartiennent en propre, mais quelque chose en passe aussi à la personne de ses héritiers dont ils n'ont à rendre compte qu'à eux-mêmes ou à la mémoire de leur parent.

La loi, en assurant une protection au delà de la vie de l'auteur, n'a pas distingué entre la première période et la seconde; après comme avant le décès, il s'agit du même droit et rien n'autorise à le traiter différemment parce qu'il a changé de mains (1).

Quoiqu'il en soit la distinction est généralement admise.

C'est ainsi que l'article 7, al. 2 de la proposition de loi dispose que : « la licitation de l'œuvre commune ne pourra être poursuivie qu'à l'encontre des héritiers ou autres ayants droit des collaborateurs (2) ».

1. Certaines lois l'ont compris; voyez notamment la disposition de la loi norvégienne du 4 juillet 1893 (art, 6 al. 3).

2. Dans l'exposé des motifs on lit : « Si aux mains de l'auteur la propriété littéraire est, ainsi que le disait avec tant de bonheur, le constituant Chapelier, la plus personnelle de toutes les propriétés, ce caractère disparaît, ou du moins *s'atténue* considérablement, lorsque le droit de reproduction passe de l'auteur à ses héritiers, et surtout à ses cessionnaires. On se trouve alors en présence d'un droit essentiellement pécuniaire et qui se peut fort bien représenter en argent ».

Entre les collaborateurs la licitation est impossible; on ne pourra la poursuivre contre le collaborateur récalcitrant. Il ne s'agit pas, en effet, d'un meuble ou d'un immeuble dont l'équivalent peut toujours être fourni en argent, mais de la pensée dont on doit rester maître, de la réputation, de l'honneur, d'une responsabilité pénale, etc.; toutes choses inaliénables et dont l'évaluation pécuniaire est impossible; cela ne se paie pas. La plus personnelle des propriétés, comme l'appelait le constituant Chapelier, doit rester attachée à la personne qui l'a créée et dont elle fait en quelque sorte partie intégrante. La licitation de l'œuvre poursuivie contre l'auteur ne se comprendrait pas plus que l'exécution du marché de Shylock dans le *Marchand de Venise* de Shakespeare.

Si la licitation est barbare et le partage impossible en principe, il faut cependant que les débats entre collaborateurs prennent fin. C'est affaire aux tribunaux de dénouer chaque conflit particulier et même de régler pour l'avenir, s'il y a lieu, l'exploitation de l'œuvre commune.

Telle est la solution de la proposition de loi et la pratique de la jurisprudence française.

L'article 7, al. 1 *in fine* s'exprime ainsi : « En cas de désaccord, les tribunaux décideront ».

La loi belge pose le même principe (loi du 22 mars 1886, art. 6 *in fine*) en ajoutant : « les tribunaux peuvent toujours subordonner l'autorisation de publier l'œuvre à telles mesures qu'ils jugeront utile de prescrire (1) ».

---

1. La loi monégasque du 27 février 1889 (art. 7 *in fine*) dit également : « Aucun des collaborateurs ne peut exercer son droit isolément, sauf au tribunal supérieur à prononcer dans le cas de désaccord et à ordonner telles mesures qu'il jugera utiles pour la garantie des privilèges de chacun ». Voyez également la loi hongroise du 4 mai 1844

De même, la loi norvégienne du 4 juillet 1893 (art. 6, al. 6) : « Lorsqu'il y a dissentiment sur la question de savoir par quel mode ou sous quelles conditions la publication doit avoir lieu et qu'il y a un des ayants droit dont la déclaration à ce sujet ne pourra être obtenue, chacun d'eux peut soumettre l'affaire au Byret de Christiania. Dans le cas où le tribunal trouve que les renseignements obtenus par la procédure ne suffisent pas pour juger quel mode de publication doit être choisi, il doit lui-même, par expertise ou par d'autres moyens, provoquer les renseignements nécessaires pour la décision de l'affaire ».

Avant de recourir à l'intervention des tribunaux, d'après certaines lois est instituée une autorité entre les collaborateurs, pour régler leurs dissentiments, cette autorité sera l'ensemble des collaborateurs, ou tel d'entre eux, ou encore une sorte de jury spécial d'arbitrage facultatif.

Au Mexique s'il s'agit d'une pièce de théâtre, chaque auteur est censé représenter l'ensemble des collaborateurs. A ce titre il peut autoriser seul, au nom de tous, la représentation, à moins que tel autre collaborateur n'allègue « une juste cause... Celle-ci sera appréciée par l'autorité administrative et après expertise préalable. » (Art. 1299 civ.) (1). Pour les autres ouvrages, la règle est différente ; en cas de dissentiment, c'est la majorité qui prononce (art. 1367) : « Si les différents copropriétaires d'un ouvrage

(art. 1er, al. 3) : « Le tribunal se détermine d'après les circonstances après avoir entendu des experts s'il y a lieu ».

1. Voy. art. 1300 : « Dans le cas prévu par l'article précédent les héritiers et cessionnaires auront le même droit. Mais si un collaborateur laisse à lui seul plusieurs héritiers ou cessionnaires, leur opinion, recueillie dans la forme établie par l'art. 1367, ne comptera que pour une voix et représentera uniquement celle de l'auteur auquel ils ont succédé ».

ne s'accordent pas, quant à l'exercice des droits que la loi leur confère, on s'en tiendra à la décision prise par la majorité, sauf les dispositions de l'article 1299. Si la majorité ne se décide pas, le juge prononcera ».

De même la loi pour le Guatémala du 29 octobre 1879 (art. 12 *in fine*) :« Si ceux-ci (les collaborateurs) ne peuvent se mettre d'accord en ce qui concerne son usage (de l'œuvre commune), on s'en rapportera à la décision de la majorité. Si aucune majorité ne peut se constituer, le juge prononcera ».

En Italie, chaque collaborateur peut, aux termes de la loi du 18 mai 1882 (art. 5) « exercer le droit en entier » sauf, en cas de dissentiment « la faculté pour les autres d'obtenir un dédommagement pour la part qui leur appartient. En cas de cession, le cédant et le cessionnaire sont tenus solidairement au paiement de ce dédommagement, si le cessionnaire savait que le droit cédé appartenait en commun à d'autres personnes (1) ».

De même, en Norvège, d'après la loi du 4 juillet 1893 : (art. 6, al. 4) : « lorsqu'il s'agit d'une œuvre composée par plusieurs auteurs et publiée licitement, chacun des auteurs… peut exiger que l'œuvre soit de nouveau publiée suivant le même mode, pourvu qu'il n'en ait été convenu autrement ».

La loi hongroise du 4 mai 1844 (art. 1er, al. 2) permet, en cas de conflit, à l'un quelconque des collaborateurs de disposer de l'œuvre commune « après avoir payé aux autres auteurs une indemnité préalable ». C'est une sorte de faculté réciproque d'expropriation, qui appartient à chaque collaborateur.

1. Voyez également art. 6 *in fine*.

L'article 94 du réglement édicté en exécution de la loi espagnole de 1879 contient la disposition suivante :

« Les dissensions d'intérêt qui s'élèvent entre copropriétaires d'une œuvre dramatique ou musicale relativement aux conditions de l'admission, représentation ou exécution de ladite œuvre dans les théâtres ou autres lieux destinés aux spectacles publics, seront tranchées à la majorité des voix, s'il y a plus de deux copropriétaires ; s'il y en a pas plus de deux, il sera nommé par les deux copropriétaires, un jury composé de quatre littérateurs ou compositeurs de musique, sous la présidence d'un cinquième juré désigné par le gouverneur; ce jury tranchera le différend à l'amiable.

« Lorsque l'un des copropriétaires ne se conformera pas l'opinion de la majorité dans le premier cas, à la décision du jury dans le second, la question sera soumise aux tribunaux judiciaires (1). »

Les questions ainsi soumises aux tribunaux dépassent parfois leur compétence, aussi est-il bon, que leurs décisions soient éclairées d'expertises qu'ils n'ont plus ensuite pour ainsi dire qu'à enregistrer. On vient de voir que certaines lois organisaient de véritables juridictions techniques (loi espagnole, loi vénézuélienne, loi norvégienne); d'autres se bornent à rendre l'expertise préalable obligatoire pour les tribunaux dans ces sortes d'affaires (loi hongroise, loi mexicaine). Citons encore la disposition suivante de la loi hongroise du 4 mai 1844 (art. 3.) :

« Il sera formé à Buda-Pesth et à Agram des commissions permanentes d'expertises composées de savants, d'écrivains, d'artistes, de libraires, d'imprimeurs et d'autres personnes ayant des connaissances spéciales. Ces commissions auront à donner leur avis sur les questions qui leur seront soumises par les tribunaux » : et celle de la loi allemande de 1870 (art. 31) :

« Des compagnies d'experts, composées de savants écrivains, libraires et autres gens spéciaux, devront se former dans tous les états de la confédération de l'Allemagne du Nord. Ces compagnies seront tenues, sur la demande du juge, de donner des avis sur les questions qui leur seront adressées (1). »

Il serait à désirer qu'une disposition de ce genre fut insérée dans notre loi française (2). La compétence fait en effet le plus souvent défaut aux tribunaux pour trancher les conflits entre collaborateurs.

Ces conflits sont très variés ; indiquons les plus fréquents :

a) Une œuvre commune est achevée, un des collaborateurs refuse de la laisser publier, représenter ou exécuter, tandis que l'autre l'exige. Ils font valoir tous deux des raisons d'opportunité, de convenances, etc..... le juge guidera sa décision sur la présomption suivante : toute œuvre menée à bonne fin n'est pas, dans l'intention de ses auteurs, destinée à rester inédite, mais bien à être publiée. Il s'est formé entre eux, en vue d'assurer ce résultat, une sorte d'engagement tacite ; aucun collaborateur ne peut y manquer ; par conséquent il faut décider en principe, à moins de très bonnes raisons, que l'œuvre sera publiée ou représentée. S'il s'agit d'une pièce de théâtre et qu'elle ait déjà obtenu l'agrément d'un directeur, cette réception

1. Voy. sur le fonctionnement de ces compagnies l'instruction du 12 décembre 1870 et ces mêmes compagnies d'experts pour les œuvres des arts décoratifs (art. 16 de la loi du 9 janvier 1876).

2. On propose (M. Louis Ganderax. *A propos d'un procès de théâtre* R. D. M. 15 mars 1881, p. 461) l'arbitrage facultatif pour tous et obligatoire pour les membres, de la commission administrative de la Société des auteurs et compositeurs dramatiques.

forme à l'encontre des divers intéressés, une obligation indivisible, dont l'effet légal est de conférer à chacun des costipulants le droit d'en exiger l'exécution.

En conséquence, et en l'absence de toute convention contraire, l'un des auteurs peut seul, et malgré la résistance de son co-auteur, fondée, dans l'espèce, sur des considérations d'actualité et d'interprètes, réclamer cette exécution, et par suite, la représentation de l'œuvre (1). Et cependant, si l'attribution à un théâtre déterminé n'a pas encore été faite, l'un des auteurs peut interdire la représentation contre son gré (2).

b) Il s'agit d'une œuvre déjà publiée, d'une œuvre déjà représentée ; les auteurs sont en dissentiment sur l'opportunité d'une nouvelle édition, d'une reprise. La même présomption peut encore servir, avec plus de force même, car les considérations tirées du sentiment personnel qu'un auteur peut avoir du parfait achèvement de son œuvre ne pourraient être présentées, puisque cette œuvre a déjà paru (3.

Cependant, si la pièce avait été régulièrement retirée du répertoire d'un théâtre par tous les auteurs, le refus d'un seul suffirait pour empêcher une représentation nouvelle (4).

c) Le dissentiment porte sur le choix d'un théâtre. Faut-il dire, avec certains auteurs, que chaque collabora-

1. Paris 21 fév. 1873 (Ambroise Thomas), *Ann.*, 73, 151. Voyez également : Trib. civ. de la Seine, 26 décembre 1878 (aff. Siraudin contre Cantin) le *Droit* 27 décembre 1878). Cour de Paris, 21 juin 1858 Maillet et Dinaux contre Société des aut. dram.) Sir. 1859, 2, 113.

2. Paris, 7 mai 84 (de Corvin contre Dumas fils) *Ann.*, 85. 50.

3. Voyez cass., 19 août 1872 (A. Thomas contre Sauvage). D. 74, P. 414. Paris, 21 février 1873. *Ann.*, 73, 153.

4. Paris, 19 décembre 1878 (Millaud), *Ann.*, 79, 82.

teur a le droit de porter l'œuvre au théâtre qui lui convient, sauf à tenir compte aux autres de leur part dans les bénéfices ? C'est là une solution contraire au principe de l'indivisibilité. Les tribunaux devront se mettre au lieu et place des auteurs et juger au mieux des intérêts de chacun et surtout de l'œuvre commune (1).

d) Un auteur peut vouloir refuser de mettre son nom à l'œuvre écrite en collaboration, soit parce qu'il ne la trouve pas digne de lui (2), soit parce que les opinions qu'elle exprime ne sont plus en harmonie avec son état d'esprit le plus récent ou celui qu'il compte manifester à l'avenir.

Les tribunaux pourront admettre cette prétention, surtout si elle est appuyée d'une renonciation aux produits éventuels de l'œuvre commune.

La loi belge du 22 mars 1886 (art. 6. al. 3 *in fine*) dit expressément : « Ils (les tribunaux),.. pourront décider, à la demande du copropriétaire opposant, que celui-ci ne participera ni aux frais, ni aux bénéfices de la publication, ou que le nom du collaborateur ne figurera pas sur l'œuvre. »

La loi espagnole autorise le reniement mais permet aux tribunaux de le faire payer à son auteur ; l'article 93 du règlement s'exprime ainsi : « l'auteur d'une œuvre littéraire déjà représentée en public, qui en interdit complétement et absolument l'exécution parce qu'elle blesse sa conscience

1. Paris, 7 mai 1884 (de Corvin contre Dumas), *Ann.*, 85, 50.
2. C'est le cas des deux auteurs visés dans l'épigramme connue de Racine :

> Entre Leclerc et son ami Coras
> Deux grands auteurs rimant de compagnie
> N'a pas longtemps s'ouïrent maints débats
> Sur le propos de leur *Iphigénie*.
> Leclerc disait : — La pièce est de mon cru.
> Coras disait : — Elle est mienne et non vôtre.
> Mais aussitôt que le livre eut paru
> Plus n'ont voulu l'avoir fait l'un ni l'autre.

morale ou son opinion politique est tenu d'indemniser, au préalable, le propriétaire de ladite œuvre s'il l'a cédée, *et les copropriétaires s'il y a lieu* ».

Bornons ici ces indications trop succinctes ; en pareille matière il n'y a ni principes généraux, ni même jurisprudence ; il existe seulement des espèces dont aucune n'est semblable à l'autre. « En tel cas il serait bon de dire que la volonté d'un auteur suffit pour interdire en tel cas; ensuite, qu'elle suffit pour autoriser et cela sans examiner si l'accord a existé jamais sur tel ou tel point; ce n'est pas sur ce fait, où paraît s'arrêter toute l'attention des juges... mais sur une infinité d'autres plus délicats, plus fuyants mais plus utiles que se dirigerait l'examen; on rechercherait l'intérêt de chaque auteur ; dans le cas où celui de l'un combattrait celui de l'autre, on verrait en simple équité lequel serait le moins respectable et souffrirait le moins de sa défaite : on ferait céder celui-là selon une certaine mesure avec des accomodements humains. Mais, le plus souvent, on découvrirait que les intérêts des deux parties se concilient et même se confondent, n'étant autre chose en somme que l'intérêt bien entendu de l'ouvrage, Vaut-il mieux pour telle œuvre être publiée dans telles conditions ou ne l'être pas ? voilà ce qu'il s'agirait de discerner. Dans l'impossibilité où l'on est de respecter les droits contradictoires des adversaires, au moins leur ferait-on accepter leur commun bénéfice et leur épargnerait-on un commun dommage. Le public y trouverait son compte. Enfin cette manière de procéder où l'on traiterait l'œuvre comme une personne morale, conviendrait mieux que toute autre à la dignité des lettres (1) ».

1. Louis Ganderax, *loc. cit.* p. 458 et 459.

Il faut exiger que le juge s'éclaire mais on ne saurait lui mesurer ses pouvoirs. S'il est possible même de pénétrer le mystère de la collaboration, d'évaluer réellement la part de chacun, pourquoi reculerait-on devant une pareille tâche. Est-elle possible? toute la question est là. Le public lui, n'hésite guère, il oublie souvent, et avec raison, l'un des collaborateurs pour ne plus voir que l'autre ; ce discernement, dont les auteurs eux-mêmes sont parfois incapables (1); il le pratique hardiment; le juge, avec plus de méthode et de réserve prudente pourra s'engager, dans cette voie; certaines lois lui en reconnaissent formellement le droit.

Le code civil mexicain (art. 1368) dit : « Les produits seront divisés en parties proportionnelles, s'il est possible de déterminer la part que chaque collaborateur individuellement a prise au travail commun... »

Le Règlement du 3 septembre 1880 (art. 72) pour l'exécution de la loi espagnole du 10 janvier 1879, sur la propriété intellectuelle suppose un pareil partage : « Les co-auteurs d'une œuvre dramatique ou musicale qui renoncent à la collaboration commune avant de terminer l'œuvre, ou qui s'opposent à sa publication ou à sa reproduction après qu'elle est terminée, ne pourront, sauf convention contraire, disposer que de la partie sur laquelle a porté la collaboration de chacun ».

---

1. «.Le public trouvant devant lui deux auteurs ne sait à qui s'adresser, s'embarasse et dit : « Lequel des deux? » *Nous serions bien embarrassés nous-mêmes de lui répondre* tant notre pièce a été écrite dans une parfaite cohabitation d'esprit » (E. Augier. Préf. des *Lionnes pauvres*).

TABLE

NOTIONS PRÉLIMINAIRES

IDÉE GÉNÉRALE DE LA COLLABORATION

PREMIÈRE PARTIE

DE LA COLLABORATION

DEUXIÈME PARTIE

DES COLLABORATEURS

POSITIONS

DROIT ROMAIN

La *lex Julia Majestatis*, appliquée aux délits de la parole et de la plume, est détournée de son esprit et de son but.

Les différentes espèces comprises sous le nom d'*accession* ou celles comprises sous le nom de *spécification* s'expliquent individuellement et non par un principe général qui les relie entre elles.

Il n'existait, dans la législation romaine, aucun droit exclusif de reproduction reconnu aux écrivains et aux artistes.

Si les services du professeur ne peuvent faire l'objet d'un contrat, c'est en raison de la conception que les Romains ont eue dès le droit classique de ce qu'il faut entendre aujourd'hui par *professions libérales*.

DROIT FRANÇAIS

L'*indivision* d'une œuvre de littérature ou d'art n'a pas les mêmes effets que l'*indivisibilité* de l'œuvre produite en collaboration.

La collaboration résulte d'un fait ou d'un contrat.

Le prolongement de la durée de la protection par suite de la collaboration profite aux collaborateurs survivants ou à leurs ayants droit.

Le collaborateur lésé n'a pas l'action en contrefaçon contre les autres collaborateurs.

2° Positions prises hors de la thèse.

DROIT ROMAIN

La curatelle des mineurs, créée par la loi *Plætoria*, n'était pas une curatelle spéciale.

L'*actio rei uxoriæ* est, à l'origine, une action pénale.

Dans le dernier état du droit romain le principe de l'article 1440 du code civil est admis : la garantie de la dot est due par toute personne qui l'a constituée.

La divisibilité de l'hypothèque du légataire n'empêche pas qu'après le partage, l'un des héritiers puisse être tenu pour le tout.

DROIT CIVIL

La dette alimentaire n'est ni solidaire ni indivisible.

L'enfant écarté de la succession comme indigne doit, de même que le renonçant, être compté pour le calcul de la quotité disponible.

L'individu pourvu d'un conseil judiciaire peut contracter mariage sous le régime de la communauté légale, sans l'assistance de son conseil.

La révocation de l'acte frauduleux attaqué par l'action paulienne de l'article 1167 du code civil profite à tous les créanciers du débiteur.

DROIT COMMERCIAL

Dans un compte courant, il faut qu'il y ait un véritable arrêté de compte pour que la prescription puisse commencer à courir.

En cas de faillite, le syndic peut, malgré le failli, vendre au profit de la masse les rentes sur l'État comprises dans l'actif.

DROIT CONSTITUTIONNEL

En cas de dissentiment entre les deux Chambres la seule voie constitutionnelle ouverte pour la solution du conflit est la nomination de commissions mixtes composées de membres pris dans l'une et l'autre Chambre.

DROIT INTERNATIONAL PUBLIC

Le régime du protectorat, impliquant essentiellement pour le protecteur la charge des rapports internationaux du protégé, entraîne certaines restrictions à la souveraineté intérieure de ce dernier.

Vu : *Le président de la thèse,*
Louis Renault.

Vu : *Le doyen,*
Colmet de Santerre.

Vu et permis d'imprimer :
Le vice-recteur de l'Académie de Paris,
O. Gréard.

IMP. NOIZETTE ET Cie, 8, RUE CAMPAGNE-PREMIÈRE, PARIS.